Le livre des chemins

Conception graphique : Frédérique Deviller

© 2009 Albin Michel

Henri Gougaud

Le livre des chemins

CONTES DE BON CONSEIL
POUR QUESTIONS SECRÈTES

ALBIN MICHEL

Tu ne peux pas voyager sur un chemin sans être toi-même le chemin.

Bouddha

Je vais vous dire quelque chose au sujet des histoires. Elles ne sont pas qu'un amusement, ne vous y trompez pas. Elles sont tout ce que nous savons, voyez-vous, tout ce que nous savons pour combattre la maladie et la mort. Vous n'avez rien si vous n'avez pas les histoires.

Leslie M. Silko

Règle du jeu

Il est dit qu'un bon conteur doit être capable de répondre à n'importe quelle question par un conte. Je parle, bien sûr, de vraies questions, de celles qui s'obstinent, qui pèsent, et pour lesquelles on espère des réponses pareilles à des fenêtres ouvertes sur un air respirable, sur une lumière nouvelle. Car les contes, malgré l'apparence et les idées reçues, ne se soucient pas d'enfantillages. Leur berceau ? La nuit des temps. Ils ont franchi les siècles, parfois les millénaires, infiniment fragiles, et pourtant aussi intrépides que des enfants errants.

Combien de pestes, de révolutions, de guerres, de montagnes et de mers ont-ils traversés avant de nous parvenir ? Celui que tu vas lire, par exemple, livre ouvert au hasard, je l'ai écrit, certes, mais je ne l'ai pas inventé. Je ne suis que son dernier messager. En vérité, la voix qui te parvient est celle d'une source dont le chant, miraculeusement, après un chemin si long, si tourmenté, si hasardeux, ne s'est pas perdu. J'ai dit qu'il avait survécu à toutes les tempêtes du monde. J'allais oublier l'essentiel. Dans combien de cœurs, d'esprits, d'oreilles a-t-il un moment fait son nid, combien de familles a-t-il connues, combien de langages, de rires, d'étonnements, dans combien d'auberges vivantes a-t-il séjourné ? Et le voilà maintenant qui te parle. Il sait tout de toi. Comment en serait-il autrement ? Il est, dans l'âme humaine, comme dans sa maison. Il a vécu assez longtemps dans l'intimité des êtres pour tout savoir de tes soucis, de tes rêves, de tes désirs.

Les contes sont des êtres vivants. Évidemment, je n'ai aucune preuve de ce que j'avance là. Peu m'importe. C'est une conviction secrète, mais éminemment pratique. Le fait est que les contes ne manquent pas de me répondre, quand je leur parle. Ils le font avec bonté. Ils m'apprennent des choses auxquelles je n'avais jamais pensé. Bref, j'ai avec eux une relation assez heureuse et simple pour tenir à leur amitié. Tu peux toi aussi entrer dans le cercle des contes vivants, si tu le veux. C'est simple. Il n'y faut que du désir, de l'innocence et de cette curiosité éveillée sans laquelle il n'est pas de vraie découverte possible. Il y faut aussi juste ce qu'il faut de confiance, non pas pour me croire sur parole, mais pour te donner l'envie de vérifier par toi-même qu'il est, ici et là, des contes qui n'attendent que ta visite, et qui te connaissent assez bien pour te murmurer en secret des choses sûrement utiles à ta vie.

Ce livre est un jeu, autant qu'un acte de foi. Il m'occupait depuis longtemps, mais je n'osais pas l'écrire. Je voulais que mon rôle n'y soit pas celui d'un auteur d'ouvrage, plutôt celui d'un passeur. Et que ses lecteurs ne soient pas des lecteurs, mais des pêcheurs de merveilles. Comme qui dirait : « Toi qui es là, je te présente mes contes. Mes contes, je vous présente quelqu'un qui devrait vous plaire. Faites connaissance maintenant, et parlez, jouez ensemble. » Voilà quel était mon désir. Mais comment le réaliser ?

J'ai pensé que je devais moi-même, sans le moindre calcul, laisser faire les contes, ne pas chercher à les ordonner selon mon goût forcément arbitraire, mais les laisser se placer eux-mêmes où ils voudraient. Ainsi, ils sont dans l'ordre où ils me sont venus, jour après jour. Chacun est suivi de trois citations, aphorismes ou proverbes. Ce n'est pas moi qui les ai mariés aux contes qu'ils prolongent. J'ai inscrit sur 123 petits papiers les 123 titres d'histoires, et sur d'autres les citations, aphorismes et proverbes. J'ai tiré au hasard dans l'un et l'autre tas. C'est ainsi que chaque conte a choisi avec qui il voulait aller. Je parle de hasard, mais bien sûr je n'y crois pas un instant, pas plus que toi-même n'y croiras quand tu poseras à ce livre les questions qui t'occupent. Je connais ce jeu-là. Méfie-toi, les réponses peuvent être d'une clarté sidérante. Elles peuvent être aussi inattendues, déconcertantes. C'est que parfois, sous les questions explicites s'en cachent d'autres, plus secrètes, et que les contes sentent. Ils répondent toujours au plus profond.

Le mode de consultation est aussi simple que possible. Pose la main gauche sur le livre. Formule ta question les yeux fermés, intérieurement, avec force. Prends un signet-*Gunungan* et tranche dans le vif. Le *Gunungan* est un objet sacré, c'est l'Arbre de Vie toujours présent dans les spectacles de marionnettes indonésiennes. Il te désignera l'entrée du conte qui attendait ta visite. Les aphorismes qui le suivent sont marqués de trois signes. Ces signes se retrouvent au dos des trois *Gunungan*. Choisis-en un à l'aveuglette. Il te renverra à la phrase qui précisera la réponse donnée, ou l'habillera d'une lumière inattendue. Certaines de ces citations sont signées, d'autres non. Les auteurs de celles qui ne le sont pas ont, je crois, la meilleure part, tant il est vrai que leur est offert d'espérer la plus grande gloire qui se puisse atteindre, l'anonymat immémorial des proverbes et des contes.

Joue comme les enfants jouent, avec le sérieux et l'allégresse que tu leur envies, parfois. Et écoute la voix qui parle comme si elle ne venait que pour toi, du fond des âges. Je me retire maintenant. Je te laisse en bonne compagnie.

1

Comment Vieux-Père et Vieille-Mère cachèrent le secret de la vie

Sachez qu'aux premiers temps Vieux-Père et Vieille-Mère, après avoir créé animaux et forêts, se mirent en devoir de pétrir l'être humain. Ils façonnèrent donc un corps, un visage par où entendre, regarder, sentir, savourer ; ils lui donnèrent un cœur, un esprit conquérant. Quand tout fut comme il faut :

– Quel bel enfant ! dit Vieille-Mère. Mais, voyons, il n'est pas complet. Il nous faudrait placer quelque part dans son être sa conscience divine. Où la mettrons-nous, Vieux-Mari ?

Vieux-Père se gratta la barbe puis il grogna et répondit :

– Mieux vaudrait la cacher. Certes, l'homme est un dieu, puisqu'il est né de nous. Mais le savoir divin est aussi précieux que fragile. Je crains fort de l'abandonner au caprice de notre fils et des enfants de ses enfants. Tels que je les pressens, ils le gaspilleront, l'abîmeront peut-être. À bien y réfléchir, je préfère cacher leur conscience divine à la cime du mont le plus haut d'ici-bas. Ainsi elle sera protégée des mauvais usages possibles, et nous pourrons dormir sans souci excessif.

Vieille-Mère se prit à rire.

– Vieux-Mari, quel naïf tu es ! Ignores-tu vraiment la force, le courage, la folie de nos fils ? Un jour, ils grimperont sur tous les monts du monde. Avant qu'il soit midi dans la vie de la Terre, ils la découvriront, leur conscience divine !

Vieux-Père soupira, grogna deux fois et répondit :

– Hélas, femme, tu as raison. Il nous faut un abri moins venteux, moins visible. Je déposerai donc cet infini savoir au fond le plus profond du plus vaste océan, chez les poissons aveugles. Nos fils n'iront jamais dans ces trous sans soleil.

– Mon pauvre vieux mari, répondit Vieille-Mère, j'ai porté nos enfants, qui sait donc mieux que moi ce dont ils sont capables ? Un jour, ils bâtiront des vaisseaux prodigieux. Il n'est pas une pierre au fond de l'océan qu'ils ne retourneront. Ils la découvriront, leur conscience divine !

Vieux-Père réfléchit quatre ou cinq millénaires, puis il grogna, l'œil allumé :

– Je crois que j'ai trouvé. Au cœur le plus brûlant du désert le plus nu. Là, c'est sûr, ils ne viendront pas. Là leur divinité pourra vivre tranquille, intacte, inexplorée.

– As-tu donc réfléchi si longtemps pour cela ? répondit Vieille-Mère. Oh, fou attendrissant ! Un jour, dans le désert ils planteront des tours, des cités, des jardins, des arrosoirs géants ! Ils domestiqueront le sable, du trop chaud ils feront du froid. Un enfant trouvera un matin, sous son pied, leur conscience divine, et tu seras le seul à t'en éberluer !

Vieux-Père se sentit soudain désemparé. Il resta rechigné quelques années-lumière, enfin leva le front, et que vit-il, à l'est, par la lucarne ouverte ? Le soleil qui sortait des brumes. Comme il embrasait l'horizon, il vit un arbre s'ébrouer, frileux dans le matin naissant, il vit une feuille tomber dans le ruisseau, le long du pré. Il rit enfin. Il dit :

– Regarde la lumière. Sait-elle qu'elle brille ? Regarde le ruisseau. Que sait-il de la soif ? Dans le souffle et le sang de tes fils, vieille femme, au tréfonds de leur être, au plus chaud de leur cœur je dissimulerai leur conscience divine. Et comme le soleil ignore son éclat, comme l'eau ne sait pas qu'elle donne vie au monde, nos fils ignoreront cette divinité dont je les ai pétris.

Vieille-Mère un moment resta le regard vague puis elle hocha la tête et répondit, pincée :

– La cachette est subtile. J'avoue que pour le coup nos fils auront du mal à trouver son chemin.

Et tandis que Vieux-Père allait à son jardin, elle cogna l'air du poing sur le pas de la porte et dit pour elle seule, avec une vaillance à nouveau jubilante :

– Oh, ils y arriveront. Je connais mes enfants, c'est moi qui les ai faits. Il leur faudra du temps, mais confiance, confiance !

Capable d'être dans l'incertitude, le mystère et le doute en oubliant l'exaspérante quête de la vérité et de la raison, voilà l'état d'esprit qui convient.

La raison n'est qu'une île dans une mer aux archipels innombrables.

Il est des routes qui vont au feu, d'autres aux cimes, d'autres aux villages. À chacun la sienne. J'ignore où je vais, mais je sais que la folie serait de ne pas suivre ma route.

2
Le jeune homme
qui voulait être scribe

C'ÉTAIT AU VIEUX TEMPS où les princes s'habillaient parfois en marchands pour aller flairer, dans les rues, les joies et les peines du peuple. Le roi Vikram et son vizir aimaient ces sages randonnées. Or il advint qu'une nuit froide, comme ils erraient dans un faubourg, l'un vêtu d'habits étrangers, l'autre pieds nus comme un esclave, du fond d'une obscure ruelle leur parvinrent un air de chanson, des rires, des envols de flûte, des tintements de tambourin.

– Étrange, vraiment, dit le roi. Une fête, en un lieu si sombre ? Allons voir cela de plus près.

Ils s'avancèrent dans le noir, butant contre des riens épars et des bestioles galopantes. Les bruits venaient d'une cabane de torchis et de bois pourri. « Comment peut-on rire et chanter dans une misère pareille ? » pensa le roi. Il s'approcha. Par une fente dans le mur il risqua un œil au dedans. Il resta muet un instant puis murmura :

– Stupéfiant !

– Sire, que voyez-vous ? demanda le vizir.

– Un vieillard assis qui sanglote, un jeune homme à l'air malheureux qui joue du tambour, de la flûte, une femme au crâne rasé (veuve ou nonne, je ne sais pas) qui chante et danse. L'entends-tu ? Entrons, vizir. Je veux savoir ce que ne dit pas ce spectacle.

Il frappa à la porte basse. Au dedans, silence soudain. Le jeune homme s'en vint ouvrir.

– Bonsoir, dit-il. Qui êtes-vous ?

– Des voyageurs perdus, lui répondit le roi. Nous cherchons une auberge.

– Vous n'en trouverez pas ici. Voyez, pas la moindre lanterne, ni dans cette rue, ni ailleurs. C'est un quartier de pauvres gens.

– Oh, vraiment ? dit le roi, la mine désolée. Si ce n'est pas trop demander (hélas, nous sommes étrangers, nous ne connaissons pas la ville) peut-être pourriez-vous nous loger pour la nuit ? Nous ne vous dérangerons pas, nous partirons avant le jour.

– Pardonnez-moi, dit le garçon, nous ne pouvons pas recevoir, ce ne serait pas convenable. Mon père et moi sommes en deuil.

– En deuil, dites-vous ? C'est bizarre. Et ces

chants, et cette musique qui nous ont attirés chez vous ?

Le jeune homme baissa la tête.

– Loin de moi le désir de vous importuner, poursuivit le roi, mais chez nous la coutume veut que l'on veille en compagnie de ceux qui souffrent. Parfois cela fait quelque bien.

– Votre bon cœur est estimable. Bienvenue chez nous, voyageurs.

Ils entrèrent dans la cabane.

Une lampe au plafond fumait. Le vieillard salua les hommes. La jeune femme, prestement, tira son châle sur son front. Le garçon sourit tristement.

– Je vous vois perplexes, dit-il. J'en suis confus. Évidemment, vous ne savez rien de nos vies. Mon père a trimé durement pour m'élever selon son cœur. Son rêve était de me voir scribe au palais de Sa Majesté le roi Vikram, béni soit-il. Il s'est usé jour après jour pour me payer la grande école qui a fait de moi un lettré. Savant, je le suis, grâce à lui, mais scribe, non. C'est là sa peine. Je n'ai pu passer le concours.

– Et pourquoi ? demanda le roi.

– Pas de poste libre au palais, depuis des ans, et pour longtemps.

– Votre deuil, est-ce donc cela ?

Le jeune homme hésita.

— En vérité, dit-il, un songe magnifique a visité mon père, hier au soir, à peine couché. Dans la lumière du sommeil il a vu un prince venir ce soir même dans sa maison. Il nous apportait le bonheur. Nous l'avons attendu, la minuit est passée, et il n'est pas venu. Et voyez le pauvre cher homme, il ne peut pas s'en consoler. Il avait voulu que ma femme achète une coupe d'argent pour servir dignement à boire à ce visiteur de haut vol. Il avait honte de nos bols. Comme nous n'avons pas un sou, elle l'a payée de ses cheveux. La coupe ne nous sert de rien, et mon père est triste à mourir. Nous avons chanté et dansé pour le distraire, voilà tout. Nous ne pouvions rien faire d'autre.

Le roi s'émut, baissa la tête, puis la relevant, l'œil rieur :

— Ami, dit-il, ignorez-vous qu'un concours aura lieu demain dans votre cité d'Ujaïn ? Votre prince a besoin d'un scribe. C'est en tout cas ce qu'on m'a dit. Vous devriez tenter votre chance, elle vous sourira, j'en suis sûr !

Le garçon en resta pantois.

Le lendemain fut affiché, à l'entrée du palais royal, ce sujet de dissertation : « Un jeune homme joue de la flûte et bat du tambour. C'est la nuit. Une nonne au crâne rasé danse et chante un air amusant. Un vieillard écoute et regarde. Il pleure amèrement. Pourquoi ? » Dans la bibliothèque royale cent candidats s'évertuèrent à répondre à cette question. Le jeune homme fut seul à écrire un récit parfaitement sensé. Sa plume fut jugée alerte et d'une enviable élégance. Le jury l'en félicita. Le roi Vikram, qui le reçut, lui dit qu'il était satisfait, car il désirait plus que tout avoir auprès de lui des hommes d'assez respectable vertu pour chanter et danser malgré l'adversité. Il eut enfin ce mot : « Sur le mont de la nuit naît la source du jour. » Le garçon s'inclina.

Les gens ne devraient pas toujours réfléchir à ce qu'ils doivent faire, ils devraient plutôt penser à ce qu'ils doivent être. S'ils étaient seulement conformes à leur nature, leurs œuvres pourraient briller d'une vive clarté. (Maître Eckhart)

Goût du bonheur, désir d'avoir ne coulent pas de même source.

Du ciel ou du fumier, qui est le père de la rose ?

3
La mère, le fils

Est-il plus grand malheur au monde que de perdre son enfant ? Cette mère-là vit son garçon mourir. Il avait cinq ans. Sa douleur fut telle, sa révolte aussi, et le hurlement qu'elle lança au ciel fut si terrible et si puissant que Dieu descendit devant elle.

Elle le supplia de lui rendre son fils. C'était sûrement une erreur, cet enfant avait tout à vivre. Pourquoi lui plutôt qu'elle, ou quelqu'autre parent ? Le Créateur lui répondit :

— Femme, j'ai entendu ta plainte. Tu reverras ton fils vivant pourvu que tu mendies un bol de riz pour moi, et qu'il te soit offert par quelqu'un, homme ou femme, qui n'ait jamais pleuré aucun mort sous son toit.

La mère s'en fut donc de maison en maison, de village en village. On lui offrit du riz autant qu'elle en voulut mais, elle eut beau marcher, elle ne put trouver la demeure que le deuil n'eût jamais frappée. Point de palais ni de cabane, d'auberge ou de grotte d'ermite qui n'ait un jour ou l'autre abrité un défunt. Devant Dieu elle revint bredouille.

– Je connais Ta loi, lui dit-elle, à chaque naissance une mort. C'est ainsi, et nul n'y peut rien. Mais sais-tu ce qu'est une mère ? Sais-tu ce qu'elle souffre de voir son enfant mourir sur son sein ? Tu es cruel autant qu'injuste. Mon fils n'a pas assez vécu. Mort à cinq ans, pauvre petit, il avait tant besoin de moi !

– Nous allons donc lui demander s'il désire te revenir, répondit le maître des vies. Femme, j'en fais serment. Si c'est sa volonté, il te sera rendu.

Dieu tendit devant lui les bras et le mort apparut couché dans le berceau de ses mains jointes. Il avait l'air de sommeiller.

– Enfant, ta mère te demande.

Et l'enfant répondit :

– De qui me parle-t-on ? J'ai vécu tant de vies ! Je fus fils d'une louve et d'une ânesse grise, fils d'une reine aussi, d'une jeune putain, d'une mendiante folle, de mille paysannes, de tant et de tant d'autres. Dis, quelle mère veut que je revienne à elle ? Et pourquoi, Seigneur le ferais-je ? Réponds-lui que ma route est longue, et que je ne peux m'attarder.

La mère s'en revint chez elle, Dieu à ses hauteurs bleues, l'enfant à son chemin.

Je ne sais toujours pas ce que le mot « mort » veut dire. Peut-être que ceux qui quittent leur peau ne sortent pas pour autant du jeu de la vie, pas plus que n'en sort l'enfant qui ouvre ses ailes et part à la découverte du monde.

Il n'y a pas de juge céleste. Ni punition, ni récompense. Que tu sois ermite ou voleur, là-haut, franchement, on s'en soucie comme d'un rot de mouche. La vie continue, voilà tout, libre de toi comme de Dieu.

Il faut souffler sur quelques lueurs pour faire une bonne lumière. (René Char)

4
Il faut demander à mon père

C'ÉTAIT UN PÈLERIN sur sa route infinie. La nuit venait à sa rencontre. Il allait seul. Il avait faim autant de repos que de pain. Il aperçut une maison, au loin, au fond du crépuscule. La fumée de sa cheminée se mêlait aux nuages noirs. « Enfin, se dit-il, un abri. » Il reprit courage. Il marcha, il franchit le seuil de la cour. Un homme près de l'abreuvoir étrillait un vieux cheval gris. L'errant s'approcha, demanda :

– Logeriez-vous un pèlerin fatigué par la longue route ?

L'autre tourna la tête et répondit, bourru :

– Je ne suis pas le père ici, il faut demander à mon père.

Il désigna la porte. Elle était entrouverte. On devinait, dedans, des lueurs de vie simple. L'errant entra. La salle était ombreuse et tiède. Un vieillard était attablé. Il trempait son pain dans sa soupe.

– Logeriez-vous un pèlerin fatigué par la longue route ?

L'homme essuya barbe et moustache, leva un sourcil, répondit :

– Je ne suis pas le père ici. Il faut demander à mon père.

L'errant tourna partout la tête. Sur un tabouret près du feu se tenait un aïeul tremblant.

– Vieil homme, dites, par pitié, logeriez-vous un pèlerin fatigué par la longue route ?

Le vieux tendit sa canne aux poutres du plafond.

– Je ne suis pas le père ici. Il faut demander à mon père.

Dans l'ombre était un escalier. L'errant grimpa jusqu'à l'étage. Là était un couloir, et au fond, une chambre. Au mur était pendue une pelisse noire à côté d'un bâton noueux. Sur le plancher était un lit, et dans ce lit un être pâle, chevelu comme un saule blanc, fripé comme Mathusalem. Le voyageur s'agenouilla et lui murmura à l'oreille :

– Patriarche des patriarches, logeriez-vous un pèlerin fatigué par la longue route ?

Et des lèvres entrebâillées sortirent, à peine perceptibles, ces mots qu'il redoutait d'entendre :

– Je ne suis pas le père ici, il faut demander à mon père.

Un doigt de bois mort sur le lit désigna une porte close. L'errant s'en fut l'ouvrir, ne vit rien devant lui que la nuit sans étoiles.

– Vous qui vous tenez là, dit-il, droit sur le seuil.

Il n'eut pas à parler plus loin. Des ténèbres vint un murmure. Ce n'était qu'un froissement d'ailes, ou peut-être le bruit du vent.

– Je ne suis pas le père ici. Il faut demander à mon père.

La vie est devant, toujours devant. Allez à elle. Ne vous retournez jamais.

Chaque grain de doute dans ton esprit est un pas de séparation.

Quand tu lances la flèche de la vérité, trempe la pointe dans du miel. (Proverbe arabe)

5
Lumière

On raconte qu'une princesse avait juré de n'épouser qu'un homme entre tous poétique, surprenant, imaginatif. Elle fit donc publier partout que seul partagerait son lit celui qui se rendrait capable d'emplir sa chambre en un seul jour, du parquet aux coins du plafond et d'un mur à celui d'en face, de l'emplir de ce qu'on voudrait pourvu que rien n'y reste vide. Les prétendants s'en vinrent donc avec des charretées de paille, des ballots de sable, de plumes, de chiffons ou de confetti. Ils entassèrent, accumulèrent et s'échinèrent jusqu'au soir. Aucun ne put combler l'espace à ras bord, comme il le fallait.

Vint enfin un matin un jeune homme frisé, insouciant, simple d'allure, sans rien d'autre que son bon air. Il passa la moitié du jour à faire la conversation à la princesse, à ses servantes. L'après-midi il fit la sieste, affalé sur le canapé, puis il se fit servir le thé. Enfin, comme le soir venait, il ouvrit posément son sac, en sortit un vieux chandelier, en cuivre terne, cabossé, planta dedans une bougie, battit son briquet, l'alluma et la lumière fut partout, jusqu'aux quatre coins de la salle.

La plupart des conteurs finissent là l'histoire. Il arrive pourtant qu'elle soit poussée plus loin.

Il paraît qu'au soir de la noce la princesse dit au garçon :
— Tu n'as pas vraiment satisfait à mon exigence première. Il est, dans mon appartement, un lieu demeuré dans le noir.
— Lequel ? demanda le jeune homme.
— Le cercle sous le chandelier, à l'endroit où tu l'as posé.
— Et pourquoi n'en as-tu rien dit ?
— Parce que je suis, dit la princesse, toute semblable à cette chambre que tu as emplie de lumière. Je garde et garderai toujours, comme elle, une part de ténèbres, de mystérieuse obscurité où personne, jamais, ne pourra pénétrer.

Ce que je vous demande, c'est d'ouvrir votre esprit, non de croire. (Krishnamurti)

Les grands ne nous paraissent grands que parce que nous sommes à genoux. (Loustalot)

Si l'homme parfois ne fermait pas souverainement les yeux, il finirait par ne plus voir ce qui vaut d'être regardé. (René Char)

6
Comment le diable vint au monde

ON RACONTE CHEZ LES TZIGANES que Dieu vécut longtemps tout seul dans on ne sait quel fond de ciel, et que s'il lui vint à l'idée de créer un monde vivant, ce fut pour tromper sa tristesse de n'avoir pas de compagnie.

Un matin d'avant les matins, il s'attela donc à l'ouvrage. Il s'y prit mal, évidemment. Fabriquer un ciel, des étoiles, une terre et ses habitants exige un art, un savoir-faire hors de portée d'un débutant. En toute chose il faut apprendre, tâtonner, cent fois se tromper, tirer les leçons des échecs, remettre la main à la pâte. Dieu le fit quelques millénaires puis, comme il ne parvenait pas à bâtir l'œuvre sans défaut qui aurait fait briller son œil, il perdit, un jour, tout courage. « À quoi bon ? se dit-il. Je m'obstine pour rien. » De dépit, il jeta sa canne. Elle tomba, elle heurta le sol de son atelier infini, et du bruit qu'elle fit sur les dalles naquit, fringant, monsieur Satan.

Ce que dit l'histoire ? Voici. Nos creux de vague, nos fatigues, sont des accoucheurs de démons. Ne te décourage jamais.

Ma vie est une somme de terribles malheurs dont la plupart ne sont jamais arrivés. (Mark Twain)

Si vous aimez les choses, elles viennent, elles vous parlent. L'amour que vous donnez à un caillou provoque l'éveil de l'amour endormi dans ce caillou, parce que dans toute chose il y a de l'amour endormi, du désir d'échange, des élans de gratitude qui n'attendent que d'être réveillés.

Apprends à écrire tes blessures dans le sable et à graver tes joies dans la pierre. (Lao Tseu)

7
Rire pour vivre

Cette histoire n'est pas un conte. Elle pourrait l'être, assurément, mais il se trouve qu'elle est vraie. C'est Christophe Nick, journaliste, qui la raconte. La voici.

Mon grand-père, dit-il, fut déporté par les nazis, pendant la guerre, à Buchenwald. Or, il advint qu'un jour de pluie, comme il était mené avec ses camarades, en longue file misérable, aux travaux forcés quotidiens, son sabot glissa dans la boue et il tomba le cul par terre. Le moindre faux pas, dans ce camp, était mortel. Il le savait. Il entendit, derrière lui, un SS armer son fusil. Alors il se tourna, le regarda, tout bête. Allez savoir pourquoi, assis dans la gadoue, il éclata de rire. Le soldat, étonné, hésita un instant, il partit, lui aussi, d'un grand éclat jovial et remit son arme à l'épaule. Mon aïeul survécut à la déportation. Il raconta plus tard qu'un ange lui avait inspiré ce rire et l'avait sauvé de la mort, le plus innocemment qui soit. Il ne s'en sépara jamais. Il fut joyeux toute sa vie.

Eh bien, dit-il, vivons, puisque nous sommes morts.

Regarde l'aigle, et apprends la liberté.

N'oublie pas. Rien n'arrive jamais par hasard.

8
Un soir, dans l'atelier

Shonglang est vieux, tout blanc. Il est maître luthier. Son apprenti est un peu gauche et secrètement exalté. Il aime Petite-Vertu, la délurée, la toute vive. Un soir, dans l'atelier parfumé de copeaux :

— En vérité, mon maître, demande le jeune homme, estimez-vous déraisonnable d'offrir sa vie à une femme, quand on est homme de bon sens ?

Disant cela, sa main timide cherche celle de sa compagne. Maître Shonglang suspend un instant son travail.

— Mon fils, dit-il, l'index dressé, pas un seul instant de ta vie, pas une bribe de tes rêves ne doit être distrait du service exclusif de ta femme, bénie soit-elle.

Les yeux de Petite-Vertu pétillent de contentement. Elle laisse là son compagnon, trotte au vieillard, baise son front.

— Voilà, dit-elle, des paroles que j'inscrirai ce soir, à l'encre indélébile, au-dessus de mon lit.

— Je les répète donc, grogne maître Shonglang, car il importe, péronelle, que tu les saches exactement. Pas un seul instant de ta vie, pas une bribe de tes rêves ne doit être distrait du service exclusif de ton homme, béni soit-il.

C'est proprement ne valoir rien que de n'être utile à personne. (Descartes)

Celui qui ne peut éprouver ni étonnement ni surprise est pour ainsi dire mort. Ses yeux sont éteints. (Albert Einstein)

Il y a une certaine volupté à s'accuser soi-même. Dès que nous nous blâmons, il nous semble que personne d'autre n'a plus le droit de le faire. (Oscar Wilde)

9
Un monde au-delà de nos vies

Un soir, dans l'atelier de Shonglang, le luthier. Il fait doux, l'été s'éternise. L'apprenti, accroupi contre le mur rugueux, sous la lucarne ouverte, laisse aller la branche de frêne qu'il écorçait au couteau fin.

— Croyez-vous, mon maître, dit-il, à la survivance des âmes au-delà du seuil de la mort ?

Sa voix est inquiète, menue, dans l'air qui sent bon le bois chaud.

— Hélas, je ne peux pas, répond maître Shonglang.

Il disperse quelques copeaux sur la volute de violon que creuse son ciseau pointu, reste rêveur, puis dit encore :

— Pas plus que la goutte de sperme dans la matrice d'une femme ne peut croire en nos cathédrales, nos soldats, nos mendiants, nos villes, nos montagnes, je ne peux pas croire en un monde au-delà du nôtre, mon fils.

Lorsqu'il n'y a plus rien à faire, que faites-vous ? (Koan Zen)

Entre dans le jour comme un chat et dans la nuit comme un lion.

Il ne s'agit pas de posséder ce que l'on veut mais d'être ce que l'on désire, au plus profond de soi.

10
Le piège

Cet homme-là chantait si bien que le temps oubliait sa route et s'asseyait, pour l'écouter. Il intimidait les oiseaux. Il donnait presque vie à Dieu. Or, il était aveugle. Et comme ces êtres, parfois, qui ne peuvent pas voir dehors, il voyait le dedans des choses. C'était, du moins, ce qu'on disait.

Il était tant aimé des gens qu'un jour le roi voulut l'entendre. Il l'invita dans son jardin. Mais entre le seuil et le chêne où son fauteuil était posé, pour éprouver sa clairvoyance, il fit creuser par ses valets un trou que l'on dissimula sous un innocent tapis rouge. L'aveugle entra, à l'heure dite. Il fit trois pas, il s'arrêta juste avant la fosse cachée et chanta, debout, ces paroles :

Homme d'or dans l'ombre du chêne
Pourquoi ce rouge sur ce noir ?
Que crains-tu, bonté souveraine,
De celui qui ne sait pas voir ?

La voix qui sortit de sa bouche était si pure, si touchante que le roi, béat, ébloui, se dressa et s'en vint à l'homme pour le serrer contre son cœur. Il en oublia le trou noir. Il plongea cul par-dessus tête, battit l'air, revint au soleil, riant de sa franche sottise, tandis que l'aveugle chantait :

Tu vois le monde, il te regarde
Tu entends le chant, il t'entend
Aux portes du cœur, point de gardes
Si tu tends un piège, il t'attend !

Maturité de l'homme : retrouver le sérieux qu'il mettait au jeu, étant enfant. (Nietzsche)

Chaque jour, il faut danser, fût-ce seulement par la pensée. (Nahman de Braslav)

Notre drame, c'est de ne pas entrer pleinement dans la mort. C'est pour cela que nous ne ressuscitons pas. Si quelqu'un consent, ou est acculé par le destin à l'abandon total de ce qu'il a, il ressortira renouvelé. Il sera un véritable phénix. (Étienne Perrot)

11
Le cavalier

Le désert. L'ombre d'une dune. Un homme est là, qui fait la sieste. Il dort, la tête sur son bras. Paix infinie. Feu du soleil. Un petit serpent sort du sable, il escalade l'endormi, se glisse le long de son cou, s'enfonce dans sa bouche ouverte. L'homme sursaute, il se redresse, exorbité, les poings au col. Quelque chose remue dans sa gorge. Il étouffe. Il veut tousser, il ne peut pas. Le voilà qui se prend d'effroi.

Un cavalier vient droit sur lui. L'affolé tente de crier. Tout son être appelle au secours. Il ne peut faire mieux qu'un signe. Il râle comme un moribond, à genoux, courbé, suppliant. Le cavalier bondit à terre, s'approche, sa cravache au poing, et sans le moindre mot le fouette et l'accable de coups de pied, l'empoigne, le gifle, le jette. L'autre veut fuir, il tombe, éructe, se prend de terribles nausées, vomit enfin le serpenteau. Il reprend vie, à quatre pattes, sort peu à peu de son brouillard. « Quel est ce fou furieux, se dit-il, ce brigand, cet abominable voyou qui m'est tombé dessus comme un chien enragé ? Est-il encore là ? Va-t-il m'assassiner ? » L'homme lève le front, regarde de côté. L'étrange cavalier est remonté en selle. Il éperonne sa monture. Il s'en va sans le moindre mot.

L'autre, le regardant s'éloigner au galop, comprend alors que l'inconnu vient de le sauver de la mort. Le rosser sans perdre un instant en jérémiades inutiles était le seul moyen de révulser son corps et de le délivrer du mal qui l'étouffait. On dit que les démons singent parfois les anges. L'inverse est aussi vrai, plus souvent qu'on ne croit.

Les châtiments de la cave sont parfois les bénédictions du grenier. (Proverbe africain)

N'aspire pas, ô mon âme, à la vie éternelle, mais épuise le champ du possible. (Pindare)

Vivant, je fus un homme de cette terre. Mort, je suis l'égal de l'empereur dans le Mystère. (Inscription sur une tombe d'esclave, IVe siècle av. J.-C.)

12
L'arbre

Il était une fois un jeune homme perdu. Il n'avait que rage à la bouche. Le monde ? Une foire d'empoigne. Les gens ? Des fous ou des coquins. Lui-même ? Une boule de haine. Et donc il se perdait sans cesse en méchancetés sans espoir, en batailles perdues d'avance, en ivrogneries de bas-fond. Il souffrait. Il menaçait ruine.

Qui donc se cache, en vérité, sous les défroques du hasard ? On ne sait pas mais le fait est que ses pas un jour le menèrent jusqu'à la porte d'un vieillard aussi seul que sa maisonnette plantée sur une lande nue. Le jeune homme était fatigué. Le vieux lui offrit de son pain, de ses fruits secs et de son eau. Ils parlèrent, assis sur le seuil. Le garçon, à mi-voix rogneuse, dit le mal qu'il voyait partout, ses détestations intraitables, sa terrible absence d'espoir. L'aïeul ne lui répondit pas. Au coin du mur était un arbre que la foudre avait calciné. Il était sec, noir, tout tordu. Il le lui désigna. Il dit :

– Fais-le refleurir, s'il te plaît.

L'autre partit d'un rire triste.

– Tu me prends pour un magicien ?

– Bien sûr, lui dit le vieux, tu l'es. Je le sais. Tu l'ignores encore.

Le garçon haussa les épaules. Il prit congé, tout rechigné, mais serra la main du vieillard.

Le hasard (oui, encore lui) voulut qu'à quelque temps de là, la fortune au jeu lui sourit. Il gagna de quoi se payer une bombance mémorable. Il sortit de chez le boucher un cochon de lait sur l'épaule, chercha un lieu où le rôtir, trouva une cabane en ruine. Il entra. Il la croyait vide, mais non, une femme était là, avec un enfant maigrichon pelotonné dans ses guenilles. Elle le berçait. Elle chantonnait :

Dors mon petit, dors mon tout doux,
la soupe sera bientôt cuite,
entends mijoter nos cailloux,
pitié, ne meurs pas tout de suite.

Sur le feu était un chaudron. Des pierres dans l'eau bouillonnaient. Le jeune homme vit et rogna contre le monde et Dieu lui-même qui permettaient ces choses-là. Il découpa son porcelet, débordant de rage, de haine, ou d'amour, il ne savait pas.

Là-bas un vieillard solitaire riait au seuil de sa maison.
– Je n'aurais jamais cru, disait-il aux oiseaux.
L'arbre mort avait refleuri.

Ne juge pas chaque jour à la récolte que tu fais mais aux graines que tu sèmes. (Robert Louis Stevenson)

Ta capacité d'émerveillement, telle est la racine même de ton énergie vitale.

Même l'intelligence ne fonctionne pleinement que sous l'impulsion du désir. (Paul Claudel)

13
Le fardeau

Un derviche, au souk, un matin, se promène parmi les ânes, les passants, les cris des marchands. Il croise une femme courbée sous une charge originale : une lourde porte en bois dur. L'homme s'étonne. Il lui demande :

– Bonne dame, puis-je t'aider ?
– Non. Ôte-toi de mon chemin.
– Où vas-tu, ainsi accablée ?
– À mon cours de méditation.
– Avec ta porte sur le dos ?
– Et où veux-tu que je la mette ? J'ai chez moi des objets d'une grande valeur, bijoux, tapis anciens, que sais-je ? Mon mari m'a dit ce matin, avant de partir au travail : « Prends garde, Fahima, que personne surtout ne passe cette porte ! » Et donc je l'ai prise avec moi. Pour que personne ne la passe.

– Madame, répond le derviche, je peux t'enseigner, si tu veux, comment cesser de te charger de cet inutile fardeau.

– Non, ce n'est pas ce que je cherche. Mon seul souci, en vérité, est de savoir par quel moyen rendre cette porte moins lourde.

– Cela, dit l'homme, je l'ignore. Adieu, madame.

– Adieu, monsieur.

De nos maladies, la plus sauvage est de mépriser notre être. (Montaigne)

Ayant bu des mers entières nous restons tout étonnés que nos lèvres soient encore aussi sèches que des plages, et toujours nous cherchons la mer pour les y tremper, sans voir que nos lèvres sont des plages et que nous sommes la mer. (Attar)

N'estime l'argent ni plus ni moins qu'il ne vaut : c'est un bon serviteur et un mauvais maître. (Alexandre Dumas fils)

14
Le choix

ÊTRE DE CES GUERRIERS-CHASSEURS à la parole rare et sûre, secrètement aimés des femmes et respectés des paysans, voilà ce que voulait Kofi. Il en avait toujours rêvé. Enfant, à peine savait-il se tenir ferme sur ses jambes qu'il imitait leur marche lente, leur fierté, leurs regards de haut. Il était maintenant à l'âge où il pouvait enfin prétendre à être admis parmi ces forts. Il avait appris à chasser aux côtés des maîtres du clan, à manier l'arc, la sagaie, à garder l'affût sous le vent aussi longtemps qu'il le fallait. Il était prêt. Il le savait.

Ce matin-là, dernière épreuve. Il devait seul, dans la savane, affronter un père lion. S'il s'en revenait chez les siens avec sa peau sur son épaule, il ferait partie de la caste. S'il échouait, « plutôt mourir », se disait-il, la tête haute. Il avait vu rentrer bredouilles, le soir venu, quelques aînés. Les filles s'étaient détournées pour rire de leur pauvre mine. Ceux-là n'étaient plus bons à rien qu'à mener les troupeaux à l'herbe, ou vivre courbés sur leur champ. Il ne serait jamais des leurs.

Il s'en fut sans se retourner dans la brume du petit jour. Il connaissait bien le pays. Sous une falaise, vers l'est, au seuil d'une grotte cachée, un vieux père lion veillait sur son domaine aux arbres rares. Il l'avait souvent aperçu, errant derrière des buissons. Il y fut droit. Il y parvint vers midi, à l'heure sans ombres. Il y faisait une chaleur à décourager les oiseaux. Il trouva le refuge vide. Il pensa : « Il est allé boire. » Il s'accroupit derrière un roc, il l'attendit, s'impatienta, courut enfin au marigot. Il n'y trouva qu'une gazelle. Elle détala quand il parut. Il s'en alla, rageur, parmi les hautes herbes. Il scruta les mille horizons, il appela. Ce fut en vain. Il s'inquiéta. Le ciel pâlit. Le soleil, à l'ouest, rougeoya. Il s'imagina revenir sans rien sur le dos. Il eut honte. Il ne savait plus où chercher. Il s'assit contre un arbre sec. Ce fut alors qu'il l'aperçut, couché sur une pierre plate.

C'était un lion prodigieux. Sa crinière était toute blanche. Kofi se ramassa, attendit son assaut. La bête resta impassible, les yeux à demi clos, luisants. Il cogna du pied, il gronda, il fit virevolter sa lance. L'autre ne bougea pas d'un poil. Comment cela se pouvait-il ? Un lion en danger attaque. Celui-là, non. Il l'observait. Le garçon fit un pas, puis deux. Il s'arrêta, il se pencha. Il vit du sang sous le poitrail. Le lion ne l'attaquait pas parce qu'il n'en avait pas la force. Il était blessé. Il souffrait. Kofi se sentit envahi d'une bouffée de joie féroce. Il n'avait plus qu'à l'achever et s'en revenir au village avec cette crinière blanche, cette peau, ces griffes de roi. Quel accueil, quel triomphe et quelle haie d'honneur lui feraient les guerriers ! On lui demanderait de conter son combat. Que dirait-il alors ? La pauvre vérité ? Impossible. Il s'assit dans l'herbe. Le lion l'observait toujours. Alors Kofi, dans son regard, lut des paroles silencieuses. Elles étaient simples, vraies, tranquilles. Elles n'avaient rien de douloureux.

– Prends ma vie, garçon, disaient-elles, et ton clan sera fier de toi. Tu raconteras ton combat, tu l'inventeras, peu importe, on se plaira à t'écouter. Qui mettra ta parole en doute ? Personne, sauf qu'au fond de toi tu sauras que tu as menti, que tu n'es pas celui qu'on croit. Veux-tu cela ? Si oui, tue-moi. Sinon tu écoutes ton cœur, tu me laisses mourir tranquille, tu t'en retournes, le front bas, et tu fais honte à ta famille. Mais tu sauras au fond de toi que tu vaux bien plus qu'un guerrier. Choisis la route qui te va.

Kofi resta toute la nuit auprès du lion magnifique. Au matin il rentra chez lui. Il n'avait rien sur les épaules. Personne ne le salua. Il s'en alla droit à l'enclos où dormaient encore les bêtes. Il fut berger, rien que cela.

Connaître les autres, c'est sagesse. Se connaître soi-même, c'est sagesse supérieure. Imposer sa volonté aux autres, c'est force. Se l'imposer à soi-même, c'est force supérieure. (Lao Tseu)

L'archer a un point commun avec l'homme de bien : quand sa flèche n'atteint pas le centre de la cible, il cherche la cause en lui-même. (Confucius)

Travaille comme si tu n'avais pas besoin d'argent, aime comme si personne ne t'avait jamais fait souffrir, danse comme si personne ne te regardait, chante comme si personne ne t'écoutait, vis comme si le paradis était sur terre.

15
Zouzia

Rabbi Zouzia se meurt. Ses disciples le pleurent. Ils sont tous là, autour du lit, à renifler dans leur mouchoir. Ils tentent de lui dire l'amour qu'ils ont pour lui.

– Rabbi, gémissent-ils, vous êtes notre père, vous le serez toujours, pitié, ne nous laissez pas seuls, vous êtes notre saint Moïse !

– Moïse, moi ? Seigneur, grogne le moribond, qu'ai-je fait pour cela ?

Les autres renchérissent. Ils veulent à tout prix que leur maître Zouzia soit le frère, l'égal, le jumeau de celui qui descendit du mont Sinaï avec les Tables que l'on sait. Le mourant en reprend des forces, mais c'est pour leur lancer, furieux :

– Mes enfants, misère sur moi si je suis l'homme que vous dites, car ce qui me fut demandé par Celui qui attend mon âme, ce ne fut pas d'être Moïse mais d'être tout entier, de haut en bas, Zouzia !

La lumière n'est pas en haut, elle est au fond du noir d'en bas.

Il a réalisé son rêve. Il l'a fait parce qu'il ne savait pas que c'était impossible.

Qui désire marcher librement ne se soucie pas de rameuter son village à sa suite.

16
Le fils reconnaissant

Il était un jour une veuve de beau visage et de bon cœur. Elle n'avait qu'un fils, mais quel fils ! Travailleur, aimant, serviable. Elle l'éleva joyeusement. Vint le temps du poil au menton. La voyant sans cesse à l'ouvrage, « Seigneur Dieu, pensait le garçon, quelle sainte femme, vraiment ! Elle s'est saignée aux quatre veines pour que je ne manque de rien. Maintenant que me voilà grand, j'aimerais la voir reposée, sans plus de souci qu'un ciel bleu. Mais que faire pour son bonheur ? » Cette affectueuse question le plongeait dans des inquiétudes qui faisaient froncer les sourcils. Un samedi après dîner il baisa ses cheveux bouclés et lui dit :

— Vos yeux sont cernés, vous me semblez lasse, ma mère. Demain, comme à l'accoutumée, vous voudrez aller à la messe. Eh bien, je vous y porterai.

Elle s'étonna. Il dit encore :

– Ne m'avez-vous pas, tant d'années, quand je n'étais qu'un bout d'enfant, porté vous-même dans vos bras ? Il est temps que je m'en souvienne. Votre fils n'est pas un ingrat.

Elle protesta. Il s'obstina. Elle ne voulut pas le fâcher.

Et donc, le lendemain, en habit du dimanche, voilà le jeune homme en chemin avec sa mère sur le dos. Devant le portail de l'église l'abbé accueillait ses brebis (ainsi appelait-il son peuple). Dès qu'il vit venir le garçon, courbé sous son fardeau comme un roseau pensif, il accourut, il demanda :

– Pauvre femme, qu'avez-vous donc ? Êtes-vous blessée, ou malade ?

– Pas du tout, répondit son fils. Je ne veux pas qu'elle se fatigue. Je fais ce qu'elle a fait pour moi, ou plutôt j'essaie, que Dieu m'aide ! Écartez-vous de mon chemin.

Le prêtre partit d'un grand rire. C'était un jovial à l'œil vif. Il lui dit :

– Tu fais fausse route. Maintenant que te voilà grand et que tu n'as plus besoin d'elle, si tu veux lui faire plaisir (regarde comme elle est jolie !) vis ta vie et laisse-la donc se choisir un nouveau mari.

Le jeune homme, scandalisé, lui gronda en pleine figure :

– Comment osez-vous proférer d'aussi tristes stupidités ? Je connais mon devoir, curé !

Un doigt lui tapota le dos. Sa mère lui dit à l'oreille :

– Il est prêtre, il a lu des livres. Écoute-le, mon fils, il sait.

Rien n'est plus lent que la véritable naissance d'un homme. (Marguerite Yourcenar)

L'homme regarde la fleur. La fleur sourit. (Koan zen)

C'est vrai que tu es une pauvre bête. C'est vrai que tu es seul, que personne au monde ne se soucie de toi, ni les gens, ni le ciel, ni les cailloux. Mais quoi, la vie doit-elle se préoccuper de toi pour que tu en jouisses ?

17
La peur ou la vie

Un dimanche (il fait beau partout, tant au ciel que parmi les herbes), un homme, une femme et leur fils vont ensemble pêcher la truite, dans le torrent au bas du pré. L'enfant gambade, insouciant. Sa mère, inquiète, s'égosille.

– Mon Dieu, ce gamin, comme il court, il est tout en sueur. Misère ! Pas si vite, tu vas tomber ! Prends garde aux abeilles, aux cailloux, il y a des vipères dessous !

Elle aime trop. Elle aime mal. Son cœur est tout à son garçon comme la cage à son oiseau. Les voilà au bord de l'eau vive.

– Sois prudent, tu te penches trop. Tu vas glisser. Viens près de moi, là, tout près, et ne bouge plus.

Elle est tranquille. Pas longtemps. Un moustique bientôt se pose au bord des lèvres de l'enfant. Quoi, il ose, ce venimeux, ce porteur de maladies graves ?

Une gifle affolée l'écrase. Le coup expédie le petit dans les tourbillons du torrent. Son père, *in extremis*, le sauve. Je l'ai décidé, c'est ainsi.

Le conte, plus rude que moi, dit que le garçon, s'y noya. Façon d'affirmer sans détours que le pire poison qui soit, tant pour soi que pour ceux qu'on aime, est cette sorte de peur bleue qui fait voir des diables partout.

Le fondement de toute réussite, c'est l'erreur.

Dis : « Dieu », puis laisse-les à leurs discussions. Ils jouent. (Coran)

Quel est le but le plus profond de la vie ? Ma réponse est catégorique : jouir des sensations dont j'aime jouir quand je suis entièrement, effrontément moi-même. (John Cooper Powys)

18
La mauvaise et le fagotier

C'ÉTAIT UNE SALE SORCIÈRE. Elle habitait un chêne mort. Elle était haineuse, rouillée. Elle effrayait les bûcherons, elle tourmentait les charbonniers, elle faisait taire les oiseaux quand elle se glissait sous les arbres. Un jour, un vieux, sa journée faite, rassemblait son bois en fagot quand elle apparut dans la brume qui errait au ras des buissons. « Misère, se dit le bonhomme, voilà la vieille au mauvais œil. Vite, un caillou, que je l'assomme avant qu'elle me saute dessus. » Elle était à dix pas de lui, le menton posé sur sa canne. Son regard luisait méchamment. Elle ricana :

– J'entends, j'entends. Tu veux me lancer un caillou, tu veux casser ma pauvre tête.

Le vieux pensa : « Elle est maligne. Mieux vaut ma serpe, sacrénom. Je vais lui trancher les oreilles. »

L'autre grinça :

– Oh, j'entends bien ! Tu veux me trancher les oreilles, mais il te faudrait pour cela moins de peur, plus de cœur au ventre. Ta serpe tremble dans ton poing !

« Elle devine tout, la bougresse. Tout ce qui me vient à l'esprit, elle me le crache à la figure, pensa le vieux, épouvanté. Malheur, elle va me dévorer. »

– Te dévorer ? dit la sorcière. Tiens, pourquoi pas, c'est une idée.

Elle s'avança, riant du nez. « Ne plus vouloir, ne plus penser, ignorer même sa présence, se dit l'homme. Ma chance est là. » Il se remit à son ouvrage, la tête vide, en sifflotant. La vieille se pencha sur lui, le renifla, fit la grimace. Elle recula, mais pas assez. Le vieux ramassa son fagot et, se le chargeant sur le dos, il éborgna la malfaisante. S'en aperçut-il ? Même pas. Elle s'enfuit, les mains en avant, courant à travers les feuillages. L'homme prit le chemin inverse sans rien en tête que marcher, pas après pas, sous son fardeau.

Quand l'esprit vagabonde, effraie ton corps et mets-le en danger. Il te ramènera sans détours à l'amour de la vie.

L'espoir, c'est un aimant à miracles. La merveille viendra si tu l'espères assez.

Nous n'avons pas besoin d'église. Il se peut que l'on se dispute avec d'autres hommes ici-bas, mais ce ne sera jamais à propos de Dieu. Nous ne voulons pas apprendre cela. (Chef Nez-Percé)

19
La sainte sans nom

Il était une fois une fille d'auberge. À l'aube elle lavait le plancher, au soir elle faisait la vaisselle, tout au long du jour elle trottait, servait l'un, accourait à l'autre, souriait comme il le fallait, bien qu'elle fût à tous transparente. Personne ne semblait la voir. On criait à boire, à manger, on claquait des doigts, elle venait. Elle n'avait même pas de nom. Qui était-elle ? La servante. Elle traversa ainsi la vie sans que nul ne se soucie d'elle. Elle mourut. On la mit en terre. Elle s'éveilla au paradis.

Elle ne put en croire ses yeux, d'autant qu'elle ne se trouvait pas au paradis de tout le monde. Elle était au jardin des saints. « Que suis-je venue faire ici ? se dit-elle. Je ne suis rien. Je ne peux pas être une sainte. » Les Bienheureux vinrent à elle, l'embrassèrent, lui firent fête. Elle leur demanda :

– Pourquoi moi ?

Ils répondirent :

– Dieu le sait.

L'un d'eux lui dit qu'à son avis elle avait aimé ses semblables au point d'en oublier sa vie.

– Aimé ? Oh non ! (Elle osa rire. Jamais encore elle n'avait ri.) Je manquais de temps pour cela. J'étais une fille d'auberge. J'avais beaucoup trop de travail.

– Quel est ton nom, ma bonne amie ?

– Je n'en ai pas, répondit-elle. Je n'en ai jamais eu, je crois.

Perplexité des Bienheureux. Ils s'assemblèrent tous à l'ombre du plus vieil olivier du Ciel, en conciliabule pensif.

– C'est anormal. C'est impossible. Comment les gens la prieront-ils ? Il faut qu'elle soit sainte Quelqu'un !

Une brise émut le feuillage. Chacun se tut, leva le front. Vint un murmure. C'était Dieu.

– Elle sera la sainte sans nom. À elle iront toutes les peines, toutes les prières secrètes qu'on ne sait à qui adresser.

Depuis ce jour, à ce qu'on dit, c'est elle, la fille de rien, l'inconnue de tous en ce monde qui accueille les espérances, les désirs profonds, les soucis que l'on ne peut même pas dire. Ce sont, de tous, les plus nombreux. La sainte servante sans nom n'a pas un instant de repos mais qu'importe, elle est faite ainsi, toujours à servir, même au Ciel.

Sectaire : celui qui ne voit qu'une étoile dans le ciel. (André Prévôt)

Ne faites pas au monde l'extrême plaisir de lui demander l'impossible. Il s'autoriserait à vous refuser le nécessaire. (Edgar Quinet)

Les humains n'aiment pas la vie, ils lui préfèrent le théâtre.

20
La foi

Qui n'a jamais connu le doute, le souci, le brouillard où l'âme s'égare, et désespère, et perd le nord ? Ce jeune homme-là traversait ces méchantes intempéries. Son ciel avait viré au sombre. Or il avait un oncle moine qu'il aimait de belle affection. Il s'en fut donc un jour le voir dans son monastère occitan. Ils se donnèrent des nouvelles, à l'ombre du cloître fleuri puis, après un brin de silence, le garçon risqua, le front bas :

– Mon oncle, j'ai perdu la foi.

– C'est là tout ce qui te tracasse ? répondit l'oncle. C'est banal.

Il haussa les épaules. Il rit.

– Tu ne comprends pas, reprit l'autre. Les Évangiles, Jésus-Christ, la Vierge, Dieu, je n'y crois pas.

– Oui, j'ai compris. Bon. Et alors ?

– Cela ne te touche pas plus ? Quoi, tu es moine, tout de même !

– Voyons, dit l'oncle, parle clair. Tu ne sens pas Dieu. C'est d'accord. Est-ce que tu en as de la peine ?

– De la peine ? dit le garçon. Mais c'est terrible, scandaleux ! Si ma vie est privée de sens, elle me devient insupportable !

– Hé, mon fils, de quoi te plains-tu ? La foi, c'est cela, rien de plus.

Adore Dieu comme si tu le voyais. (Ibn Arabi)

La vie ne nous doit rien, et c'est une bonne nouvelle. Elle peut ainsi, au moins, nous faire des cadeaux.

Quand un mendiant te tend la main, ce n'est pas pour te demander un sou, c'est pour t'aider à sortir de ton trou d'indifférence, de ton sommeil, de ta misère intime. Les mendiants sont des donateurs invisibles, souviens-toi de cela.

21
Va-t'en

Il s'appelait Cœur-de-Torrent. C'était au temps où les grands-pères étaient encore des enfants. Cœur-de-Torrent était bel homme. Beaucoup de femmes auraient aimé faire leur nid sur sa poitrine, mais lui, ce fou, ne voulait voir qu'une fille, Soleil-dans-l'Œil. Il la désirait. Elle, non. Chaque fois qu'il s'approchait d'elle, elle faisait un geste méchant. Elle lui disait :
– Va-t'en, va-t'en.
Un jour, il s'en alla vraiment.

Soleil-dans-l'Œil se maria avec on ne sait quel chasseur. Pourquoi l'avait-elle choisi ? Ces choses-là sont mystérieuses. Elle-même ne savait pas. Pensait-elle parfois, la nuit, à celui qui l'avait aimée ? Le fait est qu'il revint la voir. On l'aperçut un soir d'hiver parmi les rochers du rivage. Il attendit qu'il fasse noir, puis s'en fut gratter à la porte de la maison où elle vivait. Il n'eut pas à dire son nom. Avant qu'il parle elle dit :

– Va-t'en.

Elle refusa de lui ouvrir. Il lui demanda sur le seuil :

– Comment as-tu pu épouser un homme que tu n'aimes pas ?

Elle ne répondit pas. Elle répéta :

– Va-t'en.

Il l'entendit qui sanglotait. Il l'attendit toute la nuit.

Au matin, avec d'autres, il partit à la chasse. On mourait de faim au village. Le ciel était bas, il neigeait, le vent était irrespirable. Il fut le seul à revenir, un caribou sur une épaule et sur l'autre un sac de poissons. Les hommes qui l'accompagnaient s'étaient perdus dans le blizzard. Le mari de Soleil-dans-l'Œil était de ces mauvais chasseurs que la tempête avait mangés. Elle ne pleura pas, elle fut brave ou guère triste, allez savoir. Cœur-de-Torrent fut accueilli avec du bouillon, des fourrures. La chasse l'avait épuisé. Il dormit un jour et deux nuits. Des femmes vinrent le veiller, souffler sur ses mains, son visage. Soleil-dans-l'Œil vint, elle aussi. On la vit se pencher sur lui. On l'entendit qui murmurait, à voix rauque :

– Va-t'en, va-t'en.

Dès qu'il s'éveilla il partit, et cette fois ne revint pas.

Soleil-dans-l'Œil vécut longtemps, toute seule dans sa maison. Elle disait qu'elle y était bien, qu'elle n'avait besoin de rien d'autre que de sa soupe et de son feu, mais elle était fière, elle mentait. Le dedans des êtres est un monde plus étrange que le dehors, terre, océan, nuées, étoiles. La nuit venue elle s'asseyait sur un rocher, devant sa porte et restait là, à écouter, à l'affût, les yeux grands ouverts, jusqu'à ce qu'ils se ferment seuls et que son esprit l'abandonne. Elle fit ainsi toute sa vie.

Un soir (elle était vieille, vieille) elle entendit quelqu'un chanter dans l'air obscur. Elle se dressa, trotta dedans, se débarbouilla la figure, coiffa ses cheveux, s'habilla de sa belle robe fanée, puis elle s'en retourna dehors et fit mine de s'occuper à tresser des tendons de renne. On chantait toujours, dans le noir. Elle pensa : « C'est une voix d'homme. » Elle venait du rivage, en bas. Elle attendit, s'impatienta, prit son bâton et descendit jusqu'aux rochers du bord de l'eau. La lune jouait sur les vagues. Rien alentour que le vent frais et la rumeur de l'océan. Elle erra longtemps sur la grève, puis remonta vers sa maison. « C'était un homme », se dit-elle. Elle se sentit seule et pleura.

Il faut rajouter de la vie aux années, et non des années à la vie. (Proverbe chinois)

La nuit n'est peut-être que la paupière du jour. (Omar Khayyam)

Ne cherche pas l'amour. Cherche plutôt et trouve tous les obstacles que tu as construits pour l'empêcher de vivre. (Rûmi)

22
L'homme qui voulait voir la mort

Il était un jour un Jean-Fou aussi fringant qu'un arbre en mai. C'était un naïf increvable, vigoureux, hardi, remuant. Il aimait la vie. Elle l'aimait. Jusqu'à l'âge où pousse le poil, il s'était cru indestructible. Tous les enfants sont ainsi faits, ils s'imaginent immortels. Vint le jour où il découvrit qu'au bout de son séjour terrestre l'attendait ce monstre impassible, impitoyable et scandaleux communément appelé Mort. Que croyez-vous que fit Jean-Fou ? Il voulut rencontrer cet être, le palper et le renifler, voir de quel bois il était fait. Et donc il se mit en chemin.

Ses pas hasardeux le menèrent dans un estaminet paillard. On y braillait, on y dansait à faire trembler les fenêtres. Un grand benêt, sur une table, chantait une chanson vineuse dont le refrain disait ceci :

À la santé de sainte Farce
Buvons, buvons, beaux compagnons
Avant que la Mort, cette garce
Ne nous morde le troufignon !

Jean-Fou pensa : « Ce baryton semble connaître cette ogresse que j'aimerais bien rencontrer. » Il vida sa pinte de rouge, offrit à l'homme un sou d'argent et tout de go lui demanda :

– Sais-tu où je peux la trouver ?

– Qui donc, l'ami ?

– La Mort, pardi !

– Je l'ignore, chance pour moi. Et ne parle pas si fort d'elle, son nom suffit à m'effrayer.

– Ne connais-tu pas quelqu'un en ville qui voudrait bien me renseigner ?

– Va voir mon père, il est luthier. Il est vieux, il doit la flairer, de temps en temps, dans sa boutique. Peut-être saura-t-il te dire si son regard est noir ou bleu.

Jean-Fou but, dormit sous la table et de bon matin s'en alla par les ruelles de la ville.

Il était tout ébouriffé. Sous l'enseigne aux trois flûtes peintes, il s'épousseta les cheveux.

– Bien le bonjour, maître luthier. Votre fils m'a dit tout à l'heure de vous baiser les mains pour lui.

L'homme était à son établi.

– Mon fils, ce brigand, ce jocrisse ? bougonna-t-il. Il est vivant ?

– Certes oui.

– Mauvaise nouvelle. Laisser son père s'escrimer, user sa vie jusqu'à la corde sans jamais venir l'embrasser ou glisser un sou dans sa poche, dites-moi, est-ce là un fils ? Mes doigts ne peuvent plus tailler que des pipeaux pour les enfants. Ah, la mort me sera bien douce. D'ailleurs, elle ne va pas tarder. Comme dit le mauvais poète qui rêvasse dans mon grenier :

Plus de soupe au fond de la tasse
Plus un croûton, même rassis,
La Mort est là, sur la grand-place
Qui te fait signe : « Viens ici ! »

– Sur la grand-place ? dit Jean-Fou. Hé, monsieur, je n'y vois personne que des maraîchers matinaux.

– Allons, c'est façon de parler.

– Vous ne savez pas où elle est ?

– La Mort ? Guère loin. Invisible mais présente, je le sens bien.

– Moi, dit Jean-Fou, je veux la voir.

– Garde-t'en bien. Elle n'est pas belle.

– Qu'en savez-vous ?
– Adieu. Va-t'en.

Il s'en alla, marcha longtemps, de cités en tentes nomades, de déserts en lacs montagnards. Dans un faubourg de pauvre ville un soir, par mégarde, il buta contre la jambe d'un mendiant affalé à l'ombre d'un mur. Il en tomba à quatre pattes.

– Que cherches-tu ? lui dit le bougre. Un sou neuf entre mes orteils ?

– Non, la Mort, répondit Jean-Fou.

– Fatigué comme je te vois, tu la rencontreras bientôt, lui dit le pauvre en riant large.

– Grand merci, monsieur !

Il s'en alla.

À peine avait-il fait vingt pas qu'il rencontra une vieillarde aux dents rares, au menton poilu, vêtue comme un épouvantail, ceinturée de fioles, de boîtes, d'aiguilles de cuivre et d'argent. Un couteau lui pendait au cou au bout d'une ficelle sale.

– Enfin vous voilà ! dit Jean-Fou. Vous êtes la Mort, n'est-ce pas ?

– Pas du tout, répondit la vieille. Je suis la Vie, pour te servir. Mes huiles, mes onguents, mes herbes guérissent tous les maux humains.

– Hé, c'est l'Autre que je veux voir, votre ennemie, votre contraire !

– Je peux te la montrer, mon fils, c'est facile, lui dit la Vie. Je vais trancher ta belle tête avec le couteau que voici, et sans mentir, elle sera là.

Jean-Fou se dénuda le cou.

– Tranchez donc, tranchez, bonne dame, je vous paierai pour ce bienfait tout ce que vous voudrez de moi !

La Vie se retroussa les manches, prit son homme par les cheveux, trancha sa tête au ras du col et la recolla à l'envers. Une noix d'onguent, rien de plus, effaça toute cicatrice. Et voilà Jean-Fou bouche ouverte regardant son cul, ses talons. Il brailla :

– Que m'avez-vous fait ?

– Ce que tu voulais, beau jeune homme. Regarde la Mort, elle est là. Elle est la poussière du temps, elle est ce qui sans cesse passe et s'efface dans le néant. Mon garçon, où la croyais-tu ? Elle est toujours derrière nous ! Veux-tu voir la Vie, maintenant ?

Il répondit :

– Oui, par pitié.

La vieillarde à nouveau trancha et recolla comme il fallait.

– Adieu, mon fils.

– Adieu, ma mère.

Jean-Fou s'en alla droit devant.

À cet instant où tu m'écoutes, dans ton sang danse le grand battement de la vie des âges. (Tagore)

Demain soufflera le vent de demain.

Je rêve d'un paradis où l'esprit et la chair iraient à la prière et au bordel ensemble, unis comme l'ongle et le doigt.

23

L'homme au manteau vide

Il était une fois un pauvre vieux village. Au bas de ses maisons était un champ de thym, dans ce champ quelques oliviers, puis des rochers, un torrent maigre. Là vivait (vivait-il vraiment ?) un homme sans corps, sans visage. Tout ce que l'on voyait, assis dans l'herbe rare, était son manteau, sa capuche, et ses épaules un peu voûtées. Qui était sous ce vêtement ? Peut-être quelqu'un, ou personne. Les gens l'avaient toujours vu là, les vents et les soleils aussi. Il était l'homme au manteau vide. On ne parlait guère de lui. On n'osait pas. On le craignait. On lui portait de temps en temps de quoi manger, du pain, des fruits qu'on déposait à quelques pas. L'homme ne se retournait pas, mais une voix disait « merci. » Alors on répondait d'un hochement de tête et l'on s'en retournait au champ, à la maison, au soin des bêtes. Il en fut ainsi jusqu'à l'an où vint un hiver de misère.

Moutons crevés, chevaux enfuis et sacs efflanqués dans la grange, on ne parlait que de cela, la nuit venue, devant le feu. Ce soir-là Jeanne était assise sur le plancher, près de son chien. Le menton sur ses genoux hauts elle enivrait ses yeux de flammes. Elle dit soudain :

– Demain matin, j'irai voir l'homme au manteau vide.

– Tu es folle, gronda sa mère. Imagine qu'il te regarde. J'en ai froid rien que d'y penser.

– Il n'a jamais mangé personne. Pourquoi me ferait-il du mal ? Je veux simplement lui parler.

– Tais-toi donc, bougonna son père, le manteau est creux, il n'y a rien, il n'y a personne, que du vent.

– Eh bien, répondit la petite, qu'est-ce que je risque, s'il n'y a rien ? Je lui porterai nos poussins. La poule est morte. Ils vont mourir. Peut-être les sauvera-t-il.

Son père la poussa du pied.
– Va te coucher, tu me fatigues.
Elle s'allongea contre le chien.

Le lendemain, dans son panier, elle mit ses dix poussins malingres et dévala la pente raide jusqu'aux rochers du bord de l'eau. Dès qu'elle vit l'homme au manteau vide elle reprit souffle et s'avança, en serrant son écharpe au col. Elle déposa les dix bestioles tout alentour du vêtement qui bougeait un peu sous le vent. Elle s'assit à côté de lui. Elle lui arrivait à l'épaule. Le capuchon resta penché. Elle lui jeta un bref coup d'œil puis écouta le bruit de l'eau. Après longtemps, une voix dit :

— Que me veux-tu ?

— Je ne sais pas. Peut-être peux-tu nous aider.

Le silence encore, longtemps. Jeanne entendit sonner des heures au loin, si loin que la présence de ce manteau sans rien dedans à côté d'elle lui parut prodigieusement rassurante. Elle en sourit, soupira d'aise. Alors la voix lui murmura :

— Mets tes poussins sous mon habit et reviens dans une semaine. J'ai aimé être auprès de toi.

— Oh, moi aussi, répondit-elle.

Elle remonta vers le village. Elle s'attarda jusqu'à la nuit à errer sous les oliviers. Sa mère voulut tout savoir de ce qu'elle avait fait et dit, mais elle ne sut que lui répondre. Elle avait laissé les poussins là-bas, auprès du manteau vide. Et quoi d'autre, ma fille ? Rien.

Six jours, six nuits à dormir peu. Au septième matin, Jeanne courut si vite qu'elle ne sut s'il ventait, s'il faisait gris ou bleu. Elle vit de loin l'homme sans corps, et les poussins autour de lui. Quelle vigueur ils avaient pris ! Elle s'assit parmi eux, au plus près de l'habit. Elle dit :

– Que leur avez-vous fait ?

La voix lui répondit :

– Je les ai réchauffés. Je les ai laissé vivre.

– Leur permettre d'aller ainsi, sans que personne les surveille, c'est dangereux, lui dit l'enfant. Si un renard était venu ?

– Écoute, Jeanne.

Elle écouta. Le silence du manteau vide la tint au chaud jusqu'à la nuit. Le soir venu, elle soupira :

– Je ne saurai comment leur dire.

– Va, vis, reviens. Je serai là.

Elle prit ses poussins et s'en alla.

Sa mère l'attendait sur le pas de la porte. Elle s'inquiétait. Elle lui cria :

– Tu me feras mourir, ma fille !

Et découvrant, dans le panier, la couvée qu'elle n'espérait plus :

– D'où sortent-ils, ces beaux chéris ? Qui les a nourris ? Le manteau ?

– Il est vide, gronda le père. Il n'y a rien sous le capuchon. Un rien ne peut nourrir personne !

Jeanne ne lui répondit pas. Elle pensa, et ses yeux brillèrent : « Oh, le silence de ce rien ! » Puis elle entra dans la maison. Le feu flambait. Il faisait bon.

Jamais on n'a raison contre un enfant qui pleure. (Proverbe japonais)

Je n'ai pas de talents particuliers. Je suis juste passionnément curieux. (Albert Einstein)

Il faut se garder de confondre l'importance des choses avec le bruit qu'elles font. Une sottise, une futilité, un mensonge entendus par dix millions de personnes n'en restent pas moins ce qu'ils sont.

24
Corbeau

L̲a̲ ̲m̲è̲r̲e̲ ̲b̲e̲r̲c̲e̲ ̲s̲o̲n̲ ̲e̲n̲f̲a̲n̲t̲. Dehors, le vent d'hiver s'enrage. La cabane tremble, elle a froid.

Dors, mon petit, dors mon enfant
N'aie pas peur, ce n'est pas le vent
C'est le chant du mendiant de chance

Le père, au loin, chasse le renne. Reviendra-t-il ce soir, demain ? « Il reviendra, pense la femme, avec sa hache de silex, avec sur l'épaule des viandes, avec des nuages à la bouche et du givre dans les sourcils, avec sa voix qui me fait peur et me rassure en même temps, il reviendra, dors mon enfant. » La tempête cogne à la porte. Corbeau croasse, sur le seuil :

— Femme, j'apporte des nouvelles, ton mari est mort, je l'ai vu. Il est en haut de la falaise, tout en sang, couché sur le flanc, deux loups lui dévorent les mains, deux autres les yeux, la figure, sa hache est à dix pas de lui avec une botte perdue, je l'ai vu, femme, je l'ai vu !

– Ce n'est pas mon homme, tu mens !

Ne t'éveille pas, mon enfant
Ce n'est que Corbeau, là-devant
Qui nous prie d'un peu de pitance

– Femme, sa bouche te connaît, il a dit ton nom à la neige, il a dit celui de son fils avant que son souffle s'éteigne !

Le cœur de la femme s'affole. Ses yeux, son sang, son crâne crient :

– Ce n'est pas vrai ! Tais-toi, tu mens !

Elle écoute. La porte grince, des troupeaux de neige et de vent font gémir l'ombre sous le toit. Les heures passent et Corbeau parle. Malheurs précis, impitoyables, cauchemars plus vrais que la vie, il ricane, il sait tout, il dit. La femme se prend les oreilles, elle veut les fermer, à quoi bon, elle entend plus fort au-dedans. Elle espère encore pourtant. Elle se tient à l'affût du temps. Son regard soudain se rallume. Un homme l'appelle dehors, si loin que c'est peut-être un rêve.

C'est le chasseur qui s'en revient. Corbeau s'est tu, il n'est plus là, il n'était fait que de nuit noire, dans la nuit noire il s'est fondu.

Écoute, écoute mon enfant
N'aie pas peur, ce n'est pas le vent
C'est le sang de mon corps qui danse

Deux caribous sur les épaules, à la ceinture un sac joufflu, son couteau, sa hache de pierre. L'homme entre, les bras ouverts.
– Du feu, du grand feu, bonne femme, j'ai froid, j'ai faim. Viens là, petit.
Il a sculpté pour son garçon un jouet dans un bois de renne. L'enfant rit, et sa mère aussi.

Même si tu n'es pas le soleil, ce n'est pas une raison pour être un nuage. (Proverbe arabe)

La Raison parle, l'Amour chante. (Alfred de Vigny)

Ne pleurez pas les bestioles
Même les étoiles qui s'aiment
Doivent se quitter.
(Issa)

25
Le prince porcher

Il était un roi de grand âge que le temps avait laissé droit comme un cyprès en manteau bleu. Il avait un fils au sang vif, insolent, rétif, mal aimant, comme parfois à dix-sept ans. Son père haïssait le désordre, les cieux changeants, les giboulées. Le jeune prince l'enrageait. Un soir, comme il s'en revenait, dépenaillé, la tête fière, de quelque fête de voyou, le roi leva sur lui le poing. Le fils ne baissa pas le front. Son père gronda :

– Honte à toi ! Tu ne respectes ni ma face ni le sang que je t'ai donné. Hors de ma vue, je te maudis !

Il le fit jeter à la rue. Le jeune homme quitta la ville.

Il vendit ses beaux vêtements, il acheta sur un marché un voile noir, de pauvres hardes, une longue canne de buis et s'en alla vers l'océan. Sur son

chemin vint une ferme. Il y demanda du travail.
— J'ai vingt porcs, lui dit le fermier, et j'ai grand besoin d'un porcher.
— Engage-moi, tu l'as trouvé.
Tous les jours, semaine et dimanche, il amena ses bêtes au bois. Soleil, gros temps, un an passa.

Un matin, sous les hauts feuillages, comme il cheminait sans souci, il entendit des cris de femme et des froissements de fourrés. Il accourut. Il vit un loup dans une trouée de soleil qui galopait à sa tanière, les crocs plantés dans un chevreau. Une vieille trottait derrière, échevelée, le bâton haut. Il poursuivit la bête noire et la rossa si rudement qu'elle s'enfuit, la queue sous le ventre. À l'aïeule il rendit son bien.
— Grand merci, porcher, lui dit-elle, tu es un homme de bon cœur. Vois-tu, là-bas, ce chêne creux ? J'y ai mon lit et ma chandelle. Si tu te trouves un jour en peine, viens à minuit et crie trois fois : « Mère des arbres, viens à moi ! » Je sortirai de sous ma couette, et ce que tu voudras sera.

Le soir même, à la longue table, après la soupe et le jambon :
— À la foire, dit le fermier, j'ai glané du bien mauvais vent. Il paraît qu'un géant de brume fait du mal

à notre pays. Ceux qui l'ont vu disent qu'il porte, au milieu du front, un diamant. Partout où il pose le pied, blés et vignes, forêts, jardins, tout se dessèche et dépérit. Il n'a ni chair, ni cœur, ni sang. Les armes traversent son corps sans même ralentir son pas. Notre vieux roi en meurt de peine. Que peut-on faire ? On ne sait pas.

Le prince écouta, but son vin et prit congé de la tablée. Sans que personne ne le voie, sous la lune il s'en fut au bois. À minuit, sous le chêne creux :

– Mère des arbres, viens à moi !

Aussitôt parut une dame belle comme un matin d'avril.

– Porcher, ne parle pas, je sais. Tu veux tuer l'homme de brume, le géant à l'œil de diamant. Tant qu'il veille, tu ne peux rien. Une heure avant le jour il dort, allongé sur la lande rase, près des ruines du château vieux. Cache-toi parmi les broussailles. Attends de le voir se coucher, bouche ouverte, face aux étoiles, et rampe tout doux jusqu'à lui. Son sommeil est léger, prends garde. Que pas une branche ne grince, que pas un caillou ne remue ! Retrousse alors ta manche droite, plonge ta main comme une épée, hardiment, dans son front de brume, arrache son œil de diamant, et son corps des pieds à la tête se défera comme fumée. Va maintenant, prince porcher. Tu ne me reverras jamais.

Elle s'enfonça sous le feuillage et disparut. Il s'en alla.

De bon matin :
– Fermier, adieu. Il me faut partir en voyage. Je ne sais si je reviendrai.
– Tu seras toujours bienvenu. Bon vent, porcher.
Il prit son sac, son voile noir, sa canne de buis et partit.

À minuit, sur la lande rase, il se coucha derrière un roc. Il attendit. Au fond de l'ouest le géant descendit du ciel. Il toucha la terre et marcha. Il s'en vint jusqu'au bord des ruines. Il était haut comme une tour. Il s'allongea, les bras en croix. À son front le diamant brillait comme un soleil sans paysage, perdu dans la nuit alentour. Le prince rampa jusqu'à lui, il retroussa sa manche droite, plongea jusqu'au coude le bras dans un bouillonnement de givre, arracha l'œil, le tint serré, tandis que le grand corps défait se mêlait au brouillard de l'aube. Le prince porcher s'en alla.

Trois jours, trois nuits, chemins, faubourgs. Il s'en fut au palais du roi. Devant son père il s'avança, la figure voilée de noir.

– Que veux-tu, homme sans visage ?
– Vous offrir cet œil de diamant. J'ai tué le géant de brume. Dormez tranquille maintenant.
– Grand merci, homme sans visage. Comme ton père a de la chance d'avoir un fils si valeureux ! Le mien n'est rien qu'une canaille !
– Peut-être aujourd'hui est-il digne de votre sang et votre nom.
– Je l'ai maudit, qu'il aille au diable !
Le prince tourna les talons.

Il s'en revint garder ses porcs dans le bois, derrière les sables où venait gronder l'océan. Après un an, dans un feuillage, il vit un oiseau rougeoyant qui chantait en langage d'homme :
– Hélas, je meurs, qui m'aidera ?
Le prince porcher s'étonna.
– Qui es-tu, bête magnifique ?
– Je suis le fils du roi du Temps. Tous les cent ans, pour que je vive, il me faut une goutte de sang, sinon je me défais en cendres. C'est aujourd'hui le dernier jour. Mon corps s'éteint, je n'en peux plus.
– Voici ma main, frère, descends !
L'oiseau vint, il piqua le doigt, but sa goulée, soupira d'aise.
– Porcher merci, tu m'as sauvé. Arrache une plume à mon aile. En témoignage d'amitié, je te la

donne. Elle est magique. Si t'en vient un jour le besoin, enfonce-la dans tes cheveux et tu te verras aussitôt changé en oiseau invincible !

Il s'envola vers l'océan.

Le soir même, devant la porte où le fermier fendait son bois :

– Hélas, porcher, malheur sur nous ! Il paraît qu'un serpent volant sorti d'on ne sait quelle grotte dévore tout dans le pays, hommes, femmes, enfants, animaux. Notre vieux roi ne sait que faire. Le souci lui pourrit le sang. Qui donc pourra, s'il ne peut rien ?

Le lendemain :

– Fermier, adieu. Il me faut partir en voyage.

– Tu seras toujours bienvenu. Que Dieu te protège, porcher !

Le prince partit droit devant. Il marcha jusque sur la lande, passa le vieux château ruiné, franchit une obscure forêt, parvint sur une cime blanche. Sur les jardins et les villages, il vit la Bête qui planait. Il prit la plume dans son sac, la piqua dans sa chevelure. En oiseau rouge il fut changé. Il s'envola, il s'enfonça comme une flèche souveraine dans le corps du monstre serpent, le traversa du cœur aux tripes si droitement qu'il en creva. Il tomba au seuil de la ville. Le prince se refit humain.

Il s'en fut au palais du roi, voila sa face jusqu'au cou.

– Que veux-tu, homme sans visage ?

– J'ai tué le serpent volant. Voici sa peau avec ses dents.

– Grand merci, homme sans visage. Fier et droit comme je te vois, tu dois être prince de sang. Comme ton père a de la chance d'avoir un garçon tel que toi ! Le mien, hélas, ne te vaut pas !

– Lui pardonnerez-vous jamais ?

– Je ne veux plus voir sa figure.

Le prince lui tourna le dos.

Il s'en revint à son troupeau. Après un an, au bord des vagues où ses porcs s'étaient égarés, il vit un poisson sur le sable qui bondissait, et s'épuisait, et gémissait :

– De l'eau ! De l'eau !

Le prince fut pris de pitié. Comme il le rendait à la mer, le petit dans sa main mouillée lui dit :

– Porcher, mille mercis. Mon père est le roi des poissons. Si quelque jour tu es en peine, appelle-moi, je t'aiderai.

Il disparut dans les reflets. Le prince ne vit plus que vagues.

Au soir :

— Malheur, dit le fermier, la peste noire est sur nos terres, on ne sait comment la guérir. Notre vieux roi se désespère, préparons-nous à mal mourir !

Le lendemain, face au vent clair :

— Prince poisson, viens à la terre, ton frère humain est en souci !

Il parut au creux de sa main.

— La peste noire est au pays.

— La fleur dorée peut la guérir. Je connais l'île où elle habite. Plonge donc, grand frère, et suis-moi !

Il se vit changé en poisson. Combien de jours, combien de nuits voyagea-t-il sous les eaux vertes ? Dans l'océan le temps se noie. Il parvint au jardin secret, revint au palais de son père avec la fleur miraculeuse.

Les murs étaient tendus de noir. Le glas sonnait dans les églises. Le vieux roi était trépassé. Dans la chapelle où il gisait, le prince vint, posa son voile à la tête de son cercueil, pria pour la paix de son âme et revêtit le manteau bleu. On le reconnut. Il fut roi. On dit qu'il fut sage, puissant, parfois aussi mélancolique. Peut-être que Dieu sait pourquoi.

N'oublie pas, tu n'es pas en prison. La porte est toujours ouverte.

Apprends chez tout le monde plutôt que d'enseigner à tous. (Proverbe Peul)

Mépriser les vieux, c'est détruire la maison où tu habiteras ce soir. (Proverbe chinois)

26
Le songe vrai

Il était une fois une fille au grand cœur. Bonne, elle l'était, assurément. Qui pouvait dire le contraire ? Elle s'évertuait à bien faire, elle était serviable, aimante, trop sensible, inquiète d'un rien. Bref elle était infatigable à vouloir le monde parfait.

Or le malheur tomba sur elle. Sa mère mourut dans ses bras, d'un coup de sang, un soir d'hiver. Elle en resta inconsolée. Le printemps revint. Pas pour elle. Elle pleurait et pleurait toujours. Qu'elle ouvre une armoire et revoie un vêtement de la défunte, elle s'agenouillait et pleurait. Qu'une voisine se souvienne, devant elle, du temps passé, à peine dit, pour le bénir, le nom de sa mère, elle pleurait. Le curé, un jour, après vêpres (elle avait inondé de larmes sa robe noire et son missel), la prit par l'épaule et lui dit :

– Ma fille, allons, sèche tes yeux. Je sais bien, ta mère te manque. Tu voudrais la revoir, pas vrai ?
– Certes oui, monsieur le curé (elle renifla). Mais je ne peux.

Il se pencha à son oreille.

– Crois-tu cela ? Écoute donc. Si je t'offrais de te conduire au seuil du village des morts, si tu pouvais voir un instant ses rues, ses maisons, sa fontaine, ses gens aussi, et parmi eux celle qui te fait tant souci, qu'en dirais-tu, ma bonne enfant ?
– Que vous êtes sorcier, mon père.
– Je le suis, fille, mais motus ! Couche-toi ce soir à minuit et croise les mains sur ton ventre. Par la vertu du talisman que je te glisse entre les seins, tu partiras en songe vrai. Tu nous en reviendras vivante.
– Que Dieu le veuille, s'il Lui plaît !

Le soir venu, à l'heure dite, chandelle éteinte, yeux fermés, la voici soudain qui s'éveille dans un vieux village inconnu. Il y fait doux, malgré la brume. Les gens vont par les rues pavées. Des vieilles, sur des bancs, tricotent. Des hommes jouent aux dominos à la terrasse de l'auberge. Elle n'ose parler à ces morts. Elle cherche sa mère, elle l'appelle, toute timide, à voix d'enfant. Elle la voit enfin qui s'en vient, courbée sur deux grands seaux qu'elle traîne, au bout des bras, pleins à ras bord. Elle est hargneuse, fatiguée.

– Que fais-tu là, mauvaise fille ?

– Je viens voir comment vous allez. Oh, ma mère, ma pauvre mère, permettez-moi de vous aider, ces fardeaux vous brisent l'échine !

– M'aider, folle, tu le ferais si tu cessais de me pleurer. Ces seaux sont remplis de tes larmes qu'il me faut charrier partout. Quand me laisseras-tu en paix ?

Elle s'éloigne dans la grisaille. Sa fille revient à son lit.

Dès levée, le matin venu, elle s'en alla voir le curé. Elle lui conta le songe vrai. Il dit :

– C'est bien.

Elle dit :

– Merci.

Elle fit chez elle un grand ménage, manches troussées, jupons aussi.

Je ressemble aux oiseaux, j'apprends à chanter dans les ténèbres. (Diderot)

Enfer chrétien, du feu. Enfer païen, du feu. Enfer mahométan, du feu. Enfer hindou, des flammes. À en croire les religions, Dieu est un rôtisseur. (Victor Hugo)

Faire souffrir est la seule façon de se tromper. (Albert Camus)

27
L'Invisible

C'était au temps d'avant les villes. Dans la montagne, au grand là-bas, au bord du lac où vont les rennes était un village d'Indiens. Au bout de ce village était une cabane solitaire sur le rivage. Là vivait un homme puissant mais invisible aux yeux des gens. Son corps était d'air transparent. Il avait une sœur cadette qui s'occupait de sa maison, de ses repas, de ses habits. D'elle seule il était visible. C'était un chasseur invincible et si beau, à ce qu'elle disait, que toutes les filles du lieu désiraient être aimées de lui. Sans rival est l'amant rêvé. Il peuplait donc leurs jours, leurs nuits. Mais il ne pouvait épouser que celle, subtile entre toutes, qui le verrait comme il était.

Et donc les choses allaient ainsi. Quand l'Invisible, au crépuscule, s'en revenait du haut du mont, sa sœur disait à ses compagnes :

– Mon frère arrive. Qui le voit ?
– Moi ! disait l'une.
Et l'autre :
– Moi !
– De quoi est fait son vêtement ?
– De cuir fauve !
– De tissu rouge !
Elles n'avaient rien vu. Elles mentaient.
– Frère, rentrons.
Ils s'éloignaient et les filles restaient pensives à regarder leur songe fuir.

Or au village, étaient trois sœurs. La plus grande était une teigne. La deuxième avait le cœur sec. La cadette était maladive. Les deux autres la détestaient, elle était leur souffre-douleur. Elles lui charbonnaient la figure, elles riaient d'elle, elles la battaient. La pauvre ne protestait pas. Elle fuyait quand elle le pouvait ou se laissait faire, innocente, les mains sur ses cheveux défaits. Vint le jour où les deux aînées s'excitèrent assez l'une l'autre pour vouloir tenter, elles aussi, d'attirer l'œil de l'Invisible. Elles s'attifèrent joliment. Robe de daim, tresses fleuries, bracelets de cailloux polis, ceinture ornée de coquillages, elles prirent le chemin du lac. Le soleil s'enfonçait dans l'eau.
– Mon frère arrive. Qui le voit ?
– Moi ! dit l'aînée.

– Moi, moi ! dit l'autre.
– Comment tire-t-il son traîneau ?
– Avec une lanière verte. Comme il la tient, comme il est beau !
– Non, avec un rameau d'osier !
– Frère, rentrons. Ces filles mentent.

Les deux sœurs cognèrent du pied et s'en retournèrent chez elles.

Leur cadette, le lendemain, figure noircie, jambes nues, s'en alla ramasser dans le bois quelques écorces de bouleau. Elle peignit, dessus, quelques daims, avec soin, en tirant la langue. Elle en décora ses haillons, puis elle chaussa des mocassins aussi vieux que son père mort, et quand rougit le fond du ciel elle descendit au bord de l'eau. Ses deux aînées la poursuivirent.

– Honte, honte, tu nous fais honte ! Tu pues la cendre et le charbon ! Retourne à ton terrier, renarde !

Elles lui jetèrent des cailloux. D'autres filles, sur son chemin se la désignèrent en riant.

– Voyez-moi cette mendigote ! Écartez-vous, elle a des poux !

Seule la sœur de l'Invisible l'accueillit avec amitié. Assurément elle savait voir ce que ne voient pas les yeux sales.

– Mon frère arrive. Le vois-tu ?
– Oui, je le vois, dit la petite.
– La lanière de son traîneau, dis-moi, de quoi est-elle faite ?
– Des sept couleurs de l'arc-en-ciel.
– Et la corde de l'arc qu'il porte ?
– C'est le chemin blanc des Esprits, la voie lactée, la lumineuse.
– Viens avec nous, lui dit la sœur.

Elle prit la fille par la main, elle la mena dans sa maison, elle lava son corps, sa figure, elle lissa ses longs cheveux noirs, puis dans un coffre de bois bleu elle prit une robe de noce, elle en vêtit son invitée aux yeux pareils à des étoiles. Enfin l'époux entra, rieur et magnifique. Il lui dit :
– Femme, te voici.
Elle le regarda sans répondre, et le conte se tait aussi.

J'affronterai ma peur. Je lui permettrai de passer au travers de moi. Et lorsqu'elle sera passée, je tournerai mon œil du dedans sur mon chemin. Et là où elle sera passée il n'y aura plus rien. Rien que moi. (Franck Herbert)

Le cri est souvent plus gros que la bête. (Proverbe provençal)

Si je recommençais ma vie, je tâcherais de faire mes rêves encore plus grands, parce que la vie est infiniment plus belle et plus grande que je ne l'avais cru, même en rêve. (Bernanos)

28
La mouche

Shaniar était un homme instruit, entreprenant, de bon conseil ; il savait distinguer le bien de son contraire, il avait lu ce que l'on doit quand on veut être homme de loi, bref il était, à tous égards, l'assistant le plus compétent du grand mufti de Boukhara, la fameuse cité des roses.

Or, un jour de grande chaleur, comme il suivait du doigt les lignes d'un traité de maux à punir, dans sa chambre aux rideaux tirés, une mouche vint se poser au bord du verre d'orangeade qu'il venait juste de vider. Shaniar la vit-il ? Même pas. Elle but une goutte et s'en fut. Le lendemain, à la même heure, elle revint se saouler de jus. Elle fit ainsi une semaine. Shaniar alors la remarqua. Elle lui parut, pour une mouche, plus massive qu'elle n'aurait dû. Il la vit, de fait, monstrueuse, mais son travail l'absorbait tant qu'il en fut à peine surpris. Il n'avait pas de temps à perdre. D'un revers de main impatient il la chassa. Elle s'envola. Elle disparut dans la pénombre. Le lendemain, elle s'en revint. Elle avait encore grossi. Elle n'avait plus rien d'une mouche. Ses yeux bombés le regardaient sans crainte aucune, goguenards. Il dut, pour s'en débarrasser, abattre sur elle sa règle. Elle l'évita. Il l'insulta.

– Va-t'en, charognarde, va-t'en !

Elle répondit à voix humaine :

– Quoi, l'ami, je ne te plais pas ?

C'était un djinn, évidemment. Shaniar en resta bouche bée. L'énorme chose bourdonnante se mit à lui danser autour. Il pensa : « C'est vrai qu'elle est belle. » Il essaya de l'attraper. Il joua ainsi avec elle toute la journée, jusqu'au soir. Quand il alluma la chandelle, elle se perdit dans le plafond. De bon matin, elle était là. Il en oublia son ouvrage. Il la suivit partout des yeux. Elle était vive, surprenante. Au crépuscule il se sentit sans plus de forces qu'un vieillard. Il n'en dormit pas de la nuit. « Cette bête en veut à ma vie, je dois l'abattre », se dit-il.

Le lendemain il l'attendit avec une bûche trapue comme un mollet de forgeron. Il cogna dans l'air, çà et là. Il ne put l'atteindre. Il pesta. Elle s'envola par la lucarne. Il partit d'un rire content. « La preuve est faite, se dit-il, qu'il suffit d'un peu de courage pour chasser les mauvais esprits. » Il se remit à son travail. Deux énormes pattes velues le saisirent alors aux épaules. Il fut arraché de son banc. La gueule ouverte de la bête effaça la chambre alentour. Il poussa un hurlement bref. Il n'eut pas le temps d'un deuxième.

Quand les serviteurs accoururent ils ne trouvèrent, de Shaniar, que ses babouches sous la table. Sur un mur à moitié tombé était une empreinte de griffe pareille à un fagot d'épées.

Il n'y a pas de hasard, il n'y a que des rendez-vous. (Paul Eluard)

Je voudrais être un esprit hors des poussières. Ciel bleu et lune blanche. Le vent nous envoie un air pur. (Ikkyu)

Dans ton regard seul est la vie du monde. Que ton regard soit froid, sans rien du dedans qui l'anime, et tout ce qu'il contemple demeure inanimé. Qu'en lui soit un désir, un élan, un appel, aussitôt les choses s'avivent et la lumière des êtres s'éveille.

29
Calamité, bénédiction

C'est l'histoire d'un paysan. Peu d'habitants dans son village. Terre patiente, chemins lents, saisons fidèles, la vie va. Il revient un jour de la foire avec une jeune jument. Robe luisante, jarret dur. Les voisins lui flattent la croupe.

– Superbe bête, disent-ils. Chère ?

– Oui, répond le bonhomme. Je n'ai plus un sou.

Il en rit. Il la conduit à l'écurie.

Le lendemain, portail béant, licou rompu, litière éparse, plus de jument. Elle s'est enfuie. Les voisins viennent, s'apitoient.

– Pauvre vieux, quel manque de chance ! Te voilà sans rien, maintenant. Les temps sont durs. Que vas-tu faire ?

L'autre répond :

– Vivre, espérer. Mon ciel était clair, il se couvre. D'un malheur, parfois, naît un bien.

Passe un printemps. Un beau matin, la jument revient à la ferme. Elle n'est pas seule. À son côté un fringant étalon sauvage caracole, crinière au vent. Les voisins accourent, s'exclament :

– As-tu vu, l'ami ? Quelle aubaine ! Ta bonne étoile ? En or massif ! Tu es né coiffé. Heureux homme !

– Mon ciel était gris, il s'éclaire, voilà tout, dit le paysan. Un jour il pleut, un autre il gèle, un autre encore il fait beau temps.

Son fils bientôt se met en tête de dresser le nouveau cheval. Il le monte. Il est jeté bas. On accourt, il geint, on s'affaire. Qu'a-t-il donc ? La jambe cassée. Jérémiades du voisinage.

– Calamité, bénédiction, dit le père, comment savoir ? Ces grands mots-là ne sont que brume qu'un vent prochain dispersera.

Après trois jours des soldats viennent. Ils poussent les portes à grand bruit.

– Les Barbares sont aux frontières ! Aux armes, les hommes, au combat !

Le blessé claudique. On le laisse. On le regarde avec envie. La guerre est la pire misère.

– Garde nos femmes, nos amies !

Les jeunes gens s'en vont en troupe. Ils s'éloignent sur la grand-route. Le paysan dit à son fils :
— Bénie soit cette belle bête qui t'a joliment démoli. Rentrons, la soupe refroidit.

Jette ton cœur loin devant toi et cours l'attraper. (Proverbe arabe)

Il y a toujours un rêve qui veille. (Paul Eluard)

Un rossignol chantait dans le cerisier. Il s'approcha pour l'écouter. L'oiseau se tut. Il s'éloigna, le chant reprit. Il se dit que dans cet arbre un être invisible lui donnait ainsi le conseil de ne pas brusquer les choses, de ne pas éteindre le chant de l'âme en s'approchant d'elle trop près.

30
Confiance en Dieu

Il pleuvait depuis quatre jours. La digue, au bord de la rivière n'était plus qu'un tas débordé. Le village était inondé. Le curé, dans son presbytère, s'évertuait sur le sermon qu'il se proposait d'infliger à ses dévots dominicaux. « En vérité, je vous le dis. Confiance en Dieu le Tout-Puissant, voilà, enfants de la lumière, le maître mot de notre vie ! » Il se relut à haute voix. Il s'estima assez content. La phrase résonnerait loin dans la pénombre de l'église. Il entendit qu'on l'appelait, en bas, dans l'eau de la ruelle. Il mit le nez à l'œil-de-bœuf. Trois jeunes gens, dans une barque, faisaient des signes véhéments.

— Monsieur l'abbé, il faut partir, on évacue, descendez vite !

— Confiance en Dieu ! répondit l'autre. Ne vous souciez pas de moi !

Il désigna le ciel plombé.
– Le seul secours qui vaille est là !
Il traita, à mi-voix grognonne, les secouristes de pingouins et se remit à son travail.

Au soir, amen, fin du sermon, coup de buvard sur les feuillets. Il joignit ses doigts tâchés d'encre et s'en fut en *Pater noster*. Un bruit de canot à moteur troua sa prière extatique. « Qu'est-ce encore ? » pensa l'abbé. Il rogna, vint à la lucarne. Projecteur, pompiers, porte-voix.
– Vous ne pouvez pas rester là ! Accrochez-vous à la gouttière, on vous éclaire, descendez !
– Ma seule lumière est Là-Haut. J'ai la foi, moi, messieurs d'en bas ! Dieu me tient dans Sa main parfaite. Où serais-je mieux protégé ? Retournez à vos canotages et laissez-moi prier en paix !
« Ah mais, Seigneur, ils nous agacent ! », dit-il aux poutres du plafond. Il se dévêtit promptement et s'enfouit sous sa couette humide. Vers minuit il fut réveillé par un fracas d'hélicoptère qui s'obstina un grand moment. Il crut voir, derrière la vitre, un filin qui se balançait dans des éclairs d'apocalypse.

Au matin, plus rien. Le beau temps, mais dans le ciel, pas de soleil, pas de plancher sous ses sandales, pas de murs et pas d'œil-de-bœuf, pas de dehors, pas de village. Il se tourna à droite, à gauche. Il appela timidement.

— Oui, que veux-tu ? dit une voix.

À l'instant il sut qui parlait.

— C'est Vous ? dit-il.

— Bien sûr. Qui d'autre ? Mais que fais-tu ici, l'abbé ?

— Je suis donc mort ? Hélas, Seigneur, Vous ne m'avez pas secouru ?

— Comment cela, pas secouru ! Je t'ai envoyé une barque, une escouade de pompiers, une libellule à moteur avant que ta maison s'effondre, avec une échelle, un docteur, deux infirmières de Paris jolies comme des sucres d'orge, et toi, rien. Même pas merci.

— Ne criez pas, gémit le prêtre.

— Non, franchement, répondit Dieu, parfois vous êtes durs, les hommes.

On n'accuse jamais sans quelque peu mentir. (Proverbe chinois)

Quel était votre visage avant la naissance de vos parents ? (Koan zen)

Quand tu montes, n'oublie pas de saluer tous ceux que tu dépasses, car tu croiseras les mêmes en redescendant. (Proverbe américain)

31
Le paradis

Ils étaient pauvres, ces gens-là. Leur bien ? Une chèvre, rien d'autre. Leur fils, tous les matins, la menait aux buissons, aux rocs, à l'herbe rare. Elle n'avait pas grand-chose à paître, et pourtant, son lait, quel parfum, et quelle merveille de goût !

– Où la conduis-tu donc, à quel pré, quelles fleurs pour qu'elle revienne, la coquine, gonflée d'aussi bons déjeuners ? disait le père au fils en caressant tout doux la bête entre les cornes.

L'enfant ne lui répondait pas. Il riait, haussait les épaules, laissait aller parfois un geste en direction de rien du tout. De fait, il se sentait honteux, car de ce que broutait sa chèvre il n'avait pas la moindre idée. Ce qu'il faisait de ses journées ? Il jouait, il grimpait aux arbres, il dénichait des œufs de pie, il épiait des lézards verts si prompts à fuir ses mains agiles, il rêvassait à contempler les vols errants des étourneaux. La chèvre, à peine à la pâture, trottinait vers l'orée du bois et se perdait sous les feuillages. S'en souciait-il ? Pas du tout, puisqu'au soir elle s'en revenait et prenait seule le chemin de la vieille maison bancale. Il l'attendait, et la suivait.

Ce fut ainsi jusqu'au matin où il se dit : « Tout de même, que cherche-t-elle dans ce bois ? » Ces sortes de questions un jour ou l'autre viennent, et quand elles sont là, bien plantées, rien ne peut plus les éloigner. Dès qu'il la vit qui s'en allait, comme à son habitude, au bois, il laissa là ses jeux et lui courut au train. Sentiers enfouis sous les broussailles, pentes, montées, fourrés bruissants, traits de soleil dans l'ombre verte, le voyage fut éprouvant. Le garçon perdit un soulier, laissa un pan de sa chemise parmi les mûres d'un roncier, s'égratigna bras et mollets, mais renoncer ? « Sûrement pas, se disait-il, je veux savoir ! » La chèvre bondissait, légère, à quelques pas. Elle entra dans une clairière. L'enfant aussi. Il s'arrêta. « Quelle lumière, se dit-il, et quel silence, et quelle paix ! » Il resta pantois un moment à regarder autour de lui. Où était-il ? Au cœur du monde ? Un murmure, comme une source, lui répondit : « Au paradis. » La chèvre broutait près de lui. Il rit, ébloui. Il lui dit :

– Pas étonnant, ma bique belle, que ton lait soit miraculeux. Je vais chercher mes père et mère. Que peut-on espérer de mieux que d'avoir ici son jardin ?

Il s'en fut vers l'ombre des arbres. Quelqu'un se dressa devant lui. C'était une merveille d'être au long corps blanc, aux yeux rieurs. Il ouvrit ses ailes et ses bras. C'était un ange indiscutable.

– Tu ne peux t'en aller, petit. Qui a trouvé le paradis ne saurait revenir au monde.

– Comment cela ? lui dit l'enfant. Ma chèvre y revient tous les jours !

– Elle, oui, lui répondit l'ange. Elle le peut. Elle ne parle pas.

Le garçon demeura pensif, puis il demanda :

– Monsieur l'ange, puis-je prévenir mes parents que je suis ici avec vous, et qu'ils peuvent y venir aussi ?

L'autre fit « oui » d'un coup de front. Le garçon tira de sa poche un vieux papier tout chiffonné. L'ange lui offrit une plume. Il écrivit (l'encre était d'or. Il n'en fut même pas surpris) : « J'ai découvert le paradis. Si vous voulez m'y retrouver, demain matin suivez la chèvre. » Il plia le feuillet en huit et le noua d'un brin d'osier près de l'oreille de la bique, là où son père, tous les soirs, se plaisait à la caresser. « Il le trouvera, forcément », se dit l'enfant. Il rit à l'ange.

La chèvre, au soir, s'en revint seule. Elle tendit au père son cou pour le délice quotidien, mais la main resta suspendue.

– Où est mon fils ? dit le vieil homme.

Il sortit. Il ne le vit pas. Il l'appela. Il l'attendit. Il prévint les gens du village que l'enfant avait disparu. Folle angoisse, battue nocturne. On découvrit, dans la forêt, un soulier, un pan de chemise. On s'en revint le front penché. Une horde de loups sans doute l'avait emporté Dieu sait où, et mis en pièces, et dévoré. Le père, accablé, décida de faire un grand repas funèbre en mémoire de son garçon. Il sacrifia donc la chèvre, il n'avait rien d'autre à offrir. Comme son couteau l'égorgeait, le papier tomba de la corne. Trop tard, elle n'irait plus au bois.

Au moins savait-il désormais que son enfant était vivant dans sa lumineuse clairière. « Nous aurions pu y vivre aussi, se dit-il sur son lit de peine, les yeux grands ouverts dans le noir. Mais la peur m'a mangé l'esprit. Que maudite soit cette ogresse ! Pour découvrir le paradis, une caresse aurait suffi. »

Rien ne mérite ton effroi, ni ta mort, ni la fin du monde. Lâche donc la main de ce diable qui veut t'entraîner dans ses maux. C'est lui qui craint la vie, pas toi.

Vive l'amour, mon cher maître, et faites chorus, car il n'y a pas deux chemins : il faut passer par là ou par la fenêtre. (Marivaux)

Deux excès : exclure la raison, et n'admettre que la raison. (Blaise Pascal)

32
La lampe dans la baleine

Un jour (celui que tu voudras), un corbeau dérive, perdu dans le mauvais vent de la mer. Il s'épuise, mouillé de houle. Il s'égosille :
– À moi, à moi ! N'importe quoi, mais une terre, à l'aide, un roc, un arbre, un toit !

Son œil partout ne voit que vagues, horizons gris. Il n'en peut plus. Ses ailes enfin frôlent l'écume, son bec se penche, effleure l'eau. Adieu le ciel, la vie. Miracle ! Sous ses pattes une île surgit.

Une île ? Non, une baleine. Un coup de sa queue fait jaillir un géant d'eau, un arc-en-ciel, sa gueule s'ouvre, si énorme que tout disparaît alentour. Plus de nuages, plus de jour, un gouffre s'ouvre, inévitable. Le corbeau perd pied, bat des ailes, couine, s'enfonce dans le noir, se croit mort ou presque, et s'étonne. Il tombe assis, tout étourdi, sur le plancher d'une maison. Il se tourne à droite et à gauche. Sur la table, une lampe luit. Une jeune fille penchée ranime la flamme fluette, puis vient à lui.

– Bonjour, corbeau.
– Bonjour. Où suis-je ?
Elle est jolie.
– Chez moi. Chez nous. Au cœur du cœur d'une baleine. Prends tes aises, repose-toi. Tu es ici le bienvenu, mais sur ton âme promets-moi de ne pas toucher à la lampe, de ne même pas l'approcher.

Elle est inquiète, elle le supplie. Il joint ses ailes pour promettre. Elle lui fait confiance, elle sourit, puis en hâte sort de la pièce. Le corbeau regarde alentour. Le lieu est propret, avenant. On dirait une maison d'hommes. La jeune fille s'en revient, se penche encore sur la lampe, puis à nouveau s'en va. Où donc ? Il l'attend. La voilà qui rentre. Elle semble en souci, mais de quoi ? Il le lui demande. Elle soupire :

– De la vie, corbeau, de la vie !
Il ne comprend pas. Elle repart.

L'autre s'étire. Il se sent bien. Sa fatigue, son épouvante ? Il n'y pense plus, c'est passé. La jeune fille reparaît. Il l'observe. Elle lisse la nappe, caresse le flanc de la lampe. La flamme monte droit, c'est bien. Elle trotte dehors, disparaît. « Cette lampe, décidément, qu'a-t-elle donc de si précieux ? » se dit le corbeau. Il s'approche. « J'ai promis. Je n'y touche pas. Je la respire, juste un peu. » Son bout de bec effleure l'huile. La lampe s'éteint. Noir profond. Un cri de fille au loin se perd. Chaleur suffocante, mouillée. Le corbeau se débat, étouffe. Partout de la graisse et du sang. Une voix crie dans son esprit : « C'était l'âme de la baleine, et tu l'as tuée, pauvre fou ! Cette fille, c'était son souffle, cette lampe, c'était sa vie ! » Une autre voix, dans le tumulte, proteste, s'enrage, répond : « Un corps si gros, si remuant, pour une âme si vulnérable, si fragile, si démunie, ce n'est pas moi, c'est impossible ! » Le corbeau, parmi les chairs chaudes, parvient à se hisser dehors. À nouveau les vagues, le vent. Voler ? Il n'en a plus la force, ses ailes sont trop abîmées. Alors sur le dos de la bête, il vit de viande picorée.

Un jour, après longtemps d'errance, la baleine morte s'échoue sur un rivage où sont des gens. Alors le corbeau se déploie, se change en petit homme sale, fripé, laid comme un cauchemar. Il bondit debout, rit, appelle, il fait de grands signes dansants, se frappe du poing la poitrine. Il crie :
– C'est moi qui l'ai tuée, moi qui vous parle, moi tout seul !

On le fête, on le félicite, on l'habille de belles peaux. Il est, au village des hommes, un considérable héros.

En cherchant la sagesse tu es sage. En imaginant que tu l'as trouvée tu es fou. (Le Talmud)

La persévérance est un talisman pour la vie. (Proverbe africain)

Le pin reste vert en hiver – sagesse dans l'épreuve. (Proverbe chinois)

33
Bouche cousue, poison mortel

Il était une fois une fille de riche, belle, avenante, désirée des jeunes gens à marier. En vérité, nul ne voyait le couteau que cachait son cœur. Elle eut un époux, il mourut. Un deuxième, même misère. Un autre encore, il résista. Qu'avait-elle fait aux premiers ? Rien de nocif, apparemment. Elle avait dit à chacun d'eux :

– Je suis parfois d'humeur revêche. Je peux pour un rien m'emporter, j'en suis capable, je le sais. Garde pour toi nos fâcheries. Hors les murs de cette maison, n'en parle jamais à personne. Promets-moi cela, rien de plus.

Ils avaient promis de bon cœur. L'exigence était si touchante !

– Pudeur de femme, avait dit l'un.

Et l'autre :

– Amie, sois rassurée, ton désir est aussi le mien.

Première nuit, lumière éteinte, l'amour s'en vient et fait son nid. Mais au matin, qui se réveille ? Il arrive qu'on soit surpris. Revêche, l'épouse nouvelle ? Agaçante parfois ? Oh non ! Infréquentable, venimeuse, hurlant de l'aube au soir tombé contre l'époux, contre le monde, sans cesse à ruminer son fiel, empuantissant la maison de méchancetés ricanantes, voilà la sinistre mégère que les malheureux imprudents avaient dû souffrir, le dos rond, d'un jour désespérant à l'autre. Le pire était qu'ils n'avaient pu confier leur peine à personne. Tous les deux en étaient tombés en mortelle mélancolie.

Vint le troisième. Il survécut. Il fit le serment exigé, mais des insultes, des colères, des criailleries de sa femme il ne garda rien, pas un mot. Comment fit-il ? Le soir venu, il s'asseyait dans son jardin devant toujours la même pierre et lui racontait ses malheurs. Le temps passa. La « treize-langues » (c'est ainsi qu'on nomme chez nous les impitoyables bavardes) en vint à ne plus supporter le silence de son époux. Elle en fit une maladie dont elle guérit au cimetière. De ce jour, enfin, elle se tut.

L'homme hérita de tous ses biens et vécut enfin sans souci. Un soir, par amitié sans doute, il rendit visite au caillou qui l'avait si longtemps aidé à endurer l'insupportable. Il le prit dans sa main et resta bouche bée. Il était carié comme une vieille dent et farci de mauvais insectes. Tous les chagrins, tous les poisons, toutes les plaintes confiées étaient là, grouillantes, enfermées. « Si ton âme est en peine, parle, même une pierre t'entendra », disent les vieux qui savent tout. Voilà une bonne parole. Celle-là, garde-la pour toi.

Ne va pas au jardin des fleurs, ô ami, n'y va pas, en toi est le jardin des fleurs. (Kabir)

Pour l'amour d'une rose, le jardinier devient l'esclave de mille épines. (Proverbe turc)

En résumé, j'aimerais avoir un message un peu positif à vous transmettre. Je n'en ai pas. Est-ce que deux messages négatifs, ça vous irait ? (Woody Allen)

34

Un désir suffisant

On raconte qu'un jeune Indou affamé de vérités rares s'en alla voir un ermite, un jour, dans sa cabane au bord de l'eau.

– Maître, dit-il, enseignez-moi.

– Que veux-tu apprendre, mon fils ?

– Le sens de la vie, son secret, pourquoi je suis venu au monde, quel est mon destin ici-bas, et quel il sera au-delà, lorsque j'aurai quitté mon corps.

L'ermite contempla longtemps le garçon assis devant lui à quelques pas du vaste fleuve. Il dit enfin :

– Veux-tu vraiment ? L'apprentissage est éprouvant.

– L'ignorance est comme la crasse, il faut savoir s'en nettoyer, et l'on m'a dit grand bien de vous.

– Le maître ne peut pas grand-chose si le désir de l'apprenti n'est pas aigu et pénétrant comme une lance de guerrier. Attends encore quelques lunes, tu n'es pas assez aiguisé.

L'autre rougit, s'impatienta.

– Maître, dit-il, vous vous trompez. S'il vous plaît, ne me chassez pas. Mon désir d'apprendre est sincère.

– Sincère n'est pas suffisant.

– Que faut-il d'autre, dites-moi ?

Le vieux réfléchit un instant.

– Viens avec moi au bord de l'eau.

Ils s'approchèrent du rivage. Tous deux s'agenouillèrent là, puis l'ermite dit au jeune homme :

– Courbe-toi. Plonge ta figure.

Il obéit. Alors le vieux le prit rudement par la nuque et maintint sa tête sous l'eau. Le jeune homme se débattit. À bout de souffle, à bout de forces, il se redressa violemment.

– Voilà ce que j'appelle un désir suffisant. Quand il sera aussi vital que le besoin d'air de ton corps, reviens me voir, dit le vieil homme. En attendant vis, mon garçon.

La vraie confiance est sans objet. Elle se nourrit d'étonnement.

Une vérité énoncée avec de mauvaises intentions passe tous les mensonges de l'imagination. (Milton)

Il avait des trésors de compassion. Après avoir assisté à une catastrophe minière épouvantable, il fut incapable d'avaler une deuxième portion de gaufre. (Woody Allen)

35
L'attention

Jésus et saint Pierre, en ces temps, se déguisaient parfois en pauvres et venaient visiter les gens de nos campagnes occitanes. C'était il y a plus que longtemps, mais de vieux contes s'en souviennent. Donc les voici un jour d'été, parmi le thym et les rochers, gravissant une pente raide, le dos courbé sur leur bâton. Il fait une de ces chaleurs à pousser les abeilles à l'ombre. Saint Pierre râle. Il n'en peut plus.

– Hé, ho, Jésus, on se repose !

– Allons, du nerf, Pierre, mon bon ! Encore une heure ou deux, pas plus, et je te promets un village.

Pierre remue la tête et peste.

– Tout de même (attends-moi, bon Dieu !), nous sommes des mendiants, d'accord, mais pour traverser ces déserts que même les ermites évitent, tu aurais pu prévoir pour ton vieux compagnon (que sais-je, moi ?) un bon cheval. Un arabe. Non, un persan. J'aurais apprécié le geste.

Jésus fait halte et se retourne.

– Un cheval ? Tu veux un cheval ? Rien de plus simple. Je le crée, là, devant toi, à l'instant même. Je n'y mets qu'une condition : que tu récites le *Pater* sans que la moindre distraction te détourne de ses paroles, et tu le verras aussitôt se frotter contre ton épaule.

Saint Pierre rit et s'émerveille.

– Alors là, dit-il, c'est facile. Merci, mon Jésus, tu es bon.

Il baisse le front, prend son souffle, il marmonne d'un trait jusqu'à « que votre volonté soit faite », s'interrompt, ouvre un œil et dit :

– Avec sa selle, n'oublie pas, une belle en cuir de Cordoue !

– Perdu, mon bon. Allons, en route !

Plus un mot. Ils poursuivent leur chemin.

J'ai parlé de l'amour qui n'est pas lien mais ivresse, et du désir qui est envié du soleil, car il porte en son feu les neuf sphères célestes. (Elisabeth D. Inandiak)

On transforme sa main en la mettant dans une autre. (Paul Eluard)

Qui vit sans folie n'est pas si sage qu'il croit. (François de la Rochefoucauld)

36
L'homme qui n'avait pas la lèpre

Il était une fois dans un lointain pays un village de terre blanche bâti entre fleuve et forêt. Champs opulents au bord de l'eau, gibier partout à portée d'arc dans les buissons et les feuillages, les gens avaient de quoi chanter, tous les matins, devant leur porte, l'alléluia des gens heureux. Et pourtant non, ils rechignaient à dire bonjour au soleil, à l'air tranquille, à leurs voisins. Ils travaillaient peu (à quoi bon ? Ils avaient tout en suffisance), donc ils traînaient et papotaient du lever-tard au coucher-tôt. Or l'ennui est, en vérité, un serpent au venin sournois. Il pousse à médire des autres, pour faire un peu l'intéressant, puis il s'aigrit, se fait méchant, surtout quand un Smaïn qui passe en poussant sa chèvre devant néglige les petites guerres, se tient à l'écart des railleurs, bref fait le fier.

– Regardez-le. Pour qui se prend-il, celui-là ?
– Avec moi, je dois l'avouer, il a toujours été aimable.
– Hypocrite, oui !
– Vous croyez ?
– Évidemment. Ouvrez les yeux ! Mielleux comme un essaim d'abeilles !
– Il vit tout seul. Ce n'est pas franc.
– À mon avis, il est lépreux, dit une vieille tricoteuse. Il ne voit personne. C'est clair, il veut cacher sa maladie.
– Lépreux, Seigneur, c'est effrayant !
– Fatima, sais-tu la nouvelle ? Smaïn !
– Quoi donc ?
– Il est lépreux !

Du coup il fut tenu au large, on ferma les portes sur lui, les enfants lui coururent au train en lançant de loin des cailloux, les femmes, le voyant passer, grincèrent des griffes et des dents. On lui criait :
– Lépreux ! Lépreux !
Et Smaïn ne comprenait pas.

Il ne se sentait pas malade, « mais je dois l'être, pensait-il, puisque tout le monde le dit ». Quand il allait à la rivière il se penchait sur le courant, se palpait et se regardait.
– Fleuve, demandait-il, dis-moi, suis-je lépreux ?

Un jour quelqu'un lui répondit, non pas dans l'eau. Derrière lui. Il s'en était allé chercher loin du village la paix qui le fuyait.

– Apparemment non, mon garçon.

Il se retourna, vit un homme tout rabougri, tout guenilleux. « Un marabout », pensa Smaïn. Il n'avait rien que rire aux yeux, il respirait la bonté simple.

– Veux-tu bien que je te rassure ? Je sais un peu voir ce qui est. Viens ici, déshabille-toi.

L'autre se défit de ses hardes, le vieux le flaira, le palpa, de pied en cap l'examina.

– J'aimerais avoir ta santé, lui dit enfin le saint errant. Pourquoi crains-tu d'avoir la lèpre ?

Smaïn lui conta les ragots qui gâtaient sa vie au village.

– Pauvres gens, dit le marabout. Ils t'ont vu lépreux au-dehors parce qu'ils le sont au-dedans.

– Saint homme, venez les soigner.

– Je suis vieux, je n'ai pas le temps, je dois marcher jusqu'à la source, dit l'autre en désignant l'amont. Je crains qu'elle soit encore loin. Mais tu peux leur parler toi-même, non pas en paroles, bien sûr.

Il fouilla ses haillons crasseux. Une flûte lui vint aux doigts.

– En musique. Sais-tu jouer ? Retourne donc à ton village. Chaque fois que tu entendras quelqu'un médire ou se moquer, cracher une méchanceté derrière un passant de rencontre, joue de ta flûte, doux ou fort, parfois comme un corbeau criard, parfois comme une pie qui grince, selon les paroles des gens. Va donc, mon fils, aime la vie, et la vie t'aimera aussi.

Le marabout s'en alla le long de la rivière. Smaïn s'en retourna chez lui.

D'abord les gens furent surpris de le voir jouer du pipeau, et plus encore de l'entendre, car l'écho de leurs médisances avait un air si malicieux qu'ils s'en retrouvaient tout honteux. C'était comme si leurs pensées étaient dites en langue d'oiseau plus clairement qu'en mots humains. Hommes et femmes, peu à peu, cessèrent de se déchirer à coups de paroles pointues. Ils découvrirent des joies simples, et chacun s'en trouva content. L'homme qui n'avait pas la lèpre le fut aussi, évidemment.

Nous vivons dans l'oubli de nos métamorphoses. (Paul Eluard)

Il est difficile d'attraper un chat noir dans une pièce sombre, surtout lorsqu'il n'y est pas. (Proverbe chinois)

On ne sait rien du cœur des femmes. Parfois s'y cachent des secrets qui font taire même les contes, que même Dieu n'ose toucher.

37

La maison en flammes

Brise d'été, champs, chemin droit, des arbres penchés çà et là, Bouddha va sous le ciel limpide. Quelques disciples autour de lui (des jeunes gens au pas fringant) tentent d'accorder leur allure à celle de Celui qui sait. Ils lui offrent des fruits cueillis, lui posent des questions pressantes.

– Maître, ce nirvana dont on entend parler, comment est-il ? Comment l'atteindre ? La route est-elle encore longue ? Pouvons-nous l'espérer avant d'être trop vieux pour entendre, pour voir, pour ressentir encore ? Et puis, dites, en sommes-nous dignes ? Est-ce un état joyeux ? Une absence de tout ? Un néant amoureux ?

Bouddha marche et reste pensif.

Au soir, sous l'arbre à pain, on allume le feu, on boit le bol de soupe, puis sous les chants d'oiseaux :

– D'habitude, vous commentez les questions que nous vous posons, dit un garçon, les yeux lointains. Aujourd'hui, rien. Maître, pourquoi ?

Bouddha se tait un long moment puis il répond :

– Écoutez donc. Je vais vous conter une histoire. Un jour de voyage venteux (je venais de quitter la ville), j'aperçus au bord du chemin une belle maison de maître envahie par un incendie. Des braises dansaient aux fenêtres, les murs et les portes fumaient. Je m'approchai. Je vis, dedans, des gens qui faisaient la cuisine, d'autres qui jouaient et riaient, d'autres affalés dans des hamacs qui ronflaient, les mains sur le ventre. Je leur criai de se hâter, que leur demeure était en feu, qu'il était grand temps de sortir avant qu'elle s'effondre sur eux. Un homme s'en vint sur le seuil et me demanda qui j'étais. Je lui dis : « Qu'importe, sortez ! » Et tandis que des lueurs rouges environnaient son vêtement, il me répondit : « Un instant. Où donc voulez-vous m'amener ? Expliquez-vous, je veux savoir. Si je quitte cette maison, en retrouverai-je une pareille ? Elle brûle, oui, je le vois bien, mais ce n'est peut-être, après tout, qu'un mauvais moment à passer. Et vous que je ne connais pas, êtes-vous digne de confiance ? Peut-être oui, peut-être non. Cela mérite réflexion. Et puis le vent se fait méchant, le ciel se couvre, il va pleuvoir. Ne peut-on attendre demain ? » Je m'en allai sans lui répondre. Je ne pouvais rien pour ces gens. « Assurément le feu, me dis-je, les aura rôtis jusqu'à l'os avant qu'ils se soient décidés à ne plus poser de questions. »

En vérité, mes chers enfants, si vous ne sentez pas le sol assez brûlant sous vos sandales pour fuir au large, n'importe où plutôt que de rester perplexes à sautiller de mot en mot, que voulez-vous que je vous dise ? Il est tard. À tous, bonne nuit.

Entre le merveilleux et le réel n'est qu'une différence de confiance accordée.

N'ajoute pas ton grain d'angoisse à l'angoisse du monde.

À l'intérieur de moi, que je sois gai, que je sois triste, je chante tout le temps. Quand on chante, on ne pense pas. On est comme un arbre, on foisonne.

38
Le fruit

La jungle, un jour d'entre les jours. Ombre humide, chaleur fumante, cris d'oiseaux, éclats de soleil. Un homme s'éveille, se dresse, les yeux soudain écarquillés, prend la fuite parmi les arbres. Un tigre aux babines troussées se glissait vers son lit moussu. Sa patte a griffé l'air, l'homme a bondi à temps.

Il court, ne voit que vert, des feuillages le giflent. Une branche à hauteur de bras. Il s'agrippe, se hisse. Il s'aplatit dessus et la tient embrassée comme une femme aimée. Sauvé ? Non. Un essaim d'abeilles furibondes bourdonne autour de ses cheveux, de ses épaules, de ses jambes. Où est le tigre ? Disparu. Il veut sauter à terre. Il se retient à temps. Sous la branche est un trou d'eau noire. Dans cette mare, que voit-il ? Des crocodiles aux longues gueules qui reluquent ses pieds pendants. Il sursaute. Il perd ses sandales. Elles sont aussitôt dévorées. Ramper à reculons, voilà ce qu'il doit faire, tenter de rejoindre le tronc. Il se retourne. Hélas, trop tard. Trois rats géants rongent la branche sur laquelle il est affalé.

Perdu ? Peut-être. Pas encore. L'homme ne se résigne pas. Il aime la vie, la vie l'aime. Dans la futaie qui l'environne, il cherche une issue, un espoir. Et que découvre-t-il, rouge parmi les feuilles, sous un trait de soleil ? Un fruit joufflu, luisant, un fruit comme un clin d'œil de Dieu, si désirable, si charnu qu'il ne voit plus que sa beauté, qu'il n'a plus qu'une envie, l'atteindre, s'en abreuver, s'en pourlécher, se perdre enfin dans sa saveur. Il en oublie le tigre qui l'attend quelque part, tapi sous un buisson, les abeilles qui le tourmentent, les crocodiles qui le guettent, le reniflent, grincent des crocs, et les rats qui rongent la branche. Elle geint, elle ploie, elle va craquer. À quoi bon dire plus avant ?

Qui était cet homme, vraiment ? Un fou avide de jouir, indifférent à son salut, ou l'un de ces sages capables de goûter le bonheur qui passe malgré les périls qui menacent le fil ténu de notre vie ? Choisis seul, le conte se tait.

Dieu t'a fait libre.

Si vous apercevez un géant, regardez d'abord la position du soleil, et voyez si ce géant n'est pas l'ombre d'un Pygmée.
(Novalis)

C'est la chaude loi des hommes – Du raisin ils font du vin – Du charbon ils font du feu – Des baisers ils font des hommes.
(Paul Eluard)

39
Le cœur de jade

Autrefois fut au bord du fleuve qui baigne les murs de Hué le considérable château d'un ministre des Bibliothèques autant influent à la Cour que soucieux dans sa maison. La fille de ce mandarin vivait recluse dans sa tour. Elle s'estimait trop honorable et trop éprise de vertu pour les palais au ras du sol et leurs plaisirs inconvenants. Elle redoutait les mains suspectes qui risqueraient de la toucher, la salir, la briser peut-être. Elle demeurait donc en plein ciel, entre les aigles et les eaux larges qui allaient leur chemin paisible parmi les îles et les prairies.

Or un beau jour au soleil neuf (elle venait d'ouvrir ses volets), elle vit du fond du matin bleu venir la barque d'un pêcheur. Elle regarda distraitement sa longue et maigre silhouette déployer son filet sur l'eau, puis comme elle revenait, rêveuse, à ses parfums et ses miroirs, elle entendit l'homme chanter. Elle suspendit soudain ses gestes. Sa voix était comme un oiseau cherchant un abri dans une âme. Elle était pure, elle était ferme, déchirante, joyeuse aussi. Autant des yeux que des oreilles, elle écouta sans plus savoir où étaient le ciel et le monde. La barque, le long de la rive, traversa l'ombre de la tour et s'en alla au fil du courant. La voix du pêcheur s'éloigna. Elle se retint de respirer pour l'entendre et l'entendre encore dans le silence revenu.

Le lendemain, dès l'aube pâle, elle se surprit à le guetter. Le soleil dispersa les brumes, la barque vint, le chant monta, se fit éperdument vivant, s'éloigna, s'éteignit encore et la laissa bouleversée. Quelque chose était né en elle qui la remuait cœur et corps, l'émerveillait et l'agaçait, lui donnait envie de pleurer, de rire, d'écrire des lettres. Elle ne fit rien de la journée. De la nuit elle ne dormit pas. Elle regarda passer la lune entre ses volets grands ouverts. Avant même le jour levé, elle vint au frais de la fenêtre. Elle s'emplit des bruits du silence. Elle pensa : « Si j'écoute assez, j'entendrai l'aimé respirer avant qu'il n'ait ouvert la bouche, ou peut-être battre son cœur. » Elle vit une ombre insouciante étendre ses filets sur l'eau. Elle se dit : « Je suis amoureuse. » Elle l'était d'une voix sans corps.

Au troisième soleil levant, elle se vêtit en fredonnant et salua un vol de grues, présage de belle journée. Elle attendit jusqu'à midi. Elle espéra. Ce fut en vain. À voix basse, fluette, triste, elle se mit à chanter le chant pour l'aider à monter vers elle. Le long du fleuve indifférent ne passèrent que des bruits simples. Elle sentit son cœur peu à peu se couvrir de nuées d'angoisse. Le froid lui vint. Jusqu'à la nuit, elle trembla, recroquevillée. Elle ne toucha pas au dîner. On courut appeler son père. Il vint en hâte. Il s'effraya. Il essuya ses yeux perdus, ses joues ruisselantes de larmes.

– Fille, dit-il, qui t'a fait mal ?

– Père, je crois que c'est l'amour. Il m'est apparu comme un dieu, il me fait souffrir comme un diable.

Il la berça jusqu'au matin. Au jour il ouvrit sa fenêtre. Le chant à nouveau s'éleva.

– Bonté du Ciel, père, c'est lui !

– Fille, dis-moi, veux-tu le voir ? Veux-tu qu'il vienne ici chanter ?

Elle eut un sanglot espérant. Ses yeux répondirent pour elle. Il l'étreignit.

– Fille bénie, ton homme à la bouche fleurie franchira bientôt cette porte !

Il s'en alla dans l'escalier. À ses ordres retentissants quatre serviteurs dévalèrent. Ils s'en revinrent.

Le pêcheur parut sur le seuil, s'avança, le chapeau contre sa poitrine.

La jeune fille abasourdie un long moment le regarda puis fit la moue, baissa la tête. De pied en cap il était laid. Sa figure était désolante. Sur son front des cheveux épars se perdaient dans des rides sales. Elle ne sut que dire. Elle rougit. Elle balbutia qu'il chantait bien. Elle pensa : « Qu'il s'en aille, vite ! » Son cœur, déjà, était éteint. Mais comme elle lui donnait un sou et retournait à ses bouquets, le pêcheur demeura sans souffle, le menton pendant, les yeux grands, ahuris comme au paradis. La beauté de cette pucelle, en un instant éblouissant, venait d'illuminer sa vie et de la réduire en poussière. Il se dit : « Elle est mon aimée. Jusqu'à ma mort elle le sera, et si mon âme me survit, mon amour aussi survivra jusqu'au fin fond des nuits du temps. Et pourtant que puis-je espérer de cette merveille dorée bénie de son père et des dieux ? » Il recula jusqu'à la porte sans pouvoir la chasser des yeux. On le poussa dans l'escalier. Il dégringola, corps et âme. Il aimait, lui, comme l'on tombe dans un enfer immérité. Il oublia sa barque au quai. Il s'en alla le long du fleuve. Il erra, le vent dans la bouche, jusqu'à mourir d'épuisement. Des passants miséricordieux l'enterrèrent au bord du chemin.

Il advint qu'après une année, de bonnes gens de son village voulurent ramener son corps dans son jardin du bord de l'eau. Ils ne trouvèrent dans sa fosse, parmi ses habits pourrissants, qu'un cœur taillé en jade vert. C'était une pierre splendide. On aurait dit, dans l'ombre humide, qu'une lampe brûlait dedans. Le père de la jeune fille exigea de voir la merveille. Il accourut au bord du trou. Devant le cœur de jade, il demeura béat tant il le trouva prodigieux. Il en offrit douze sacs d'or et tous les diamants de ses coffres. Il l'emporta dans son château.

Il fit ciseler une coupe dans l'inestimable joyau. Il vint un matin chez sa fille. Il la lui tendit, rayonnant. Elle la prit, se pencha sur elle. Alors elle vit dans ses reflets un fleuve, un pêcheur, une barque. Elle entendit, au loin, un chant. Son cœur soudain se réveilla. De son œil tomba une larme sur le jade miraculeux. La coupe aussitôt se défit en poussière d'étoiles vives et disparut dans l'air du jour. Elle n'épousa jamais personne. À ce qu'on dit, ce fut ainsi.

L'amour ne se paie que d'amour. (Proverbe africain)

Les routes qui ne promettent pas le pays de leur destination sont les routes aimées. (René Char)

Bâtir sur du roc ? Mais quel roc est vraiment inébranlable ? Quel roc pèse plus que son poids de poussière ?

40
Baubo

Aux premiers âges de ce monde, les dieux qui régnaient sur nos vies n'étaient pas encore ces juges, ces mirages plus ou moins flous, ces idées dans le bleu du ciel qu'ils sont devenus aujourd'hui. Ils vivaient à hauteur des gens, charnus, turbulents, bienfaisants, rogneux, joueurs, sages ou fous selon les humeurs du moment. Parmi eux était Déméter. Elle était mère de la terre. Elle veillait sur nos champs, nos vignes, nos jardins. Elle donnait aux semences la force de germer, aux fruits le pouvoir de mûrir, aux herbes, aux arbres, aux fleurs le désir de lumière.

Déméter avait une enfant, Perséphone, fille de Zeus. Or, un matin de fin d'été, comme elles se promenaient ensemble, et cueillaient des bouquets sauvages, et s'enivraient de brise bleue, voilà que soudain la terre craque, s'ouvre ; une main noire, prodigieuse, surgit hors du gouffre fumant, saisit Perséphone au mollet. Elle cherche à s'accrocher au ciel, elle hurle, elle bascule dans les ténèbres, son cri se perd. La terre aussitôt se referme. Voici à nouveau le soleil, l'herbe fleurie, l'oiseau dans l'arbre. Rien n'a troublé, apparemment, le vent tiède, la paix du jour, mais Perséphone a disparu. Qui a commis ce rapt imparable, brutal ? Hadès, le prince des Enfers. Perséphone a troué son cœur. Il est épris de sa fraîcheur, de sa lumière printanière.

Déméter s'affole, s'enrage, appelle partout son enfant, court les chemins à sa recherche. Espère-t-elle ? Même pas. Sa détresse seule la pousse. Neuf jours, neuf nuits, buvant ses larmes, une torche dans chaque poing, elle effraie les bêtes des bois, traverse les champs, les villages. Le dixième jour à midi, elle parvient aux portes de Delphes. Là, au bord du chemin, elle se laisse tomber sur une pierre plate et rend les armes à son chagrin. Elle n'est plus que sanglots et larmes. Alors les grains de blé qu'elle n'aide plus à vivre pourrissent et se défont sous les labours durcis, les fruits qu'elle n'aide plus à mûrir racornissent, les fleurs partout se fanent et les jardins s'effeuillent et les gens crient famine, ils maigrissent, ils pâlissent, ils se traînent à genoux sur la terre pelée. Et Zeus enfin, dans son Olympe, inquiet de voir sa Création s'en aller ainsi en poussière, s'effraie tant et si fort qu'il réunit les dieux.

— La vie s'éteint sur terre, il faut agir, dit-il.

Les autres hochent la tête.

— Agir, oui, mais comment ? Comment ravigoter notre sœur Déméter ?

On fait silence, on réfléchit, puis l'œil de Zeus enfin s'éclaire.

— J'ai une idée, dit-il. Envoyons-lui Baubo. La bougresse saura lui réchauffer les sangs et faire naître en elle un bon rire de ventre. Qu'elle retrouve l'envie de vivre, et le monde reverdira.

Qui était donc cette Baubo apparemment seule capable de sauver le monde mourant ? Une déesse, assurément, mais grossière à n'en plus pouvoir, poissarde, quoique de bon cœur, en tous les cas infréquentable par les esprits bien élevés. Elle était curieusement faite : deux yeux en guise de tétons, pas de tête au-dessus du cou, et pourtant puissamment bavarde. Par où passait sa voix ? Par sa bouche d'en bas. Et ce qu'elle racontait n'était pas racontable. Jeux de mots approximatifs et paillardises de bas-fond, c'était là tout son répertoire. C'est elle, donc, Baubo, la déesse sans tête, qui fut envoyée par les dieux à Déméter l'inconsolable. Et que fit-elle, là, au bord de ce chemin où pleurait cette pauvre mère ? D'abord une danse du ventre, quelques pitreries de saison, puis elle ouvrit ses lèvres basses et se mit à couiner des contes non pas du dessus du panier, plutôt du dessous du nombril, tant et si bien que Déméter ne put retenir un hoquet, un éclat derrière la main, un rire franc, enfin un fou rire tout bête. Et sa joie réveilla les arbres, les blés, les sources, les jardins, et le monde reprit courage, et la vie reprit son chemin.

Merci à la fille de rien dont l'innocente paillardise sauva la terre de la mort. Grâce à elle tu vis encore. Car sans elle, que serais-tu ? Un tas d'os blanchis sur le sable, dans le silence du désert. Ris non point de toi ni des autres, ris pour rire, pour le plaisir, ris pour le bonheur de ton corps, ris comme un soleil à midi, pour le simple plaisir du monde, c'est là le secret de la vie, et c'est Baubo qui te le dit.

La vie est une grande surprise. Pourquoi la mort n'en serait-elle pas une plus grande ? (Vladimir Nabokov)

À travers nos cœurs que nous tenons ouverts passe le dieu, des ailes aux pieds. (Rainer Maria Rilke)

L'intelligence est presque inutile à celui qui ne possède qu'elle. (Alexis Carrel)

41
Noir et blanc

Il était un jour un village, et dans ce village deux sœurs. Non pas deux sœurs d'un même ventre, plutôt d'un même élan du cœur. Quand viennent les mêmes paroles, qu'elles sont dites au même instant, qu'on s'en étonne et qu'on en rit, et quand dans un même silence on entend la même chanson, n'est-on pas de la même famille ? Leur père était, en vérité, l'innocent désir d'être ensemble. Ces deux-là étaient donc ainsi.

Elles avaient chacune leur champ. Seul un sentier les séparait. Elles pouvaient ainsi se parler, de l'un à l'autre, en travaillant, faire ensemble les mêmes pauses, partager les mêmes repas. Or voilà qu'un jour, vers midi, à l'heure où le soleil fait sa sieste, là-haut, sur la terrasse du bon Dieu, un drôle de diable apparut, baguenaudant sur le chemin.

Apparemment, c'était un homme, le pas dansant, léger, content. Ordinaire ? Pas tout à fait. Il était vêtu d'un habit noir d'un côté et blanc de l'autre. À droite, soulier, pantalon (une jambe), veste, chemise blancs comme un sergent colonial, à gauche, soulier, pantalon (l'autre jambe), veste, chemise noirs comme un missionnaire en deuil. Il salua d'un geste large l'une et l'autre des deux amies et s'éloigna, le nez au vent. Dès qu'il fut passé :

– As-tu vu ? dit l'une, rieuse, étonnée. Bizarre, ce voyageur blanc.

Et l'autre :

– Tu veux dire noir.

– Mais non, voyons, il était blanc.

– Qu'est-ce qui te prend ? Il était noir.

– Mais enfin, je ne suis pas folle.

– Tu as quand même la berlue.

– Allons donc, c'est toi qui dérailles !

Le ton monta jusqu'à l'aigreur, franchit prestement ce palier, grimpa d'un bond jusqu'à l'insulte. Elles s'en retournèrent au village sans cesser de se chamailler.

Les gens autour d'elles accoururent, leur demandèrent :

– Hé, ho, les sœurs, quelle mouche vous a piquées ?

Elles répondirent noir et blanc. Aucune n'en voulut démordre, et le débat se fit méchant. Larmes, crachats, gifles griffues, criailleries échevelées, excitation de l'assemblée, et soudain silence ébahi. Un homme au milieu de la place chantait, tournait, les bras au ciel, une manche noire, impeccable, une autre blanche, immaculée.

– C'est lui ! crièrent les deux sœurs.

– C'est moi, répondit l'étranger, fier comme un diable au paradis.

– Pourquoi nous as-tu tourmentées ? Que t'avions-nous fait, mauvais bougre ?

– Rien, les filles. J'aime jouer. J'aime qu'on crie, qu'on se dispute, qu'on s'étripe et meure pour moi. Cela me gonfle d'importance. Je suis le dieu des apparences. Je suis le démon Vérité.

L'amour seul sait de source sûre.

N'accorde pas ta confiance à celui que rien n'effraie.

Les anges ont un trou dans l'esprit. Ils ne savent pas dire non. C'est ce qui les fait si légers.

42
Le pèlerin

Ramadan. Jours interminables. Les gens se traînent au soleil lourd. Voilà qu'à l'heure de midi on trouve à l'ombre d'un figuier une sorte de guenilleux qui mord dans un arc de pastèque. Près de lui un flacon de vin, du pain, des oignons, des olives. Quelques dévots se le désignent, ils l'insultent, ils lui crachent aux pieds, ils l'empoignent par le burnous, ils le traînent chez le cadi et, l'index vengeur, ils l'accusent. Le juge, du haut de sa chaire, se penche sur lui, l'air mauvais.

– Une pastèque ? Des olives ? Du pain ? Du vin ? Honte sur toi ! Comment as-tu osé festoyer en plein jour alors qu'Allah, misère d'homme, nous l'interdit formellement ?

– Veuillez me pardonner, lui répond le coupable, je ne connais pas vos usages, je ne suis pas de ce pays.

– Qui es-tu donc ?
– Un pèlerin.
– Faux ! dit quelqu'un, dans l'assistance. Je connais cet homme, cadi, je le rencontre tous les jours. Il vit dans un gourbi brûlé, au fond de la rue des Pêcheurs.
– Qu'as-tu à répondre à cela ? dit le juge, les crocs féroces.
– Ceci, seigneur cadi. Imagine qu'un jour tu te rends à La Mecque. Tu quittes ta maison. Tu es un pèlerin. Tu fais ce que tu dois. Tu es un pèlerin. Tu t'en reviens chez toi. Tu es un pèlerin. Mon pays n'est pas de ce monde. Un jour, je l'ai quitté pour m'en venir ici. C'est Dieu qui l'a voulu. Je retrouverai ma maison dans l'au-delà, un jour ou l'autre. Ne suis-je pas un pèlerin ?

Chaque fois que vous consentez à faire l'effort qu'il faut pour être heureux plutôt que malheureux, vous participez à la création du monde. Chaque fois que vous refusez de faire cet effort, vous vous réfugiez dans votre malheur et vous croupissez dans cet état d'esprit malveillant envers vous-même par lequel vous contribuez à détruire le monde. (John Cooper Powys)

Adorez le prophète de votre être, celui qui est en vous. Les prophètes hors de vous et leurs cortèges de paroles sont une perte de souffle. Vous appelez Allah en vain. Vous vous disputez si fort à son sujet qu'Il ne peut même plus dormir ! (Elisabeth D. Inandiak)

Ce dont il s'agit, quand une épée vous transperce l'âme : accueillir le froid de la lame avec le froid de la pierre. Grâce au coup, après coup, devenir invulnérable. (Franz Kafka)

43
Le tailleur de pierres

Il était un tailleur de pierres réputé pour son œil précis et son amour du beau travail, mais râleur comme un âne arabe. Il estimait (défaut banal) que les autres, qu'il valait bien, étaient mieux traités par la vie qu'il avait pu l'être lui-même. Or un beau jour qu'il travaillait à l'escalier de marbre rose d'une demeure de richard, « ce mobilier, ces belles dalles, ces tentures, ces canapés, se dit-il, l'œil luisant, contemplant l'alentour de son petit chantier, voilà bien ce qu'il me faudrait ! Avoir des esclaves, de l'or, être riche à n'en plus pouvoir, goûter enfin à la fortune, la belle vie que j'aurais là ! ». Comme il rêvait ainsi, une fée amoureuse traversa par hasard le vent de ses pensées. « Oh le beau désir ! » se dit-elle. Elle l'exauça, par jeu, pour voir.

Et voilà le tailleur de pierres orné de bagues, de colliers, affalé sur un lit de roses, environné de chants mutins. Heureux ? Oh oui, mille fois oui. Mais quel est ce bruit dans la rue ? Un serviteur accourt, l'informe.

– Un messager de l'empereur est à la porte. Il veut vous voir.

– Plus tard, je ne suis pas dispos, répond l'autre, les yeux mi-clos, en sirotant une orangeade.

L'émissaire impérial aussitôt prévenu fronce les sourcils et se fâche. Cette fin de non-recevoir fait rougir sa face joufflue.

– Pour qui se prend-il, celui-là ? Qu'on le saisisse et le bastonne !

Le tailleur de pierres enrichi voit à l'instant son paradis submergé de soudards féroces. On le traîne en place publique, on lui arrache ses habits. Cent coups de gourdin l'estourbissent. Le voilà nu, seul, à genoux dans le crépuscule désert.

– La richesse, hélas, que vaut-elle ? gémit-il, le front dans ses mains. Fonctionnaire chez l'empereur, voilà la situation parfaite. Là est le seul pouvoir qui vaille, là est la vraie force des grands.

La fée est toujours là, qui souffle sur ses plaies.

– Dors, mon tout beau, dors, lui dit-elle. Voilà, c'est bien. Et maintenant, ouvre les yeux, regarde-toi !

Il n'est plus un richard défait. Il est un de ces dignitaires qui regardent passer les gens, la bouche arquée, de sa fenêtre. Il doit partir lever l'impôt dans quelque campagne perdue. Le voici sur son beau cheval, dans un village famélique. Ses gardes autour de lui s'effraient. Cent paysans armés de piques s'avancent, le regard méchant. On crie :

– À mort ! À bas l'empire !

Le grand homme, sur sa monture, frappe l'air du poing et se plaint. « À quoi bon, se dit-il, avoir fait des études si c'est pour finir trucidé par un paysan illettré ? Pourquoi donc ne suis-je pas né parmi ces simples malveillants mais somme toute sans souci ? Ah, je n'ai jamais eu de chance ! »

– Paysan, cela te plairait ? lui souffle la fée à l'oreille. Hop là, mon bon ami, c'est fait !

Il s'éveille à l'ombre d'un arbre. Devant lui, un champ labouré. Il s'assied. Il a mal aux côtes. Il est grand temps de déjeuner. De quoi ? De vieux pain et d'olives. Il n'y a rien d'autre dans son sac. Il soupire. Dure misère ! Et jetant un coup d'œil là-haut :

– Ah, soleil qui chauffe et qui passe, j'aimerais bien être à ta place, loin de notre terre à soucis !

– Qu'à cela ne tienne, bonhomme, chantonne, dans l'arbre, la fée.

Elle se penche, baise son front, le saisit par le bout du nez, et voilà le tailleur de pierres soleil régnant sur les oiseaux, les monts, les plaines et les villes. Maître du monde. C'est parfait. Mais voilà qu'un nuage vient.

– Hé, toi, au large, s'il te plaît. Tu me voles mon paysage !

Que répond l'autre ? Rien. Il bâille. Il fait au ciel comme chez lui, s'étend mollement, prend ses aises. Le temps s'aigrit. Le soleil râle.

– Je ne suis rien. On m'humilie. De fait, le vrai patron, c'est lui.

– Veux-tu sa place ? dit la fée.

Évidemment. Quelle question !

Et voilà le tailleur de pierres délaissant sa peau de soleil pour revêtir le grand manteau fantomatique d'un nuage. Il baguenaude, il se promène. Il rencontre un souffle de vent.

– Va jouer plus loin, lui dit-il. Tu m'agaces, tu me défrises. Hé là, moins fort, tu me défais, à l'aide, à moi, tu m'éparpilles !

« C'est le vent, le plus fort de tous », se dit-il dans sa débandade.

– Ne t'inquiète pas, mon joli, souffle la fée dans ses cheveux. Que veux-tu, dis-moi, être brise, tempête, cyclone, ouragan ?

– Je veux tout cela, plus encore !

Il va hurlant et murmurant, sifflant aux fentes des volets, bruissant dans la tête des arbres. Il est enfin content de lui. Sauf qu'un rocher haut comme un homme lui résiste au bord du chemin.

– Hé, salue-moi, lui dit le vent. Quand je passe, moi, tout s'incline.

– Tout, sauf moi, dit le roc, buté.

– Nous allons voir, lui répond l'autre.

Il rugit, mugit, se démène, se déchaîne et fait tout gémir. Il s'essouffle enfin. Il s'épuise.

– Es-tu vraiment plus fort que moi ?

– Apparemment, dit le rocher.

– C'est bon, j'admets. Je veux ta place.

– Facile, chantonne la fée.

Voilà l'homme dur de partout. Un tailleur de pierres s'en vient, le palpe, le cogne, l'érafle. « C'est du beau caillou », se dit-il. Tandis qu'il se met à l'ouvrage :

– Au secours ! braille le rocher.

– Que veux-tu donc ? lui dit la fée.

– Retrouver mes outils, madame.

Le tailleur de pierres s'éveille sur son chantier, chez le richard. Il n'a fait qu'une sieste brève. « Allons, se dit-il, au travail. »

Il croyait en ses rêves. Il avait cette sorte de foi qui fait l'éternelle jeunesse et l'éternelle vigueur des poètes. (Okakura Kakuso)

Frappe ta tête contre une calebasse. Si tu entends sonner le creux, ne te hâte pas d'en conclure que c'est la calebasse qui est vide. (Proverbe chinois)

Celui qui nie que la fleur exhale un parfum ferait mieux de reconnaître que c'est lui qui n'a pas d'odorat.

44
Controverse

– Voyons, rabbi, c'est impossible. Même les religieux les plus intransigeants acceptent aujourd'hui l'évidence. La science nous donne des preuves dont nul ne peut se détourner. Nous connaissons un peu le passé de la terre et de l'humanité. Nous savons, c'est indiscutable, que des hommes vivaient il y a trente mille ans, qu'ils avaient des outils, qu'ils vivaient en tribus, qu'ils peignaient des bisons sur les murs des cavernes. Vous ne pouvez pas soutenir, comme nos grands-pères l'ont fait, des années, des siècles durant, que Dieu a créé l'être humain dans un jardin paradisiaque il y a plus ou moins cinq mille ans. Cette histoire est belle mais fausse. Ce n'est qu'un mythe, voilà tout.

Le vieux rabbin hoche la tête.

– Peut-être que oui, peut-être que non.

— L'homme est plus vieux que vous le dites. Enfin, rabbi, admettez-le.

— Je veux bien, mais pense à ceci. Tu n'as ouvert qu'une fenêtre, et donc tu ne vois qu'un chemin. Dans la tour de l'Entendement, j'en ouvre une autre et je découvre qu'il y a cinq mille trois cents ans, Dieu a créé, tant bien que mal, l'être humain *avec son passé*. Où est le problème, mon fils ?

Une illusion amoureuse est plus utile à l'homme qu'une vérité sèche.

La vérité se reconnaît à ce qu'elle change ton sang en or.

Il ne faut pas combattre ses mauvais côtés. Il faut se désintéresser d'eux afin que notre attention puisse être dirigée vers les choses vraiment importantes. La fausse personnalité ne se nourrit que de l'attention détournée de l'essentiel.

45
Trois poils de loup

Il était une fois un homme et une femme, jeunes époux et gens du peuple, riches d'amour, pauvres d'argent. Dans leur maison de paysans où n'était rien que ce qu'il faut, poutres solides, feu dans l'âtre, fruits de saison dans le panier, ils auraient vécu leur vie simple si le monde l'avait voulu. Mais loin au-dessus de nos têtes sont des dieux gouvernementaux qui se plaisent de temps en temps à s'empiffrer de rôtis d'hommes. Le mari fut donc ramassé parmi d'autres dans le village pour aller guerroyer au loin. Sa femme l'espéra quatre ans, usant ses journées solitaires de jardin maigre en bois fendu. Un jour d'été, enfin, merveille. On annonça, tambour battant, que les soldats s'en revenaient. Elle fleurit sa maison en hâte, se pomponna, se parfuma, mit ses trois jupons des dimanches et attendit, le cœur battant, guettant la courbe du chemin. Il apparut au loin.

– Mon homme !

Elle retint son envol vers lui. Il traînait la patte, courbé, les joues creusées, barbues, hirsutes. Quand il la vit, il s'arrêta, puis soudain partit dans le bois qui accompagnait le sentier. Elle courut à lui, l'appela, le vit affalé contre un chêne, s'agenouilla, lui prit les mains. Elle tremblait. Il la repoussa et resta l'œil fixe, perdu, le menton contre sa poitrine. Les guerres sont de ces ogresses qui vous laissent parfois le corps mais gardent l'âme prisonnière. Son épouse comprit cela. Elle lui porta un bol de soupe, une couverture, une fleur. Elle lui dit :

– Mon homme, rentrons.

Il ne bougea pas de son arbre. Elle pensa : « Je le sauverai. » Elle baisa sa main rude, sèche et pleura longtemps près de lui. Le soir venu :

– Va-t'en, dit-il.

La tête basse, elle obéit.

Elle devait faire quelque chose, mais quoi ? Le guérir. Mais comment ? Au village était une vieille qui savait parler, disait-on, aux bêtes, aux bonnes herbes, aux morts. Au matin, elle s'en fut la voir. Elle la trouva devant son feu, à touiller son chaudron de soupe. Quel âge avait-elle ? Cent ans ? Fripée comme une pomme sèche, cassée, tremblante, mais quel œil !

– Que veux-tu, fille ?

Et quelle voix ! La femme lui conta le retour du soldat.

– Pouvez-vous lui redonner vie ?

– J'aurais peut-être une tisane, mais pour qu'elle fasse son effet, il me faudrait trois poils de loup. Je ne les ai pas. Les as-tu ?

– Comment les trouver, bonne mère ?

– Va les chercher, ramène-les, et ton mari sera sauvé.

– Trois poils de loup ?

– Vivant, ma fille !

Elle rit à petits coups de nez et s'en revint à sa tambouille.

– Bonne mère, vous les aurez !

Elle avait parlé, droite et fière, sans avoir du tout réfléchi. Elle s'étonna de son audace. L'amour de son homme lui dit qu'impossible était impossible. Elle s'en revint à sa maison, prit un sac de viande séchée et s'enfonça dans la forêt.

Elle chanta pour aider ses pas. Elle chanta si vif et si beau que les broussailles s'écartèrent, qu'un sentier naquit sous ses pas comme un ruisseau de feuilles sèches. Comme le soleil se couchait, elle entendit, derrière un roc, un grondement de bête brute. Elle s'arrêta, ouvrit son sac, prit dedans un quartier de viande, le déposa sur un caillou et s'éloigna à reculons. Elle attendit. À la nuit noire un beau loup gris vint, méfiant, renifler le jambon offert. D'un coup de dent il l'emporta. La femme, à voix menue, chanta. Qui l'écouta ? Le roc, les arbres, peut-être une oreille dressée quelque part sous la brise obscure. Elle s'endormit jusqu'au matin, attendit encore le soir, s'en alla poser au même endroit un autre dîner rouge et gras, recula, mais moins que la veille. Le loup vint, se tint immobile à l'observer, un long moment, puis traîna la viande à l'abri. À nouveau la femme chanta. Elle sut que quelqu'un l'écoutait, à quelques pas d'elle, dans l'ombre. Le lendemain, la nuit venue, elle vint s'agenouiller dans l'herbe, posa là son dernier quartier. Son sac était plat, désormais. Elle resta là, devant l'offrande. Le loup mit longtemps à venir. Quand il parut, au bord du roc :

– C'est pour toi, viens là, lui dit-elle. Je n'ai ni ruse ni couteau. Il me faut trois poils de ta peau.

L'animal s'approcha, s'assit. Il dit :

– Femme, qu'en feras-tu ?

– Un bol d'amour pour mon pauvre homme.

L'autre gronda et remua.

– Trois dîners pour un poil chacun, allons, femme, arrache-les vite avant que je change d'avis. Mais chante encore, s'il te plaît.

Elle chanta, le loup gémit d'aise, puis elle prit ce qu'il lui fallait et s'en revint chez la sorcière.

Elle poussa la porte, joyeuse, en brandissant haut son trophée.
– Bien, dit la vieille, bien, ma fille.
Elle prit les poils, souffla dessus. Ils disparurent dans le feu. La femme en resta stupéfaite. Elle balbutia, les larmes aux yeux :
– Seigneur Jésus, et ma tisane ?
La vieille rit.
– Hé, oublie-la ! Si tu as convaincu un loup de se laisser prendre trois poils, qu'as-tu besoin d'une potion pour désensauvager un homme ? Va lui mijoter à dîner !
Trois jours à peine étaient passés qu'elle le baignait dans sa bassine parfumée de rose et de thym. L'épouse avait vaincu la guerre. L'époux avait gagné la paix.

L'une des plus grandes forces de la vie des guerriers est la peur, parce qu'elle pousse à apprendre.

Enfants, la mort n'est rien, elle est sans cesse derrière vous, elle est la poussière de vos semelles. La vie est devant, toujours devant. Allez à elle, ne vous retournez jamais.

Il vivait dans une si constante hantise d'un accident mortel qu'il téléphonait tous les jours à la morgue pour savoir s'il ne lui était rien arrivé. (Jacques Sternberg)

46
La corde de larmes

On l'appelait Loiseau. Il était orphelin, misérable, innocent, de bon cœur mais pour qui ? Il vivait seul dans sa cabane au bord du torrent furibond qui le séparait du village. Personne ne venait à lui, le courant était trop violent pour qu'on se risque à son travers. Sa solitude était semblable à un puits dévoreur de rêves. Il en souffrait comme d'un mal insaisissable et dévorant. Or un jour, lui vint une idée qui lui ensoleilla les yeux. « Je vais tailler sept rochers plats et les poser d'un bord à l'autre, se dit-il. Ainsi je pourrai aller sans souci chez les gens. » Il s'en fut donc dans la montagne, trouva six rocs de bon aloi. Ne manquait plus que le septième. Le soir venait. Il l'aperçut, un doigt de vieux soleil sur lui. Il était énorme, carré. Loiseau se retroussa les manches, le souleva hors de son creux et que vit-il, là, sous la pierre ? Un œuf tout blanc, tout lumineux, même pas terreux, magnifique.

Comme il se penchait, bouche bée, les sourcils hauts et les yeux ronds, la coquille se craquela, se brisa, s'ouvrit et, merveille, une fille à l'air amusé se dressa droite devant lui. Longs cheveux noirs, corps aérien, beauté comme on n'ose en rêver.

– Qui es-tu ? bafouilla Loiseau.

– Un esprit, peut-être une femme, une fée, une femme-fée.

Elle rit tout doux. Elle dit encore :

– Tes pierres sont mal assurées. Si le torrent s'emballe, adieu, elles dégringoleront au fond. Laisse-moi faire.

Poudre d'air, rocs soudain légers comme paille, sept piliers, un trait droit. Un pont. En un clin d'œil il fut bâti. Enfin :

– Rentrons, dit la jolie.

– Où donc ? Chez moi ?

– Évidemment.

Un peu plus tard dans la soirée :

– Ne t'en va pas, reste avec moi, sois mon épouse, dit Loiseau.

– Voilà cent vies que je le suis, lui répondit-elle, rieuse.

Nuits et jours les firent heureux.

Or un matin que le garçon allait au marché du village, il rencontra un paysan qui avait un champ de blé noir à portée d'arc de sa maison. C'était un jaloux, un teigneux. Il avait lorgné sans plaisir le bonheur des jeunes époux. Il avait détesté Loiseau d'avoir ce que lui n'avait pas, une compagne, une amoureuse, un soleil vivant dans son lit. Comme ils faisaient chemin ensemble :

– Voisin, dit l'homme, je t'admire. Tu as bâti un pont parfait. Habile comme je te sais, tu devrais tenter quelque chose contre le dragon pernicieux qui tracasse les gens d'ici.

– Un dragon ? Première nouvelle, répondit l'autre, tout surpris.

– Il vit au fond d'une caverne, là-haut, sur l'autre flanc du mont. Ces temps-ci, il dort, il hiberne. Pour un courageux comme toi, voilà bien l'occasion rêvée de le trucider proprement. Tu rendrais service au pays. Si tu veux bien, je t'aiderai.

– Pourquoi pas, voisin ? dit Loiseau.

Le soir venu, corde à l'épaule, pieu pointu et panier aux poings, ils s'en furent dans la montagne. Sous les étoiles et le vent froid, loin de partout dans la rocaille :

– Nous y voici, dit le mauvais.

Il désigna un trou béant sous un surplomb de roche noire.

— Monte dans le panier, l'ami. J'attache la corde à son anse et je te descends. Pas de bruit !

Loiseau prit son pieu, descendit, découvrit une vaste salle, et là, un dragon ? Pas du tout. Des monceaux de pierres précieuses, de pépites d'or, de diamants. Il cria, les bras grands ouverts :

— Pas de bête à tuer ici, mais un trésor, voisin, immense !

— Un trésor ? Emplis le panier, je le hisse et te le renvoie !

Loiseau obéit à la hâte, regarda le fardeau monter mais ne le vit pas revenir. Il s'effraya, il appela. Rien. Le teigneux était parti. Il pensa : « Me voilà perdu. »

Sa compagne la femme-fée à la porte de leur cabane l'attendit, se rongea les poings, guetta le moindre bruit de pas. Elle vit quelqu'un courir à elle. C'était le méchant. Il lui dit :

— Des brigands ont tué ton homme. Viens chez moi, je te soignerai, depuis le temps que je t'espère ! Tu auras tout ce que tu veux !

Elle le bouscula et partit, affolée, parmi les buissons, les rochers, les ravines mortes, criant :

— Loiseau, Loiseau, Loiseau !

Elle parvint au puits de caverne.

— Oui, ma femme, oui, ma beauté, je suis prisonnier de la terre, mes mains ne peuvent t'attraper !

— Ne crains pas, je vais te sauver !

Elle se pencha au bord du trou. De ses yeux des larmes jaillirent, ruisselèrent mais chaque goutte resta l'une à l'autre attachée. Ainsi descendit une corde scintillante, légère, forte comme l'amour que rien au monde, même la mort, ne peut briser. Loiseau ramassa une perle (un soleil au cœur de la nuit !) et vint à la corde de larmes. Il grimpa sans peur vers la vie.

Rires, bonheur des retrouvailles ! Comme ils s'en retournaient chez eux, ils ne virent pas le teigneux se glisser d'ombre en nuit profonde. Quand il parvint au bord du trou, « à moi le trésor », se dit-il. La corde était encore là, pareille à des diamants liés qui se perdaient dans les ténèbres. Il l'empoigna. Elle se rompit et tomba en pluie, avec lui. Il ne savait rien de l'amour. Ce fut ainsi, tant pis pour lui.

Le désir, divine trouvaille ! Il est ce qui vous pousse et vous tire devant, il est le soleil des nomades, il est le levant infini !

Ne militer que pour une cause : le passage du verbe être à l'intransitif. Ne plus dire : « Je suis ou je veux être ceci ou cela », mais pouvoir affirmer enfin : « Je suis. »

Si ce que tu manges ne te grise pas, c'est que tu n'avais pas assez faim. (André Gide)

47
Vivant-de-Jade

Il était une fois dans un pays lointain, à la cime d'un mont, un étrange rocher. Le temps, les vents, les pluies, les grêles avaient fait de lui un enfant semblable à un veilleur de pierre. Or il est dit qu'un beau matin, après longtemps de chants d'oiseaux autour de son corps immobile, longtemps de nuages passants et de vieilles vies murmurées, sa peau frémit, ses yeux s'ouvrirent, l'air du ciel gonfla sa poitrine, il bougea enfin, il sourit aux mille merveilles du jour et descendit de la montagne.

Les gens, en bas, cueillaient le riz. Tous ceux du village étaient là, hommes et femmes aux jambes nues, courbés sur la verdure vive. Il faisait beau. Il fit soudain un temps inquiet sous le ciel bleu. De la forêt au bout des champs on vit surgir par bandes sombres des nuées de cerfs, d'étourneaux, de sauterelles, de corbeaux. On s'irrita, on s'inquiéta, on courut aux gongs, aux crécelles, on brandit torches et bâtons, on ne put arrêter les bêtes. Elles s'éparpillèrent partout. C'est alors que l'enfant de pierre venu de la cime, là-haut, apparut au bord des rizières. Il s'arrêta. Il rit au monde. Sa beauté étonna le peuple villageois. On cessa de hurler. On s'approcha de lui. Il ouvrit amplement les bras et les êtres de la forêt cessèrent de tout ravager. Alors il se mit à chanter.

Ce fut aussitôt magnifique, émouvant et pourtant joyeux, exaltant et pourtant paisible. Ce fut comme si les nuages, les vents les pluies et les soleils chantaient les soucis de la terre, ses amours, ses vieux souvenirs. Les oiseaux et les sauterelles ne bougèrent plus sous le vent et les cerfs baissèrent le front, puis peu à peu ils reculèrent, mais on aurait dit qu'ils dansaient. Ils disparurent dans le bois. Alors l'enfant se tut et les gens l'entourèrent. À grand bruit ils s'émerveillèrent, ils l'assaillirent de questions. Qui était-il ? D'où venait-il ? Quel esprit terrestre ou divin lui avait inspiré son chant ? Il ne répondit pas un mot mais ses yeux et sa bouche rirent. Il le fit tant innocemment que tous en furent pris de joie et d'insouciance joueuse. On cessa de l'interroger. On le conduisit au village.

On lui offrit une cabane. À la nuit on fit un grand feu, une fille lui vint devant, elle le nomma Vivant-de-Jade, elle lui offrit son cœur, sa vie. Il rit encore et tous aussi, et la fille dansa pour lui. Le lendemain Vivant-de-Jade accompagna les gens aux champs. Il chanta. Le temps se fit doux, la fatigue ne pesa plus, les chagrins, les peurs s'effacèrent, les plants de riz s'épanouirent, les rocs fleurirent sur le mont. Ce fut ainsi une saison, jusqu'au matin où apparurent, au fond de l'horizon de l'ouest, des éclats de sabres et de lances dans la poussière soulevée.

Une armée de brigands venait. On s'arma de pieux et de piques, en foule on vint sur le chemin, on attendit, le dos courbé, les cavaliers aux turbans rouges sur leurs chevaux échevelés. Vivant-de-Jade s'était tu. On le vit gravir la montagne. Tandis qu'en bas on s'étripait à grands cris de haine et de rage, on l'entendit soudain chanter plus fort que les bruits de bataille. Alors les sabres haut levés restèrent dans l'air, immobiles, les furieux sur les morts tombèrent et les hurlements se cachèrent au fond des corps pétrifiés. Ce que les pieux n'avaient pu faire, Vivant-de-Jade l'avait fait. Les brigands étaient tous couchés, les yeux ouverts au vaste ciel. Les gens du village grimpèrent sur le mont où l'enfant se trouvait. Ils se prosternèrent à ses pieds. Il ne fit qu'en rire aux nuages. Quand ils relevèrent le front, le visage de leur sauveur, ses épaules, son corps debout étaient revenus à la pierre.

On dit qu'un jour il renaîtra et revivra parmi les hommes. On dit aussi qu'en l'attendant il faut chanter, chanter sans cesse, car le chant du monde est plus fort que les trois pires maux du monde, le deuil, la misère et la peur.

J'aime le mystère et le doute. Ils laissent ouverts tous les chemins. Les certitudes, toutes sécurisantes qu'elles soient, font toujours comme un bruit de porte qui se ferme.

Pour être libre, le grand secret est de se débarrasser de la tendance à rivaliser avec d'autres pauvres diables. Mais il faut avoir son orgueil, et le mettre simplement dans le fait d'être soi-même, hors de portée de toutes les rivalités possibles et imaginables. (John Cooper Powys)

Il faudrait essayer d'être heureux, ne serait-ce que pour donner l'exemple. (Jacques Prévert)

48
Comment ?

Il était une fois un sourd définitif. Il se croyait clair des oreilles. Son mal était donc sans espoir. Il était pauvre. Il n'avait qu'un maigre troupeau de sept chèvres dont l'une penchait de côté. Sa corne gauche était cassée. Que faisait-il de ses journées ? Il gardait ses bêtes à l'herbage, à l'ombre d'un couple de chênes farci de rossignols muets. Or un beau jour qu'il rêvassait à regarder autour de lui gambader son humble famille, il s'endormit le temps d'un rêve qu'il oublia tout aussitôt. Il se réveilla. Plus de chèvres. Il les chercha d'un champ à l'autre, les yeux partout, pestant, geignant. Rien, pas la moindre queue de bique. À bout d'espoir, il s'arrêta au milieu du chemin désert.

– Seigneur Dieu, dit-il à voix haute, rends-moi mon troupeau, je t'en prie. Je veux bien payer, s'il le faut, Ta bienveillance d'un beau geste. Voici donc.

À qui m'aidera à récupérer mes jolies, je veux bien offrir, en Ton nom, ma chèvre à la corne cassée. Alléluia, ainsi soit-il.

Il reprit courage et partit.

À peine avait-il fait cent pas qu'il rencontra un laboureur.

– Bonsoir, l'ami, dit le berger. J'ai perdu mon troupeau de chèvres. Ne l'aurais-tu pas vu, par hasard ?

L'autre, courbé sur sa charrue, fit halte et s'essuya le front. Il marmonna :

– Hé, tu l'as dit. Dur labeur et pauvre salaire, voilà la vie du paysan !

Lui aussi était dur d'oreille. Il fit un geste fataliste qui désigna, par pur hasard, un bouquet d'arbres au bout du champ.

– Oh, grand merci, dit le berger.

Il courut au bosquet. Miracle. Ses bêtes s'y frottaient aux troncs. Il les gronda, puis les bénit et les ramena au bonhomme qui s'escrimait dans son labour.

– Tu m'as aidé, voici pour toi, lui dit-il. Que Dieu te bénisse !

Il poussa contre ses souliers la chèvre à la corne cassée.

– Tu m'accuses ? répondit l'autre.

Il fronça ses sourcils touffus.

– Je n'ai jamais vu ton bestiau. Comment donc l'aurais-je écorné ?

– Promesse à Dieu, devoir sacré. Prends, s'il te plaît. Je t'en supplie, ne fais pas de moi un parjure.

– Très bien. Si tu le prends ainsi, sacrénom, allons voir le juge !

Le laboureur troussa ses manches, empoigna au col le berger, le traîna comme un sac de hardes débordant de balbutiements.

– Mais pourquoi ? Comment ? Tu m'étouffes ! Suivez-moi, mes chèvres, suivez !

Ils trouvèrent le juge assis, les mains pendues sur les genoux, tête basse, devant sa porte. Son épouse (une forte femme) venait de le flanquer dehors. Les deux plaignants, exaspérés, lui exposèrent en même temps leurs plaidoiries contradictoires. Il n'en parut guère affecté. Le plus sourd des trois, c'était lui. Quand les autres eurent dit :

– Alors ?

– C'est ma femme qui vous envoie, répondit-il. Ne niez pas. Si j'ai bien compris vos grimaces, elle veut se faire pardonner. Elle regrette (je le savais !) de m'avoir jeté à la rue comme un détritus de ménage. Elle veut me voir rentrer chez nous. Allez lui porter ma réponse. C'est non et non. Adieu messieurs. J'ai ma dignité, tout de même !

La fable, ici, reste en suspens. À quoi bon pousser plus avant ? Chacun suit l'idée qui l'occupe dans ses broussailles du dedans. Qui, dites-moi, n'est jamais sourd ? S'entendre bien n'est pas facile. Hommes, femmes, essayez, au moins.

Enfant, je savais donner. J'ai oublié cette grâce depuis que je suis devenu civilisé. Un joli caillou avait une valeur à mes yeux. Je respectais les arbres. Maintenant je m'incline avec l'homme blanc devant un paysage peint dont on estime la valeur en dollars. (Ohiyesa, écrivain indien)

Il leva les yeux vers la girouette plantée au sommet du clocher. Je rêve, se dit-il, ou le coq a pondu une église ? (Éric Chevillard)

Ceux qui vont au-delà de la mer ne changent pas d'âme, ils changent seulement de ciel. (Horace)

49
Un jour, chez Ryoben

L'empereur est vieux, fatigué. Les danses rouges, les musiques, les femmes, les ors, les désirs, tout cela se fond désormais dans des brouillards indifférents. Il n'a plus le cœur à la fête. Et d'ailleurs, l'a-t-il jamais eu ? Seul son esclave le plus proche connaît le mal qui trop souvent fait tomber son front dans sa main. Aucun fils ne lui est venu, et plus que jamais il en souffre. Heureusement, de temps en temps, il s'évade en catimini. Il revêt un manteau de laine et par une porte discrète au fond de son vaste jardin il sort dans la friche venteuse. Il respire enfin sans souci. Au loin, dans la vallée déserte, à l'ombre d'un vieux pin penché est un feu malingre qui fume, un balai appuyé au mur. La cabane de Ryoben. C'est là qu'il retrouve la paix à boire en silence le thé en compagnie du saint ermite, à parler de tout et de rien, à regarder le temps passer.

Ils sont ensemble, ce jour-là, assis devant la porte basse. Brise légère. L'empereur chauffe ses mains au bol fumant que Ryoben vient de remplir. Il lui dit enfin :

— Mon ami, tu es l'homme le plus exquis, le plus sage et le plus savant qu'il m'a été donné de connaître. Tu sais que je n'ai pas de fils. Le temps m'a blanchi les cheveux, le manteau impérial me pèse. J'aimerais que tu me succèdes. Je t'offre mon trône. Prends-le, et je pourrai mourir en paix.

Ryoben relève la tête. Pas une ride de son front, pas un poil de sourcil ne bougent, mais il rougit légèrement et son regard s'embrume un peu. L'empereur insiste.

— Imagine. Tous les pouvoirs, tous les plaisirs, droit de vie et de mort partout, jusqu'au fin fond de ton empire, sofas, concubines, thés rares, bibliothèques, temples, prisons, tout ce que j'ai, je te le donne. Es-tu content, dis, mon ami ?

En vérité, il n'a pas l'air. Il semble même, en dedans, avoir du mal à maîtriser un dragon levé du pied gauche.

— Pardonne-moi, dit-il, glacial. Il me faut aller me laver.

Il tourne les talons, descend vers le ruisseau, s'accroupit dans l'herbe du bord, plonge sa tête dans l'eau vive. Un paysan du voisinage s'en vient par le sentier pentu. Sa chèvre trotte à son côté.

– Ho, Ryoben, que fais-tu là ?

– Ne vois-tu pas ? répond l'ermite. Je me décrasse les oreilles. L'empereur m'a craché dedans des paroles extrêmement sales. Il m'a proposé ses pouvoirs, son palais, son manteau, son trône. Bref il veut me voir comme il est !

L'autre soupire.

– Je comprends. Mais voilà le ruisseau souillé par ces impériales sottises. Allons, ma chèvre, nous rentrons. Tu ne pourras pas boire ici avant au moins demain matin.

On peut aussi se noyer dans une source pure.

Il n'y a pas de cause à la peur. Elle n'est qu'imagination, elle te bloque comme une barre de bois tient la porte fermée. Brûle cette barre. (Rûmi)

Apprenez à vos enfants que la terre est notre mère. Tout ce qui arrive à la terre arrive aux fils de la terre. Lorsque les hommes crachent sur la terre, ils crachent sur leur propre mère. (Extrait du discours prononcé en 1854 par le chef indien Seattle devant l'assemblée des tribus)

50
La bête Norka

Il était une fois un tsar à barbe blanche à qui sa femme et le bon Dieu avaient donné deux fils plus un. Le dernier n'était pas aimé. Il était trop insouciant. Il ne parlait pas d'assez haut. Il aimait les musiques simples. Ses airs, ses bonheurs agaçaient. Son père ne le regardait que par en dessous, méfiant, une lueur noire dans l'œil.

– Et en plus, pour tuer un cerf, il tire en l'air, ronchonnait-il.

Bref Ivan, le prince troisième faisait tristement soupirer chaque fois qu'on parlait de lui.

Or, vint un jour abominable. Il faisait beau, il fit tout noir. Une bête inconnue (elle fut nommée La Norka) se planta devant le soleil, abattit d'un coup de sabot une ville et sa cathédrale, se coucha sur ses habitants, s'endormit dans un lit de sang et se réveilla affamée. Elle fit en un mois les ravages d'une guerre de rois voyous. Le tsar appela ses garçons. Il leur dit :

— Sauvez le royaume, sinon vous finirez mendiants.

Le premier partit en campagne et s'en retourna en lambeaux. Le deuxième évita le pire. La Norka gambadait à l'ouest, il s'en fut droit à l'opposé. Le troisième, Ivan, chevaucha jusqu'aux abords de la vallée où la bête faisait la sieste, ce jour-là, à l'ombre du mont. Il s'assit contre un épineux (« Ainsi, se dit-il, les piquants, au cas où je m'assoupirais, me seront un bon aiguillon ») et guetta la venue du monstre. Le soir tomba, le sol trembla, deux yeux dans la nuit s'allumèrent. Il se dressa. La Norka le vit. C'était un étrange animal. Plus on l'imaginait énorme, plus il l'était, plus il puait, plus il était horrifiant. Ivan s'avança, l'épée haute. La bête parut s'étonner. Elle recula, frémit, gronda, comme si la peur, tout à coup, doutait de son propre pouvoir. Le jeune homme abattit son arme. La Norka hurla et s'enfuit, le museau saignant dans les herbes. Le prince Ivan la poursuivit, troua son flanc, trancha sa queue. Ils parvinrent, au fond de la nuit, dans un désert de cailloux blancs. Là se trouvait un rocher dressé, semblable à un berger de pierre. À ses pieds, la bouche d'un puits. La Norka s'engouffra dedans.

– Viens combattre dans l'au-delà si tu l'oses, ricana-t-elle.

Sa voix se perdit dans le noir.

Ivan s'en revint chez son père qui l'accueillit en grognassant.

– Tu l'as blessée ? Quoi ? Que dis-tu ? Dans l'au-delà ? Drôle d'affaire !

– J'ai besoin d'une longue corde et de mes frères ici présents. Êtes-vous prêts ? Allons, en route !

– Du calme, marmonna l'aîné.

Et le deuxième :

– Attendons Pâques. Nous ne sommes pas si pressés.

– Bon vent, dit le roi.

Ils s'en furent. Au bord du gouffre, il faisait froid. Le vieil hiver chantait encore, sous le ciel, ses airs désolés.

– Attachez la corde au rocher, dit le prince Ivan aux pâlots qui sautillaient d'un pied sur l'autre. Adieu, mes frères, je descends. Ne bougez pas de ces cailloux. Attendez que je vous appelle. Alors vous me remonterez.

Il disparut dans le puits noir.

Dans l'au-delà il chemina sur une route droite et grise. Il vit bientôt venir à lui, du fond des brumes, un cheval blanc. Il était harnaché de rouge. À quelques pas il s'arrêta et salua le beau vivant.

– Je vous attendais, prince Ivan. Montez en croupe, on nous attend.

Au grand galop ils s'en allèrent. Froidure et vent, triste lumière, terre semblable au ciel rocheux, enfin, merveille, à l'horizon, un palais, murailles de cuivre. Toit baigné de soleil levant. Ivan fit halte dans la cour. Il entra. Chandeliers d'argent, cheminée haute, feu flambant, table et nappe, rôti fumant. Il s'assit, il mangea, il but. Enfin il s'essuya la bouche. Alors par la porte du fond une fille entra dans la salle. Il se leva, la salua.

– Qui que tu sois, homme, dit-elle, ton visage est de bon aloi. Que viens-tu faire en ce pays ?

– Combattre la bête Norka.

– Elle est née de mes père et mère. Elle est blessée. Je l'ai soignée. Elle s'en est allée tout à l'heure chez ma sœur, au palais d'argent.

Elle s'avança jusqu'à sentir le souffle tiède de sa bouche. Leurs yeux rirent, leurs mains jouèrent à chercher des beautés cachées. Le lendemain Ivan s'en alla au palais de la sœur deuxième.

– La Norka est chez ma cadette, au palais d'or, mais toi, garçon, tu es ici. Cela seul compte.

Il fit encore bonne chère. La nuit passa comme

une fée chaussée de sandales de brise. Son cheval, dès l'aube venue, le mena droit au palais d'or.

– Où est la Norka ?

– Au torrent.

– Belle fille, j'y vais aussi.

– Bel homme, attends. Bois d'abord l'eau qui raccommode les blessures et prends l'épée de bon pouvoir, elle ne peut vaincre qu'une fois.

Ivan s'en alla au bord de l'eau. La bête Norka sommeillait, couchée dans le courant vivace. Il lui cria :

– Réveille-toi, et regarde qui vient combattre !

L'autre bâilla, ouvrit les yeux, mais elle n'eut le temps de rien voir qu'un éclat de lame sifflante. Sa tête cornue s'envola parmi les oiseaux étonnés.

Le soir venu, dîner de fête au palais d'or illuminé avec les trois sœurs amoureuses. Elles ne voulaient plus le quitter. Ivan leur dit :

– Je vous ramène !

On applaudit. Le lendemain, chacune plia son palais, vite fait bien fait, dans un œuf. Elles étaient un peu magiciennes. Le prince s'en émerveilla. En riant elles lui enseignèrent l'art de rouler et dérouler murs, toits, fenêtres et jardins. Elles lui confièrent les œufs, puis tous les quatre chevauchèrent jusqu'au trou coiffé de ciel bleu. La corde était là, qui pendait. À ses aînés, là-haut, le prince Ivan cria :

— Hissez ma première surprise !

Voici bientôt les trois merveilles assises au soleil printanier. Les deux frères les observèrent en se murmurant à voix rêche, la bouche tordue de côté :

— Jamais Ivan n'acceptera de nous les donner pour épouses.

— Ce filou les voudra pour lui.

— Sauf, bien sûr, si la corde casse.

— Moi, je pressens qu'elle cassera.

— Accident bête.

Ils ricanèrent.

— Remontez-moi ! cria Ivan.

— Voilà, voilà, dirent les autres.

Le prince pensa : « C'est bizarre, je sens du louche dans leur voix. » À sa place, au bout qui pendait, il attacha un gros caillou. Les autres, les manches troussées, jusqu'à mi-hauteur le hissèrent. Bref coup d'œil dans les alentours, couteau tiré, corde tranchée. La pierre au fond dégringola.

— Malheur ! gémit le prince Ivan.

Il s'en fut au hasard des routes dans les brumes de l'au-delà.

Il s'assit au soir, le front bas, au pied d'un arbre sans feuillage et désespéra de la vie. Un oisillon tomba d'un nid, puis un autre, puis un troisième, dans l'herbe sèche, près de lui. Il les prit, il les caressa, les mit au chaud dans sa chemise. Alors un oiseau vint du ciel. C'était le père des petits. Il était de couleurs changeantes et de prodigieuse largeur. Ses ailes déployées frémirent comme un toit de maison vivant. Il dit :

– Bel homme, sois béni. Ta bonté est comme un soleil sur cette contrée de misère. Je te vois perdu. Ne crains pas. J'aimerais te rendre la vie.

– Tu le peux si tu me ramènes dans les vents bleus de mon pays.

– Bel homme, grimpe entre mes ailes !

En haut du trou l'oiseau-miracle posa bientôt le prince Ivan.

Il apprit à la capitale que son père le croyait mort, que ses deux aînés se vantaient d'avoir trucidé la Norka, mais qu'aucune des sœurs jolies, on ne savait pourquoi au juste, n'acceptait de les épouser. En attendant qu'elles se décident, on les gardait cadenassées dans des cellules de couvent. Bref, le climat était morose. Le prince pensa : « Tout est bien. » À l'heure où les veilleurs s'endorment, sous les fenêtres du vieux tsar, il vint dérouler les trois œufs confiés par ses amoureuses. Le monarque en bonnet de nuit, au matin, rideaux grands ouverts, découvrit là, parmi les arbres de ses majestueux jardins, trois palais tout neufs, l'un de cuivre, les deux autres d'argent et d'or. Il frotta ses yeux, fulmina, puis exigea qu'on lui explique. Bousculant gardes et valets, le prince Ivan vint dans sa chambre. Il lui dit ce que vous savez. Les princes fuirent en Amérique. Les belles furent délivrées. Le tsar offrit à son cadet sa couronne et son manteau bleu, puis il bâilla et s'endormit. Ce fut mieux ainsi car son fils épousa les trois amoureuses, ce qui n'était, en ce temps-là, ni courant ni bien élevé. Bonsoir mes frères imparfaits. Dans son œuf je remets le conte et je vous le laisse à couver.

L'homme maître de soi n'aura pas d'autre maître. (Proverbe chinois)

Le hasard sait toujours trouver ceux qui savent s'en servir. (Romain Rolland)

Ce n'est pas parce que les choses sont difficiles qu'on n'ose pas les faire. C'est parce qu'on n'ose pas les faire qu'elles sont difficiles.

51
La rose bleue

Il était une fois une jeune princesse en âge de se marier. C'était l'avis du roi son père. Ce n'était pas du tout le sien. Aimer en secret, espérer, palpiter, souffrir, certes oui. Mais épouser ? Holà, du calme. En bref, elle n'était pas pressée. L'idée lui vint donc de poser une intenable condition à tout prétendant à la bague.

— Je donnerai mon cœur, dit-elle, et mon âme, et mon corps aussi à qui viendra les demander une rose bleue à la main.

— Bleue ? bafouilla le roi, l'œil rond. A-t-on jamais vu rose bleue, même dans mes jardins parfaits ?

Il faut dire qu'en ces temps-là on ignorait tout des chimies qui feront bientôt nos campagnes couleur d'argent fluorescent.

— Bleue. Aussi bleue que le vitrail de la chapelle de ma mère.

La princesse, le menton haut, fit virevolter ses jupons, tourna les talons et partit. Cette nuit-là, sous son drap rose, elle rêva d'un vieux roi cruel qui la menaçait d'un supplice extrêmement déconcertant, mais qui perdait bientôt la face avant d'implorer son pardon. Elle s'en réveilla plus fringante qu'elle ne l'avait jamais été.

Ils vinrent dix, ils vinrent cent, chacun avec sa fleur teintée, bleuie à l'encre, artificielle, en pierre précieuse, en papier. Elle les refusa hautement.
– Une vraie rose vraiment bleue, voilà ce que je veux, rien d'autre, répondit-elle aux soupirants. Remportez donc vos simulacres, vous n'êtes pas dignes de moi.
– Mais enfin, balbutiait le roi, aussi rouge qu'un étranglé, l'œil suppliant, la bouche molle.
Il ne put jamais dire plus avant qu'elle n'ait claqué la porte.

Or vint un jour un jeune fou avec une aubépine blanche qu'il avait cueillie, en passant, sous les murailles du palais. Il était beau comme l'amant qu'imaginent les jeunes filles, lumière éteinte, dans leur lit, guère riche, « mais peu importe », pensa la princesse éblouie. Il lui tendit sa fleur pâlotte. Elle la prit, la huma longtemps, sourit tout doux et dit au roi :

— Voilà enfin ce que j'appelle, mon cher père, une rose bleue.

— Mais elle est blanche, mon enfant, gémit le monarque effaré.

Il prit l'assistance à témoin.

— Moi, je la vois bleue, dit sa fille.

Et tout le monde la vit bleue, même le curé de la noce.

Fais comme tu veux, mais fais-le comme il faut. (Proverbe turc)

Le véritable amant court sur la neige fraîche sans y laisser de trace. (Proverbe mongol)

Dans le miroir déformant de notre esprit, un ange peut avoir le visage d'un démon. (Hakim)

52
Les trois casseurs de cailloux

Un pèlerin, un soir d'été, parvint sur un chantier de ville peuplé d'ouvriers poussiéreux occupés à mille besognes de bois lourd, de forges sonnantes, de meules et de pierres taillées. Il fit halte au bord de la route où des hommes au torse luisant fracassaient à grands coups de masse, çà et là, des quartiers de rocs. L'un d'eux semblait exténué.

– Dur labeur, dit le pèlerin.

– Épuisant, lui répondit l'autre, abrutissant et sans espoir. De l'aube au soir, casser des pierres, est-ce une vie ? Non, c'est l'enfer. Vivement la mort, que je dorme !

Un compagnon, à quelques pas, essuya son front ruisselant. Le pèlerin lui vint devant.

– Votre misère me fait peine, lui dit-il. Je m'en souviendrai. Sur le tombeau du bon saint Jacques je prierai pour vous, c'est promis.

Le gars désigna l'épuisé.

– Priez surtout pour ce pauvre homme. Moi, grâce à Dieu, je tiens le coup. C'est que j'ai trois enfants petits et une femme qui s'escrime à les élever comme il faut. J'ai besoin de forces. Ils m'en donnent. Si je trime ainsi, c'est pour eux.

À l'écart parmi les cailloux, les geignements, les coups de masse, naquit soudain une chanson.

– Voilà le fou qui se réveille, dit le jeune père, en riant.

Le pèlerin tourna la tête et découvrit un grand luron apparemment infatigable. Il cognait d'un cœur si vaillant qu'il faisait voler des éclats jusque dans ses cheveux frisés.

– Quel entrain ! dit le pèlerin. Il me semble pourtant malingre. Où puise-t-il donc sa vigueur ?

– Je n'en sais rien, répondit l'autre. Allez lui poser la question.

Dix pas plus loin :

– Holà, bonhomme, calme-toi, tu vas t'effondrer !

– Je sais bien ce que vous pensez, répondit le joyeux gaillard. Que je suis idiot. Peu m'importe. Je casse des cailloux, c'est vrai. C'est fatigant. C'est mal payé. Mais ma force est là, dans l'étoile que je me suis plantée au front. Je ne suis pas un simple esclave.

Et cognant son torse du poing :

– Je bâtis une ville, moi !

Il est plus intelligent d'allumer une toute petite lampe que de te plaindre de l'obscurité. (Lao Tseu)

Les mirages ne mentent pas. Les villes vues entre ciel et dunes existent bel et bien. Elles ne sont pas où elles paraissent être, voilà tout.

Ne donnez jamais d'explications. Plus on en donne, plus on en doit. (André Beucler)

53
Anacuna

Anacuna, quelle beauté ! C'était au temps du vieux village. Quand elle sortait de sa maison, on aurait dit que le soleil, sur la place, n'attendait qu'elle. Il était content de la voir, il baisait ses yeux, sa figure, et il lui gambadait autour, comme font les chiens amoureux. Tout le monde l'aimait. Ce n'était que justice. Rien qu'à dire bonjour aux gens, elle leur faisait du bien partout.

Puis le mineur est arrivé. C'était un de ces soirs d'été où vient l'envie, tant il fait doux, de dire des choses aux étoiles. Chapeau sur l'œil. Un fier gaillard. C'était un chercheur de trésors, un affamé de ces secrets que la terre garde pour elle, un de ces errants solitaires au désir silencieux et dur. Il n'était là que pour la nuit, il pensait s'en aller à l'aube, mais le destin ne le voulut pas. Il aperçut Anacuna. Elle parlait avec d'autres filles. Elle le regarda. Tout fut dit. Ils allaient vraiment bien ensemble. Ils avaient l'air émerveillés quand ils se souriaient l'un l'autre. Les gens en étaient tout émus. Quoi de plus touchant en ce monde que l'évidence de l'amour ? Mais est-il un feu ici-bas qui ne tombe bientôt en cendres ? Nous n'y pouvons rien, c'est ainsi.

Une nuit, l'Esprit du vent d'ouest visita le sommeil de l'homme. Il lui dit :

– Va, selle ta mule et marche droit vers le couchant jusqu'à trouver un arbre sec. À côté de lui sont trois rocs, l'un énorme, à demi enfoui, les deux autres posés sur lui. Creuse là. Tu découvriras le plus grand trésor de la terre. Je ne mens pas. Il est pour toi.

De bon matin il fit son sac. Anacuna se renfonça dans un coin noir de sa maison. Il n'osa pas la regarder, de crainte de la voir pleurer. Il lui dit :

– Ne t'inquiète pas. Je reviendrai bientôt. Promis.

Il s'en fut droit dans le désert, sans se soucier du chemin.

Il marcha deux jours sans rien voir qui ressemble à l'arbre du rêve. Au troisième matin, entre brume et lumière, il l'aperçut au loin. Il lui sembla qu'il frémissait, que ses branches lui faisaient signe. Il laissa sa mule derrière, courut jusqu'à n'en plus pouvoir. Il s'arrêta. Il reprit souffle. Plus rien que le ciel grisonnant, des oiseaux sur des buissons maigres, la plaine partout désolée. L'Esprit s'était moqué de lui.

Vinrent l'automne et ses vents méchants. Anacuna, à trop attendre, avait laissé aller sa vie. Plus d'appétit, plus de désir, regard éteint.
— Pauvre petite, disait-on, comme elle a maigri ! Elle sera bientôt transparente. Son mineur ne reviendra plus ! Croyez-vous qu'elle espère encore ?

Il cherchait sous le vol des aigles. Sous les pluies battantes il cherchait. Il ne pouvait pas renoncer. Chaque soir, il pensait à elle.
— Anacuna, je trouverai. Dors, n'aie pas peur, avant l'hiver le plus grand trésor de la terre illuminera ta maison, et nous roulerons sur ton lit. Ton corps, tes yeux, ta voix, ta bouche, oh, comme j'ai envie de toi !

Vinrent les premiers vents gelés. Il était à bout de fatigue. « À quoi bon chercher plus avant ? J'y perdrais ma vie », se dit-il. C'était un jour de grand ciel pur. Il prit sa mule par la bride. Il jeta un dernier coup d'œil à droite, à gauche, au fond de l'ouest. C'est alors qu'il vit l'arbre et les rocs entassés, moussus, ventrus, non pas au loin mais là, tout près, indiscutables, à portée de pierre lancée. Il s'avança, les mains tendues. Le cœur lui battait dans les tempes. « Enfin je l'ai, murmura-t-il, Anacuna, nous sommes riches ! » Il fit vingt pas, et trente, et cent. L'arbre et les trois rochers s'éloignèrent d'autant. Il courut, saisit une branche. Sa main se ferma sur le vent. Il trébucha, gémit, tomba. Son front saigna sur les cailloux. Une troupe de charognards s'en vint planer dans la grisaille.

Anacuna se consuma jusqu'aux premiers jours du printemps puis elle mourut, un matin bleu, de trop d'amour, de trop d'attente. Le matin où on l'enterra naquirent partout des fleurs rouges dans la vallée, jusqu'au désert. Elles portent son nom aujourd'hui.

Comment vivre sans inconnu devant soi ? (René Char)

N'aimer que ce qui nous ressemble, c'est s'aimer soi-même, ce n'est pas aimer. (Tierno Bokar)

Quand il lut quelque part que fumer pouvait provoquer le cancer, il décida de ne plus jamais lire. (A. Kirwan)

54
L'oiseau de Junayid

On raconte qu'un jour, un ami de passage offrit un bel oiseau au sage Junayid. Le saint homme le prit tout doux contre son cœur, caressa un moment ses ailes, puis les baisa, ouvrit les mains, et le rendit au vaste ciel. L'ami s'en étonna. Il demanda :

— Pourquoi ?

Junayid répondit :

— Il m'a dit à l'oreille : « Ne trahis pas l'amour que tu ressens pour moi. S'il te plaît, Junayid, pas de cage entre nous. » Quand il s'en est allé (ne l'as-tu pas entendu ?) son cri de joie m'a remué jusqu'au plus secret de mon âme. Tu m'as offert, plus qu'un oiseau, la bénédiction d'un oiseau.

On dit que l'envolé s'en revint chaque jour rendre visite au saint homme. Le matin, il le réveillait, perché au bord de sa fenêtre. Le soir, il mangeait avec lui. Ce fut ainsi longtemps, puis Junayid mourut. Alors l'oiseau s'en vint nicher dans le creux de sa main ouverte, se coucha et mourut aussi.

À quelque temps de là, un disciple rêva de son maître défunt. En songe ils parlèrent un moment. Junayid lui dit, à la fin :
– Nous nous voyons souvent (il parlait de l'oiseau), nous conversons ensemble, mais entre nous demeure un point de désaccord.
– Vous m'étonnez. Lequel ? lui demanda l'ami.
– Celui-ci : De lui ou de moi, qui a vraiment libéré l'autre ?

Ce qui vient au monde pour ne rien troubler ne mérite ni égards, ni patience. (René Char)

L'attention créatrice consiste à faire réellement attention à ce qui n'existe pas. (Simone Weil)

On ne possède rien, jamais,
Qu'un peu de temps.
(Eugène Guillevic)

55
Le lièvre et la renarde

Il était une fois, là-haut, dans le grand Nord, un lièvre gris à la queue blanche et une renarde au poil roux. Quand leur histoire vient au monde, l'hiver et ses vents affamés dévorent les dernières herbes. « Il est urgent, se dit le lièvre (il grelotte derrière un roc) que je me construise un abri. » Feuilles mortes, écorces, bâtons, il se bâtit une maison. La renarde passe par là. Elle lui demande, goguenarde :

— Hé, que fais-tu, petit poilu ?

— Une cabane.

— Elle est minable ! Regarde, là-bas, mon palais. Murailles taillées dans la glace, voûte blanche, cristal partout. On appelle ça un igloo. C'est autre chose, excuse-moi, que ta masure de moujik.

Elle s'en va, fière, la queue haute.

Le printemps vient. Ciel bleu, dégel. L'igloo s'égoutte. Il pleut dedans. Le plafond fatigue. Il s'effondre. La renarde court chez le lièvre à travers le pré renaissant. Elle frappe à la porte. Personne. Elle entre, s'enferme au verrou, se pelotonne près du poêle, soupire un grand coup et s'endort. Le lièvre revient. Porte close. Par une fente, il jette un œil.

– Ouvre, renarde, j'ai sommeil.
– Moi aussi. Laisse-moi tranquille.
– Renarde, hé, ho, tu es chez moi !
– Tu m'agaces, petit poilu, tu m'irrites, tu m'exaspères. Ah, ne me pousse pas à bout sinon, foi de renarde rousse, je fais un malheur sibérien !

« Un malheur sibérien ? Mais c'est épouvantable ! », se dit le lièvre. Il en gémit. Regard perdu, désolation, geste d'impuissance fatale. Il s'en va, l'échine courbée.

Il rencontre un loup.
– Salut, lièvre. Quelle tristesse dans ton œil ! Mon pauvre ami, tu es en deuil ?
– Pire, grand loup, je suis en ruine. La renarde (que Dieu la mange !) s'est enfermée dans ma maison. Où dormir ? Sur le paillasson ? Je n'ai plus rien, ni feu ni toit.
– Quel sans-gêne ! C'est un scandale ! Suis-moi,

frérot, et tu vas voir ce que je fais, moi, des nuisibles qui se chauffent indûment le poil au poêle des honnêtes gens.

L'enjambée ferme, ils s'en reviennent. Le loup, à grosse voix :

— Renarde, cette maison n'est pas à toi. Je t'ordonne donc de sortir. Les pattes en l'air, pas d'entourloupe ! Je te préviens, tu es cernée !

L'autre, dedans :

— Non mais je rêve ! Dis donc, bouffon, tu veux mourir ? Crénom, je compte jusqu'à dix, après quoi j'ouvre cette porte et par le pif de saint Morbiole je fais un malheur sibérien !

— Houlà, elle est vraiment fâchée, dit le loup, l'œil déjà parti et la voix soudain enrouée. Bon. Eh bien, lièvre, bonne chance. Je suis en retard, faut que j'y aille. J'ai un rendez-vous important.

Il s'enfuit, la queue sous le ventre. Les yeux du lièvre abandonné s'emplissent de larmes. Il renifle. Passe un ours brun.

— Pourquoi pleures-tu ? Pauvre lapin, qu'est-ce qu'on t'a fait ?

— Lièvre, répond l'interpellé. Je ne suis pas lapin, mais lièvre. Ce qu'on m'a fait ? Regarde-moi. Tu as devant toi la victime du plus odieux des attentats.

Il conte en détail. L'ours écoute. Il s'insurge.

— Mais sacrebleu, c'est une atteinte au droit des

bêtes ! Intolérable ! Attends un peu. Elle va m'entendre, ta renarde !

L'ours se plante droit sur le seuil. Il cherche ses mots. Il les trouve.
— Nous allons nous plaindre en haut lieu, alerter les autorités, faire intervenir, s'il le faut, l'armée des marchands de fourrure. À ta place, j'aurais très peur !
La renarde, lasse d'abord, puis énervée, puis hystérique :
— Mais enfin, que me voulez-vous ? Non mais c'est agaçant, à force ! C'est la guerre que vous voulez ? C'est ça ? D'accord, mes gros loulous. Je sors mon malheur sibérien !
— Là, c'est trop, dit l'ours. On se calme.
Et au lièvre :
— Bon, je m'en vais. Le mieux, c'est de négocier. À toi de jouer, mon lapin. Après tout, hein, c'est ta cabane.
Il fait ce qu'il a dit. Il part.

Vient un coq. Il désigne l'ours. Il demande :
— Où court-il si vite ?
Le lièvre le met au parfum.
— Dans ta maison ? Une renarde ? Un malheur sibérien ? C'est quoi ?
— Je l'ignore mais c'est terrible.

— On va bien voir, répond le coq. Renarde, sors !

— Non, non et non ! Et si tu insistes, prends garde !

— Tu sors ton malheur sibérien ?

— Exactement.

— Très bien, j'attends.

— Tu n'as pas peur ?

— Non, pas du tout. J'ai un bec et des griffes dures. Je t'étriperai proprement et je te crèverai les yeux.

— Tu ferais ça ?

— Quoi, tu en doutes ?

Silence. Enfin la porte s'ouvre. Apparaissent un œil, un museau.

— Bon, j'ai besoin de prendre l'air. Bonjour, bonsoir, dit la renarde.

Elle sort, elle salue, elle s'éloigne. Revoilà le lièvre chez lui. Il dit au coq :

— Au fond, mon affaire était simple. Il suffisait d'oser, c'est tout.

— Il suffisait, répond le coq.

Ils rient, ils dînent, ils boivent sec, ils festoient jusqu'au point du jour et décident de vivre ensemble. Le conte est fini. Hommes, femmes, bonne vie sur terre pour tous.

Quiconque taquine un nid de guêpes doit savoir courir. (Proverbe africain)

Ne te moque pas de ma demeure. La poutre est inclinée et la chambre petite, mais la lune qui brille sur la montagne est tout à moi. (Sin Heum)

Savez-vous pourquoi Dieu est vide ? Pour nous attirer sans cesse plus loin à l'intérieur de lui.

56
Salut !

Tous les matins, même rengaine. À huit heures et demie, chaque jour de semaine, le curé sortait de l'église et s'arrêtait sur le parvis pour s'assurer, à droite, à gauche, un sourcil levé, l'autre en bas, que le village allait son train et que ses ouailles étaient sages. Au même instant exactement, Jean le Piot quittait le bistrot à la vitre encore embuée où il venait, béret sur l'œil, d'écluser son premier blanc sec. Entre eux, au milieu de la place, se tenait un vieux Christ sur sa croix. C'était là, à ses pieds, invariablement, l'un venant de chez Dieu, l'autre de chez Léon, que se saluaient les deux hommes.

– Salut, Jean. Garde-toi du mal.

– Salut, curé. Bonjour chez vous.

Parfois, les jours de grand beau temps, ils parlaient un peu plus avant. Ce fut donc un de ces matins (la journée s'annonçait radieuse) que le prêtre, après son bonjour, dit à Jean :

– Tout de même, fils, tu pourrais aussi saluer Notre-Seigneur, ne crois-tu pas ? Je sais bien, tu n'es pas dévot, mais il veille aussi sur ton âme.

– Ma foi, vous avez bien raison.

Jean mit un doigt à son béret.

– Salut, Seigneur !

Et il s'en fut. Le curé lui gémit derrière qu'on ne saluait pas le Christ comme un compagnon de blanc sec, que ce n'était pas convenable. Peine perdue. L'autre était loin. Mais de ce matin-là, sans faute, chaque fois qu'il passait devant :

– Salut, Seigneur. Comment ça va ?

Ce fut ainsi quelques saisons, jusqu'au jour de mauvais hiver où Jean (maladie de misère compliquée de trop de bistrot) se retrouva loin du village, en chemise réglementaire, dans une chambre d'hôpital. Le curé pensa : « Le pauvre homme doit se sentir abandonné. Je vais lui rendre une visite, qu'il sache au moins qu'on pense à lui. » Donc un dimanche, après la messe, il enfourcha son vieux vélo et s'en alla le voir à la ville.

– Salut, curé. Quelle surprise !

– Salut, Jean. Content de te voir.

Ils se donnèrent des nouvelles, puis le prêtre, avant de partir (il ne savait plus trop que dire) :

— Sans visites, loin de tes frères, l'épreuve est rude, je le sais.

Jean rit, pâlot, mais l'œil tout vif.

— Sans visites ? Détrompez-vous ! Mon copain, le Jésus cloué, juste en face de chez Léon, vous voyez bien de qui je parle, tous les jours, huit heures et demie, il passe la tête à la porte et me dit : « Salut mon ami. Le curé s'ennuie, tu lui manques. Je te garde jusqu'à demain. » Et tous les matins, il revient.

Chaque brin d'herbe a sa part de rosée. (Proverbe chinois)

La naissance de l'enfant déchire le ventre maternel. La naissance de l'homme déchire l'univers. (Rûmi)

Suis ton cœur toute ta vie et tes yeux brilleront toute ta vie. (Proverbe égyptien)

57
Un conseil

C'ÉTAIT AU TEMPS où le désert était le refuge des saints, des ermites, des fous de Dieu, des affamés d'éternité. Il advint donc qu'un de ces jours de sable ardent sous les oiseaux, un jeune novice s'en vint à la porte de la cabane où vivait l'abbé Pohémen. Il appela.

– Entre, mon fils. Que veux-tu de moi ? dit l'abbé.

Ils s'assirent dans l'ombre tiède où il n'y avait rien d'autre qu'une litière, un bol et une cruche d'eau.

– Mon père, dit le moinillon, je dépéris, je suis en peine. Je me sens, malgré mes efforts, mal accordé de cœur et d'âme au maître qui guide ma vie. Je sais que vous le connaissez. Sa foi, sa force et sa sagesse sont indiscutables, et pourtant quelque chose grince entre nous. Conseillez-moi, je vous en prie.

« C'est étrange, pensa l'abbé. Ce jeune moine, en vérité, n'a pas besoin de mon conseil. Il sait ce qu'il convient de faire. Pourquoi donc est-il indécis ? » Il lui dit enfin :

– Mon garçon, veux-tu que cet homme t'enseigne ?

– Évidemment, oui, j'aimerais.

– Eh bien reste avec lui, c'est simple, répondit l'abbé Pohémen.

Le moine le remercia et retourna, la tête basse, à l'ermitage montagnard où son maître avait son logis.

Passèrent vingt ou trente jours. Un matin, dans le vent des dunes, Pohémen vit quelqu'un courir. C'était à nouveau le novice. Parvenu dans l'ombre du seuil :

– Mon père, dit-il, aidez-moi. Je m'efforce autant que je peux, mais les paroles de mon maître ne me font pas de bien du tout. Ma foi, auprès de lui, s'éteint. Que dois-je faire ? Éclairez-moi.

– Que désires-tu ?

– Qu'il m'instruise, et que j'en sois enfin heureux.

– Retourne donc auprès de lui, mon garçon. Que te dire d'autre ?

– Mais enfin, risqua le novice.

Il n'en dit pas plus et s'en alla. Il s'attarda dans le désert jusqu'à la nuit, perclus de doutes. Comme le feu de l'ermitage apparaissait parmi les rocs : « L'abbé Pohémen a raison, se dit-il. Dieu veut m'éprouver. Je dois donc me faire violence et quoi qu'il m'en coûte, tenir. » Il tint à peine une semaine.

Quand l'abbé le vit revenir, il rit tout doux, le nez au vent.
– Alors ? dit-il.
– Je n'en peux plus.
– Tu le quittes donc ?
– Je le quitte.
– À la bonne heure, dit l'abbé. Qu'avais-tu besoin d'un conseil ? Fallait-il donc que tu en viennes à maudire ta propre vie pour écouter enfin ton cœur ? Car c'est lui, le meilleur des maîtres ! Sois fidèle à ce que tu sens et, quoi qu'il t'arrive, jeune homme, tu n'iras jamais de travers. Entre donc, j'ai quelques galettes qu'un caravanier m'a données. Elles sont parfumées au cumin. N'en as-tu pas l'eau à la bouche ? Bénies soient-elles, et toi aussi !

C'est plus simple que tu ne crois. Oublie-toi, tu veux trop bien faire.

Le vrai miracle n'est pas de marcher sur l'eau ou de voler dans les airs, il est de rejoindre le ciel en marchant sur la terre. (Houeï Neng)

Dieu a mis l'homme au monde afin qu'il se révèle à lui-même. Qui crée le fils ? Le père. Qui fait d'un homme un père ? Son fils. C'est ainsi que l'homme crée Dieu.

58

Le vizir envieux

Un jour d'entre les jours, un sultan chevauchait sous le dur soleil du désert à la poursuite des gazelles. Sur une dune il en vit une. Il lui sembla qu'elle l'attendait aux portes des jardins du ciel. Il éperonna sa monture. Il la poursuivit jusqu'au soir. À la nuit, elle le laissa seul. Au matin, il se vit perdu. Comme il tournait partout la tête, cherchant la troupe de ses gens, il aperçut un creux de sable où était le camp d'un Bédouin. Il y alla. Là se trouvaient un âne et un homme, qui l'accueillit. Il le fit entrer dans sa tente. Il lui offrit à déjeuner. L'égaré s'assit de bon cœur, puis :

– Dis-moi, sais-tu qui je suis ?

– Un étranger, répondit l'homme.

– Erreur. Je suis le capitaine des gardes de notre sultan.

– La paix sur toi. Grand bien te fasse.

Ils se partagèrent un couscous. Silence gourmand, puis lumière dans le regard du visiteur.

— Pardonne-moi, je t'ai menti. Je suis le vizir du sultan.

— Pourquoi pas ? Goûte ces amandes.

Fruits secs, dattes, thé vert. Enfin :

— En vérité, dit le perdu, je suis le sultan en personne.

— Peu importe. Qui que tu sois, tu es chez moi le bienvenu.

Dehors, soudain, piétinements, voix sonores, hennissements. Tente cernée, entrée des gardes et retrouvailles soulagées. Le Bédouin resta impassible à regarder tout ce tintouin. Comme son visiteur sortait :

— Majesté, sais-tu qui je suis ?

— Tu es un homme généreux. Merci à toi pour ton accueil.

— Erreur, sultan. Je suis celui qu'Allah a mis sur ton chemin afin que jamais tu n'oublies qu'un prince, aussi puissant soit-il, sans les gardes de son palais, n'est qu'un homme comme les autres.

Ces paroles plurent au sultan. Elles étaient sages. Il s'inclina, puis il invita le Bédouin à séjourner auprès de lui. Ils s'en allèrent donc ensemble.

Ils se plurent tant que le prince et son compagnon du désert furent bientôt inséparables, ce qui déplut fort au vizir. « Ce paysan lorgne ma place. Il ne l'aura pas », se dit-il. C'était un hypocrite maigre, à la face jaune, à l'œil noir. Un matin, au sortir du Conseil des ministres, il se fit tout sucre et tout miel.

– Mon ami, dit-il au bédouin (puis-je t'appeler mon ami ? Très bien, merci), je t'apprécie. Faisons plus ample connaissance. Viens donc dîner chez moi ce soir.

– Volontiers, vizir. Tu m'honores.

Le festin fut d'assez bon goût, quoique l'ail, selon l'invité, y fût en trop grande abondance. À l'instant de prendre congé :

– Évidemment, délice d'ail fait bon sang mais puante haleine, lui dit le fourbe. Un bon conseil : demain matin, à l'audience, évite la proximité de notre bien-aimé sultan. Il déteste ces senteurs-là.

– Merci pour tout. Bien le bonsoir.

Le lendemain, au petit jour, visite impromptue du vizir à son maître à peine levé.

– Sire, voyez, j'en tremble encore. Je n'ai pas dormi de la nuit. Savez-vous ce que le Bédouin, ce maudit renard, dit partout, derrière sa main maléfique ? Que votre haleine vénérée pue le gigot avarié. Un homme a qui vous avez fait de si conséquentes faveurs !

– Impossible, il est mon ami.

– Hélas, Majesté, je le sais. Je me tais donc et vous fais juge. Appelez-le, confiez-lui quelque faux secret à l'oreille, et vous constaterez l'affront. Pardon, je m'en vais. Au revoir.

Le sultan convoqua son ami du désert.
– Approche-toi donc, lui dit-il.
L'autre obéit, il se pencha, la main sur la bouche et le nez. Il rotait encore, le pauvre, la cuisine à l'ail du vizir. Le prince pensa : « Accablant ! Il s'est trahi, le misérable ! » Il retint pourtant sa fureur, griffonna en hâte une lettre, la tendit au Bédouin surpris.
– Porte-la au chef de ma garde. Il te remettra, en échange, le cadeau que ton affection et ta fidélité méritent.

Quels mots étaient inscrits sur le feuillet plié ? « Tue le porteur de ce message et jette son cadavre aux chiens. » Sceau du sultan, et signature. L'homme du désert salua, tourna les talons et sortit. Qui l'attendait, dans le couloir ? Le vizir. Il lui prit la manche.
– Où vas-tu, dis-moi, mon ami ? Et ce papier, là, qu'est-ce donc ?
– Une missive du sultan pour le capitaine des gardes. Notre maître est vraiment trop bon. On doit me remettre en son nom je ne sais quelle récompense.

– Une récompense, dis-tu ? C'est magnifique ! Quelle chance ! J'allais justement, de ce pas, voir cet éminent militaire. Confie-moi cette heureuse lettre, je la lui donnerai pour toi.

– Tu me rends service, vizir.

– Allons, ne me remercie pas. Entre amis, c'est tout naturel.

Il s'en fut, riant dans sa barbe, en rasant les fresques des murs. À peu près une heure plus tard, les chiens se disputaient ses os.

Quand il vit le Bédouin paraître, le lendemain, à son lever, le sultan resta les yeux ronds. Ils s'expliquèrent en hommes simples et dénouèrent l'écheveau de la grotesque manigance.

– Par Allah, conclut le sultan, ne m'as-tu pas dit mille fois que l'innocence est invincible et que l'on ne tombe jamais qu'au fond de ses propres abîmes ? J'ai besoin d'un nouveau vizir. Qu'en penses-tu ?

– Rien. Nous verrons, répondit l'homme du désert.

Ne m'écoutez pas plus mais autant que vous écoutez parfois la pluie, le vent. (Roger Munier)

La franchise est le moyen le plus déguisé d'être malveillant à coup sûr. (Henry Bataille)

Là où se trouvent tes pieds commence le voyage. (Lao Tseu)

59
Le chanteur

Il était une fois un homme sans guère de mots dans son sac. Il parlait peu, par phrases simples. Il savait pourtant les réponses aux questions les plus compliquées. À qui venait dans son jardin avec son fardeau de chagrins il ne disait rien. Il chantait, et les soucis se défaisaient comme une fumée dans l'air calme.

Un soir, sous l'arbre de la place, comme sa voix disait aux gens ce que les mots ne savent pas, un enfant perché dans les branches fit tomber sur lui son canif. Il ne l'avait pas fait exprès, mais le chanteur en fut blessé. Son crâne saigna. Il gémit, sa voix se brisa et se tut.

– Pardonnez-moi, dit-il aux femmes qui s'empressaient auprès de lui. Je ne me suis pas bien conduit. Je n'aurais pas dû m'interrompre. Si j'avais poursuivi mon chant, la douleur m'aurait oublié.

Dans la forêt, quand les branches se querellent, les racines s'embrassent. (Proverbe africain)

La vraie maison de l'amour est toujours une cachette. (Romain Gary)

Intelligent ? Soit. Mais n'oublie pas de vivre. Imagine.

60
Les deux célibataires

Il était une fois un homme moitié bon, moitié malheureux. Il vivait seul, célibataire. Pas de femme dans sa maison. Il se dit un jour : « Amadé (c'était son nom) est-ce une vie ? Trimer tous les jours pour personne, à quoi bon ? Réponds-moi. J'attends. » Il s'écouta, n'entendit rien. Il prit donc le chemin du loin à la recherche d'une épouse.

Il rencontra au bord d'un champ une vieille assise par terre contre le mur de sa maison.
– Où vas-tu donc, fils de la route ?
– Je cherche femme à épouser.
– Bonne idée. Ramasse du bois, que je nous prépare à dîner.
– Ne bouge pas, j'y vais, grand-mère, répondit le jeune Amadé.

Elle fit du feu, touilla la soupe et servit à chacun son bol. Quand ils furent rassasiés :

– Gratte-moi le dos, dit la vieille.

Ce fut si bon qu'elle roucoula comme une jeunette amoureuse. Quand ce fut fait :

– Dors maintenant. Demain, tu poursuivras ta route. Après une heure (écoute bien !), tu rencontreras deux chemins. L'un à droite, tout plat, tout beau, tracé comme pour un carrosse. L'autre à gauche, troué, tordu, farci de bouses de zébus. Conseil de vieille : prends le gauche. Après deux heures, au bord d'un trou, tu verras deux grosses marmites, l'une astiquée comme un soleil, l'autre noire et plus cabossée qu'un portrait de lutteur de foire. Plonge ta main dans celle-là, et prends ce que tu trouveras. Trois heures pour t'en revenir. Je t'attendrai devant ma porte.

Au matin, Amadé partit. Il fit tout bien et s'en revint avec une orange trouvée au fond de la marmite sale. La vieille lui dit :

– Lave-la. C'est bien. Encore. Est-elle propre ? Respire-la. Sent-elle bon ? Pose-la sur la table, là. Ton couteau, garçon. Tranche-la.

À droite et à gauche, deux parts. Et voilà qu'entre elles s'éleva une robe blanche, puis un corps, une femme enfin, l'épouse espérée, désirable, regard à se perdre dedans, cheveux comme un fleuve de vent, déjà parfumée pour la noce. Amadé bafouilla :

– C'est elle ! C'est toi, mon rêve, exactement !
– Bonne chance, enfants, dit la vieille.

Noce au village, danses, chants. Au soir, le frère d'Amadé, dans un coin sombre, la voix pressante :

– Comment as-tu fait, mon coquin, pour dénicher pareille femme ? A-t-elle une sœur ? Je la veux !

Sa maison était opulente mais, à sa table, un seul couvert. Son célibat l'exaspérait. Le jeune marié en deux mots lui conta son voyage chez les marmites. Au matin, son frère partit.

Costume blanc, souliers craquants, chapeau relevé sur les bords. Il trouva la vieille chez elle.

– Va donc ramasser du bois mort, que je nous prépare à dîner.

– Hé, ho, la vieille, tu m'as vu ? En veste neuve, tu plaisantes !

– C'est mal parti, grogna la vieille.

Elle dit pourtant ce qu'elle devait.

– Deux chemins, garçon, deux marmites. Mais oui, ta cravate est très bien. L'une est cabossée, l'autre non. Hé, bougre d'âne, écoute-moi ! Tant pis pour toi, adieu, bon vent !

Il choisit tout semblable à lui, chemin propre, marmite aussi. Il trouva, dedans, son orange. Il s'en revint, il la trancha. Entre les deux parts, point de femme, mais son rêve à lui : un miroir.

Il est plus facile que l'on croit de se haïr. La grâce est de s'oublier. Mais si tout orgueil était mort en nous, la grâce des grâces serait de s'aimer humblement soi-même. (Georges Bernanos)

Il faut faire vite ce qui ne presse pas pour pouvoir faire lentement ce qui presse. (Proverbe chinois)

Ne pas se moquer, ne pas déplorer, ne pas détester mais comprendre. (Spinoza)

61
Som

Il était une fois deux frères, Nidi l'aîné, Som le cadet. Fiers l'un de l'autre, unis comme l'ongle et le doigt, même l'éclair qui fend les arbres n'aurait pas pu les séparer. Ils étaient si bien l'un à l'autre qu'on disait des amis parfaits quand il s'en trouvait au village :

– Ils sont comme Som et Nidi.

Or voici ce qui arriva un matin d'été doux et bleu.

Ils suivaient des traces de bêtes, le dos courbé, dans la forêt, Som derrière et Nidi devant, chacun avec son pieu de chasse. Silence soudain des oiseaux. Un rocher broussailleux frémit. Ils s'arrêtent, l'œil en alerte. Un tigre bondit sur Nidi. Som s'abat, les mains sur la tête, les yeux dans l'herbe, épouvanté. Quand il relève sa figure, plus rien que les arbres alentour. Où est son frère ? Nulle part. Il l'appelle, il hurle, il s'affole, il court çà et là. À quoi bon ? Il retourne enfin au village. Comme il marche, son sang lui dit : « Tu aurais pu sauver Nidi. Lever ton pieu bien empoigné, le lancer de toutes tes forces. Som, pourquoi ne l'as-tu pas fait ? Tu as eu peur. Avoue-le donc. Ta mère vous attend au seuil de la maison. Que lui diras-tu, cœur de lièvre ? » Il s'arrête, il baisse le front. « Endurer le regard des autres en sachant ce que tu as fait ? Plutôt mourir, lui dit son sang. Cherche ton frère et trouve-le. Désormais tu ne peux rien d'autre. »

Il ne revient pas au village, il va où le portent ses pas dans la rumeur de la forêt, les cris d'oiseaux, les fuites vives. Un serpent enroulé sur une pierre plate le voit passer. Il ouvre un œil. Il siffle :

– Hé, regardez-le, c'est l'homme qui a peur des bêtes. Son courage est tombé dans l'herbe. Il le cherche. L'avez-vous vu ?

Des corbeaux, alentour, ricanent. Une hyène rit sur un roc. Som, tout le jour, marche au hasard. Au soir il s'assied contre un arbre. Un aigle se pose devant.

– Dors, lui dit-il, je veillerai. Je suis ce qu'il te faut de force. Je suis l'esprit de ton aïeul. Arrache une plume à mon aile. Demain matin, souffle sur elle. Où elle ira, tu dois aller.

Som somnole, sommeille, il rêve, il croit qu'il n'a pas fermé l'œil. Au matin le soleil éclaire une plume au creux de sa main. Elle s'envole. Il lui court derrière.

Il traverse un torrent rogneux, parvient au seuil d'une clairière. Elle est vaste. Elle est habitée. Qui sont ces gens, parmi les huttes ? Des tigres qui marchent debout et qui se disputent des viandes sous des nuées de mouches bleues. La plume vole sur leur tête. Som s'aplatit sous un buisson. Il tremble. Il pense : « Ce n'est rien. Ce n'est pas la peur qui me glace. La vraie peur est plus loin qu'ici. » Il amasse des brins de paille, des feuilles, des bouts de bois sec, il s'en fait un chapeau-panier, il le pose sur ses cheveux, bat son briquet, y met le feu et s'enfonce parmi les monstres. Ils s'écartent, le poil roussi, griffent l'air autour des flammes. Som ramasse, du bout du pieu, çà et là des quartiers de chair. Voici bientôt derrière lui la clairière des hommes-tigres.

La plume s'envole, s'en va. Encore deux torrents franchis, et toujours la forêt bruissante, mais plus d'oiseaux, plus d'écureuils, plus de belettes, plus de cerfs, ce sont les arbres qui gémissent, qui rognent, qui râlent, qui crient, ce sont les branches qui s'agitent comme des bras doués de vie. Et que veulent-elles ? Manger. « Ce n'est pas la peur qui me vient, se dit Som (ses poils se hérissent). Ma vraie peur est après ce bois. » À ces voraces il tend son pieu où sont plantées les viandes crues volées au village des tigres. Tandis qu'elles les dévorent il court, il suit la plume qui dérive sous les feuillages malveillants.

Encore un torrent emballé, un autre qui veut l'attraper, un troisième enfin qui rugit comme une armée de bêtes fauves. Le voici sous le soleil dur, au pays des rochers brûlants. Parmi eux est assis Katza, le géant stupide et terrible. Infréquentable est son pays. Il change en pierre les vivants qui osent lui venir devant. Il regarde Som qui s'avance. Son œil luit. Il déploie son corps.

– Veux-tu mourir, petit bout d'homme ?

Il désigne alentour des rocs.

– Salue les fous qui avant toi sont venus combattre Katza. Tu seras bientôt de leur troupe.

– Paix, vieillard, je ne te crains pas. La vraie peur m'attend après toi.

Le géant rit énormément. Il effleure le bras de Som. Le voilà dur jusqu'à l'épaule.

– Facile, Katza, trop facile. Mon grand-père faisait cela, autrefois, en fumant sa pipe. C'est un tour de petit sorcier. Infiniment plus compliqué est de changer la pierre en chair. Toi, tu ne sais pas. Lui savait.

– Pour qui me prends-tu ? dit la brute.

À nouveau il touche le bras. À nouveau vivent chair et sang.

– Là, je m'incline, lui dit Som. Tu mérites décidément le grand secret des hommes-dieux.

– Je le veux, parle, grogne l'autre.

– Penche-toi donc et tu l'auras. Je dois te le dire à l'oreille.

Katza s'accroupit, tend le nez. Som lui fourre sous les narines une poignée de son tabac. Le mahousse part en rafales d'éternuements impressionnants.

La plume s'enfuit sur les rocs, le jeune homme court après elle. Il ne sait plus ce qu'il franchit, déserts, vallées et vents contraires, monts, plaines vertes. Il tombe enfin. Devant lui, entre terre et ciel, une muraille infranchissable. La plume se défait dans l'air. « Voici tout espoir envolé. Voici ma vraie peur, se dit-il. Je ne reviendrai pas tout seul avec la honte de ma vie. Mieux vaut arracher de mon corps ce mauvais cœur qui m'a trahi. » Il sort son couteau du fourreau, l'affermit contre sa poitrine. Alors une porte apparaît, en face de lui, dans le mur.

Il fait trois pas, elle s'ouvre seule. Il la franchit. Il se retrouve exactement au lieu maudit où son grand frère a disparu. Mêmes buissons, mêmes fleurs blanches, mêmes chants, là-haut, dans les branches et, miracle, Nidi est là. Il tient par la main une fille. Elle est belle, elle rit. Elle lui dit :

– Beau-frère Som, la paix sur toi. Je t'ai causé bien du souci car c'est moi, Nada Sananka, qui ai enlevé ton aîné. Je l'aime de vrai grand amour. Je suis sorcière, sache-le. J'ai le pouvoir de me changer en animal, en arbre, en roc, en tout ce qui connaît la vie. J'ai pris l'apparence d'un tigre, mais je suis femme, grâce aux dieux. Ma maison est là, dans le bois. Si vous voulez, vivons chez moi, ou chez vous, seul Nidi m'importe. Som, je t'admire et je m'incline. Quel courage ! Rien ne t'effraie !

Som se tourne vers son aîné. Tous deux rient, les bras grands ouverts. Ils s'embrassent, ils rentrent chez eux. Le conte ne peut dire mieux.

Je souffre, mais je ne courberai jamais l'échine devant le désespoir. Je ne suis pas un esclave. Le mauvais sort ne m'accable pas, moi, il m'enrage.

Venez donc au jardin, j'aimerais que mes roses vous voient. (Richard Sheridan)

J'ai des questions à toutes vos réponses. (Woody Allen)

62
Masque d'écorce

– Parle-moi, silence de Dieu. Dis-moi ce que fait une mère qui voit venir son dernier jour.

– Elle serre son enfant contre elle, son regard appelle au secours, elle cherche un lieu où l'abriter, un être à qui le confier.

C'est ce que fit maman Misère quand son corps lui dit : « Va sans moi. » Elle n'avait ni mari ni frère. Elle prit sa fille dans ses bras, elle s'en fut au bout de son champ où était un vieux baobab et elle lui dit :

– Père des arbres, toi qui connus mes grands-parents, s'il te plaît, voici mon enfant. Ouvre pour elle ton écorce, accueille-la, protège-la, nourris-la, apprends-lui à vivre, et quand ses seins auront poussé, sois celui qui ouvre la porte et qui par amour dit : « Va-t'en. »

Maman Misère trépassa. Le baobab ouvrit sa porte, prit l'enfant et la fit entrer. Elle vécut là, aimée, cachée, autant de saisons qu'il fallut pour lui faire une chevelure, un regard de soleil content, un corps aux courbes désirables. Un soir de grand vent, du village, vinrent des rumeurs de tambours, de chants, de rires. Elle écouta.

– Entends-tu, père baobab ?

Ce que le vieux père entendit, ce fut le désir de sa fille.

– Le monde est rude, mon aimée. Les gens y sont simples, cruels, généreux, malfaisants, terribles. Habille-toi d'un sac de corde, masque ta figure de bois. Ne retire ni l'un ni l'autre avant d'être sûre de lui.

– De qui donc, père baobab ?

– Tu le sauras. Va maintenant.

De l'arbre sortit une fille vêtue comme sont les mendiants, masquée d'un visage d'écorce où les yeux seuls étaient vivants.

Elle s'en alla droit au village, passa une maison puis deux. À la porte de la troisième, elle frappa et attendit. Une femme vint sur le seuil. C'était la mère d'Hamadi, le plus beau garçon du pays. Elle s'effraya.

– Masque-d'Écorce, qui es-tu ? Djinn ou être humain ?

– Je suis fille vivante et pauvre.
– Si c'est vrai, sois la bienvenue.
Dans la cour, Hamadi parut. Il s'en revenait de la fête. Il grimaça.
– Mère, dit-il, qui est ce monstre à qui tu parles ?
– C'est une errante infortunée à qui je ne sais quel démon a volé sa peau de visage.
– Son masque cache du malheur. Il salit l'air que je respire. Je n'en veux pas dans ma maison !
– Remets donc ton cœur à sa place et prends pitié de cette enfant. Ne me fais pas honte, mon fils ! L'accueil des misères qui passent est le devoir le plus sacré.
– Fort bien, ma mère, j'obéis. Mais que ce cauchemar vivant n'attende de moi rien de bon !

De ce jour, rogneux, malveillant, il lui fit une vie de bête. Passait-elle à trois pas de lui, il lui crachait entre les pieds. Lavait-elle des vêtements, il empoussiérait sa lessive. Lui portait-elle un bol de lait, il l'envoyait au diable noir. Ce fut ainsi jusqu'au matin où, sur la place du village, s'en vint un messager royal. On s'assembla autour de lui. La main haute sur son cheval, il dit à tous :
– Hommes d'ici, dans trente-trois jours, Sankayé, la sainte cité du pays, sera le cœur battant du monde. Filles venues du paradis en bateau de soleil cou-

chant, musiciens, poètes, jongleurs, le roi vous offre de bon cœur les plus fières de ses bontés. Chaussez vos bottes, ornez vos mules, accourez tous à Sankayé !

Hamadi partit le premier. Après trente jours, Sankayé.

Il s'enfonça dans les ruelles comme dans un bain délicieux. Sur la place aux mille musiques où l'on s'embrassait en riant, où l'on se chantait des poèmes, en vérité il ne vit qu'elle. Elle lui parut la grâce même. Indifférente aux jeunes gens qui lui venaient danser autour, un regard à clouer d'amour le plus intrépide des princes, il la contempla un moment, s'approcha, l'esprit bourdonnant. Elle se laissa prendre la main. Il l'entraîna dans une auberge ou peut-être, il ne put savoir, ce fut elle qui l'amena. La vaste salle était déserte. Soleil dehors, ombre dedans. Ils s'assirent. Ils se touchèrent.

– Chante, dit-elle. Chante-moi.

Il chanta.

La terre trembla. Partout des cris, des fuites folles, des fracas de murs et de toits. Dans la pénombre de l'auberge, ni l'un ni l'autre ne bougea. L'un chantait la beauté de vivre, l'autre, immobile, l'écoutait. Un arbre tomba sur la porte. Le feu envahit les maisons. La ville bientôt s'effondra, tas de pierres, poussière folle, corps déchirés, coulées de sang. Dans l'auberge Hamadi se tut. La jeune fille soupira. Il ôta de son doigt sa bague.

— Prends-la, dit-il, et garde-la. Si je te perds, qu'elle te protège.

À l'instant il perdit le sens. Un vertige noir l'emporta.

Dès qu'il vit à nouveau le jour, il se dressa et s'étonna. Il était sur un tas d'ordures, à la lisière du village. Il puait. Il courut chez lui. À sa mère il dit :

— Mon cheval, mon sac et mon sabre. Je pars.
— Où vas-tu, souci de ma vie ?
— Qui sait ? Peut-être au bout du monde. J'ai rencontré à Sankayé la parfaite sœur de mon âme. Si je ne la retrouve pas, que la mort me prenne en chemin.

Masque-d'Écorce vint à lui avec sept boulettes de viande enveloppées d'un linge blanc. Il l'éloigna d'une bourrade. Elle s'en alla en catimini fourrer le torchon dans son sac. Il partit sans rien saluer, ni sa mère ni sa maison.

Au soir, sur la rive d'un fleuve, il fit halte, alluma son feu et dîna de ses sept boulettes qu'il fut surpris de trouver là, parmi ses habits de rechange. Dans la septième était la bague qu'il avait donnée à l'aimée. Il s'en revint à la maison. Elle l'attendait devant la porte. Elle ôta son masque d'écorce. Ils s'épousèrent. Ce fut bien.

Rien n'est fermé, sinon tes propres yeux.

Si tu veux arrêter l'amour, essaie d'abord avec le vent. (Proverbe andalou)

Il est grand temps de rallumer les étoiles. (Guillaume Apollinaire)

63
Le rêve du bossu pongo

C'était un pongo, un esclave, un perdu de Dieu, un bossu. Son maître était un grand seigneur, ventre abondant, bottes sonnantes et fouet aux lanières ferrées. Du perron de sa résidence à la frontière de ses champs, trois jours de cheval, pour le moins. Impitoyable avec ses gens, toujours à leur crier dessus, l'œil gourmand et la pogne prompte à déjuponner ses négresses, à ses pieds, toujours, son pongo.

– Viens là, mon chien. À quatre pattes. Maintenant fais le beau. Aboie.

C'était au bossu qu'il parlait, et le bossu obéissait, sinon son maître menaçait d'abattre son poing sur son crâne.

– À ta niche !

Et l'homme trottait, se hâtait avant que le fouet n'arrache un lambeau de sa bosse. Il couchait sous un escalier, dans les ordures ménagères. Il ne pouvait que subir.

Vint un soir de mauvais hiver. Tous les serviteurs assemblés récitaient leur *Ave Maria*, le front bas devant leur patron affalé dans sa chaise longue. Sa main flattait distraitement l'échine bossue du pongo accroupi là, contre ses bottes. Il marmonna l'ainsi-soit-il. Un bref silence le suivit. C'est alors qu'aux pieds de son maître l'esclave dit :

– J'ai fait un rêve.

Tout le monde le regarda. Le seigneur eut un bref hoquet, partit d'un rire fracassant et s'exclama :

– Voilà qu'il parle ! Il n'aboie pas, ce bon pongo, avez-vous entendu ? Il parle !

– Dans mon rêve nous étions morts, moi votre esclave et vous mon maître.

– Qu'est-ce qu'il raconte ? J'étais mort ? Que tu crèves, toi, c'est normal, mais moi, voyons, c'est impossible !

Il rit encore énormément. Comme les serviteurs s'apprêtaient prudemment à retourner à leur ouvrage :

– Restez, vous autres. Écoutez-le. Raconte ton rêve, bossu.

– Nous étions tout nus, vous et moi, et devant nous se trouvait saint Pierre. Vous le regardiez droit dans les yeux, en homme puissant que vous êtes.

– Et toi ?

– Je crois que je tremblais, comme d'habitude, mon maître.

– C'est très bien, pongo, continue.

– Saint Pierre a fait un petit signe. Alors un ange est apparu. Il était beau, à votre image, et lumineux comme un soleil. Il portait une coupe d'or. Elle débordait d'un miel si doux, si parfumé, si délicat que j'en ai presque aimé la vie. « Compagnon, lui a dit saint Pierre, enduis le corps de ce monsieur. »

– Ce monsieur, bien sûr, c'était moi.

– C'était vous, mon maître. Qui d'autre ? L'ange vous a couvert de miel, devant, derrière, bras et jambes. Vous étiez comme un roi céleste, ainsi doré de haut en bas.

– Pour ce rêve-là, mon pongo, tu auras tout à l'heure un sucre. Ensuite, que s'est il passé ?

– Saint Pierre a fait encore un signe. Un autre ange est venu vers moi. Il était triste, maigrichon. Il portait un bidon de merde. Il me l'a renversé dessus. Il m'a vêtu du crâne aux pieds de puanteur abominable.

Le maître rit à perdre souffle.

– C'est tout ? dit-il.

– Presque, seigneur. Le grand saint Pierre nous a mis face à face dans sa lumière. Il nous a dit : « Et maintenant, que justice de Dieu soit faite. Jusqu'au fond de la fin des temps, léchez-vous l'un l'autre, mes fils. »

Bienheureuses les têtes fêlées, elles laissent passer la lumière !

Au diable l'espoir, c'est un rêve. Prends ce qui t'est donné, une main tendue, une femme, encore un jour et une nuit, un pas de plus, un souffle encore.

La société protectrice des animaux a été créée en 1845. Trois ans avant l'abolition de l'esclavage.

64
Marko

Marko ? Un roc. La fierté même. Le plus vaillant des chevaliers. Sa vie d'homme, il l'a traversée comme une cavale sauvage galopant là-haut, sur les monts. Plus beau que tous à la bataille, invincible à la beuverie, et pour les femmes qu'il aima généreux comme un prince arabe, autant indomptable qu'un loup, ainsi fut-il, que Dieu le garde.

Dans son grand âge il s'en revint au village de bûcherons où il était venu au monde. On vint de loin lui rendre visite. Dans son fauteuil devant sa porte il accueillit pareillement les cavaliers nobles et les pauvres, le regard toujours aussi noir, la tête toujours aussi haute malgré sa barbe de vieillard. On raconte qu'un jeune prince lui offrit un jour un palais. Contre quoi ? Rien qu'une réponse.

– Un palais ? Non, je n'en veux pas, lui dit Marko. Je ne veux rien. Mais si je peux t'aider, garçon, je le ferai bien volontiers.

Le jeune prince s'inclina et lui fit ainsi sa demande :

– À ce que mon père prétend, aucun chevalier en ce monde ne fut plus courageux que toi. De qui tiens-tu cette vertu ?

– D'un chien, lui répondit Marko.

Et comme l'autre s'étonnait :

– Observe une meute en dispute. L'un d'eux, pourtant de haute race, s'effraie, s'enfuit. Que font ses frères ? Du plus malingre au plus braillard ils le poursuivent et le déchirent. Mais s'il en est un qui tient tête et refuse de reculer, même chétif et désarmé, aucun n'osera l'attaquer. J'ai vu un jour de mon enfance un jeune bâtard efflanqué intimider ainsi quelques-uns de ses frères. De cet instant il fut mon maître. Je n'en eus pas d'autre que lui.

Je ne suis pas ma pensée. Je ne suis pas mon identité. Je ne suis pas tel sentiment à l'instant éprouvé. J'ai une pensée. Je possède une identité. J'éprouve un sentiment. Qui est en vérité celui qui a, qui possède, qui éprouve ?

On devrait attacher moins d'importance à ce que l'on fait qu'à ce que l'on est. (Maître Eckhart)

Certains ne fréquentent que l'Homme Jeune et ils ignorent le courage du Vieil Homme, sa sombre passion, sa discipline, sa profondeur. Ils sont obsédés par la nouveauté en tout. D'autres ne fréquentent que le Vieil Homme et se coupent de l'Homme Jeune, de son humus créatif, de son idéalisme. Ils deviennent arrogants, secs et raides. La profondeur du sentiment tient à l'harmonie de l'Homme Jeune et du Vieil Homme. (Robert Bly)

65
Les béquilles

Il était une fois un roi ni meilleur ni pire qu'un autre, vaniteux et vindicatif, assez sot mais environné d'experts en tout ce qui remue, bref sans surprise ni relief sauf qu'il s'imaginait si grand qu'il lui arrivait d'oublier ses escarpins à talonnettes dans les tapis cérémoniaux. Il advint ainsi, par malheur, qu'un soir de bal masqué dans la salle aux cent lustres (il était déguisé en César triomphant), comme il saluait l'assemblée du haut de l'escalier royal, il s'emmêla si mal dans sa toge romaine qu'il dégringola jusqu'aux pieds des porteurs de plateaux de toasts. Il s'en tua net les deux jambes. Rien ne put les rafistoler. Il se vit donc forcé par le corps médical de marcher avec des béquilles.

Son prestige en fut écorné. Ses experts travaillèrent donc à lui rendre l'éclat du neuf. Un génial communicateur, après deux ou trois jours de transe chamanique quasiment ininterrompue, trouva la parade adéquate.

– Puisque notre bon roi, dit-il, est à jamais embéquillé, que ses sujets le soient aussi. Que l'embéquillement soit le signe pour tous d'une confiance retrouvée, d'une enthousiaste adhésion à la modernité nouvelle. Et que les fous, les rétrogrades, les marginaux inconséquents, bref les possibles terroristes qui se risqueront à sortir sans leurs béquilles de bois dur soient désignés à la vindicte et privés de leurs droits sociaux.

Le peuple a ceci de commun avec le boa de la jungle qu'il est capable d'avaler, les yeux fermés, n'importe quoi. Pour faire comme tout le monde, tout le monde s'embéquilla. Évidemment la vie ne fut plus aussi simple mais, peu à peu, puisqu'il fallait, on se laissa flotter du bas. Le roi mourut. Il fallait bien que cela, un jour, lui arrive. On épingla sur son cercueil la béquille d'or des héros.

On pouvait à nouveau marcher, comme autrefois, sur ses deux pieds. C'est ce que dit un homme simple, un jour, dans un jardin public. C'était un de ces sans-bâtons que l'on regardait de travers quand il passait, les mains aux poches, à proximité des enfants. On lui répondit méchamment.

– Aller sans béquilles ? Utopie, faux espoir, rêverie perverse. On marche ainsi depuis toujours. Et d'abord qui t'envoie, quelle secte, bonhomme ? Que cherches-tu ? Que nous veux-tu ?

– Vous informer, répondit l'autre. Regardez, faites comme moi. On peut mettre un pas devant l'autre, trotter si l'on veut, ou flâner. Essayez donc ! Que risquez-vous ?

– Ne l'écoutez pas, il radote. Ces gens sont des dangers publics !

On s'assembla autour de lui, on l'insulta, le bouscula, on brandit des cannes ferrées. Heureusement, il courait vite, beaucoup plus que les béquillards. Il s'en revint à sa campagne cultiver ses choux et ses fleurs.

Après quelques jours de paix triste, une femme vint. Elle lui dit :

– Je ne sais pas ce que tu vaux, mais j'aimerais bien essayer.

– Tu as deux pieds, deux jambes. Marche.

Elle tomba bientôt dans ses bras. On dit qu'ils eurent des enfants et qu'ils grandirent sans béquilles. C'est peut-être vrai, va savoir.

Si je marche plus droit qu'un autre,
C'est que je boite des deux pieds.
(Gustave Nadaud)

Ô toi qui t'inquiètes pour ta subsistance, lève-toi et viens te servir. Oublie ton souci, sois patient, car ta part est aussi amoureuse de toi que tu l'es d'elle. Aie confiance, elle viendra s'offrir. C'est ta confiance qu'elle désire ! (Rûmi)

Rien n'est mort que ce qui n'existe pas encore. Près du passé luisant demain est incolore. (Guillaume Apollinaire)

66
La cisaille

Jour émouvant et mémorable. Julien, le fiancé d'Émilie, dîne ce soir à la maison. Il faut bien faire connaissance, parler un peu de l'avenir, des champs, du bétail, de la ferme. Il a mis costume et cravate, Émilie sa robe à fleurs bleues. Apéritif, biscuits salés. On grignote du bout des dents, on veut faire bonne impression. La mère enfin claironne :

– À table !

Nappe et vaisselle du dimanche. Le père est sérieux, mais jovial. Faut quand même parler affaires. Les femmes veillent au pain, au sel.

– Et le vin ! Émilie, ma fille !
– Oh pardon, je l'ai oublié.
– Celui de la barrique vieille !

Clin d'œil du père et pouce en l'air. Émilie descend à la cave.

Tandis que le flacon s'emplit elle chantonne, elle lève le nez, et que voit-elle, là, au-dessus de sa tête, suspendue à un clou rouillé ? La cisaille de grand-papa, celle qui lui servait, jadis, à tailler les sarments de vigne. Voilà Émilie affolée, bouche ouverte, souffle coupé. « Mon Dieu, Seigneur ! », bafouille-t-elle. Elle coupe le sifflet du robinet de vin, se prend à deux mains les cheveux et reste là, pétrifiée comme une pucelle orpheline fascinée par un film d'horreur.

Là-haut, dans la salle à manger :
– Qu'est-ce qu'elle fabrique ? dit le père.
La mère, empressée :
– Je vais voir.
Elle trotte à l'escalier, descend.
– Eh bien, Émilie, ma petite, qu'est-ce que tu as ? Tu t'es fait mal ?
L'autre désigne la cisaille.
– Regarde, dit-elle. Oh, maman, tu te rends compte ? C'est affreux. Je vais épouser mon Julien. Nous aurons un amour d'enfant, intelligent, jamais malade. Et puis un jour, notre petit, je l'enverrai tirer du vin.
Elle renifle. Un sanglot lui vient. Elle glapit d'un ton d'évidence à faire peur aux poils des bras :

– Si la cisaille de grand-père lui tombe dessus, il est mort !

– Seigneur ayez pitié de nous, marmonne sa mère, effarée. Je n'avais pas pensé à ça.

Elle prend sa fille dans ses bras, caresse ses cheveux, la berce, et les voilà toutes les deux, maintenant, qui se tricotent pour bientôt du grand malheur inévitable.

Là-haut, dans la salle à manger, le père perd soudain patience, ôte sa serviette du col et va brailler dans l'escalier :

– Alors, bonnes femmes, ça vient ?

Et qu'entend-il ? De vagues plaintes. Les marches sont lisses, mouillées. Il glisse, tombe, rebondit et parvient en bas sur le cul.

– Mais enfin, que vous arrive-t-il ? Un accident ? Un bras cassé ?

La mère explique. La cisaille, l'enfant d'Émilie et Julien. Lequel ? Enfin, ne sois pas bête, celui qui leur viendra, bien sûr, si mignon, et si serviable. Un jour ou l'autre, c'est fatal, on l'enverra tirer du vin.

– Oui, et alors ? dit le papa.

Les deux ensemble, exaspérées :

– Et si elle tombe, la cisaille ?

Le cœur du père se lézarde, craque, s'effondre.

– Il sera mort.
– Il a compris, concluent les femmes.

Et les voilà trois, désormais, à se ruminer dans le noir l'enterrement du petit prince.

Julien, dans la salle à manger, ne sait que penser. Il pianote. Il décide d'intervenir. Il a dû se passer, en bas, quelque chose d'abominable, sinon ils seraient remontés. Il s'aventure, prudemment. Il risque une tête. Il appelle. Il palpe le mur. Il descend. Son futur beau-père l'accueille, en deux mots le met au courant. L'autre écoute comme un docteur. Il hoche la tête. Il sourit. « Voilà l'occasion, pense-t-il, d'impressionner la compagnie. » Il dit :

– Allons, ce n'est pas grave. J'ai la solution. Elle est là.

Il se cogne du doigt le front.

– Dès que nous serons mariés, je ferai murer cette cave.

Et tandis qu'ils remontent au jour :

– Mon mari, dit la bonne femme, voilà ce que j'appelle un homme rassurant. Notre Émilie a de la chance.

Elle soupire, ses yeux s'embuent.

– Elle sera heureuse, elle, au moins.

Les hommes font les maisons, les femmes font les foyers.
(Proverbe anglais)

Va, dans ce monde il faut être un peu trop bon pour l'être assez.
(Marivaux)

Et si la terre nous aimait plus que nous ne l'aimons ? Et si ce que nous appelons, avec un aveuglement misérable, notre environnement, toute cette vie qui est là, partout, n'espérait de nous qu'un signe pour que commence enfin non pas l'apocalypse redoutée mais une inimaginable fête de retrouvailles ?

67
Le démon possédé

Deux démons déguisés en hommes (il en est plus qu'on ne le croit) se retrouvent un jour au marché où ils vendent à la sauvette leurs boniments avariés. L'un est fringant, l'autre patraque.

– Toi, mon vieux, tu ne vas pas bien.
– Je souffre mille morts. J'angoisse.
– Tu devrais consulter un mécanicien d'âmes. J'en connais un de grand renom.
– Inutile, il ne pourrait rien. Je suis possédé par un ange et j'ai bien peur, quoi que je fasse, qu'il ne veuille pas me lâcher.

Ne désespérez jamais. Faites infuser davantage. (Henri Michaux)

Tout ce à quoi je tiens me tient.

La vie est plus belle que la prudence. (Abbé Pierre)

68
La fin du monde

C'était un devin de haut vol, guère connu, mais infaillible. On l'avait surnommé le Gland du Séculaire, car il vivait sa longue vie dans un chêne de cent ans d'âge planté à l'orée du village, derrière les derniers jardins. D'aussi loin que l'on se souvienne, il ne s'était jamais trompé. Toutes ses prophéties s'étaient révélées vraies. Si bien que le jour de printemps où il convoqua sous son arbre tous les habitants du pays, nul ne douta que le vieux Gland avait du grave à révéler.

– Mes enfants, dit-il, c'est bien simple. Mon ange familier, qui n'a jamais menti, m'a prévenu la nuit dernière que le soleil, demain, ne se lèverait pas. La fin du monde est imminente. Elle est pour le prochain matin. Que chacun fasse ce qu'il veut de ce jour qui lui reste à vivre. Pour ma part, je vous salue bien.

Il s'enferma dans son feuillage. On l'appela, le supplia de dire encore quelque chose. Était-ce vraiment sans espoir ? L'ange ne pouvait-il rien faire ? Il ne daigna pas revenir au seuil de sa hutte de branches. On s'en retourna le front bas.

On s'enferma chacun chez soi, on pleurnicha, on s'étreignit, on déchira des testaments, on se fit des serments d'amour qui n'engageaient plus à grand-chose. Le soir venu (que faire d'autre ?) on se réunit à l'auberge, on se serra devant le feu. On se réveilla la mémoire, on s'éblouit et l'on s'émut, puis les paroles, peu à peu, se firent lentes, murmurantes, on laissa aller les paupières, on bâilla et l'on s'endormit.

Les premiers à se réveiller frottèrent leurs yeux, s'étonnèrent. Le soleil, entre les volets, glissait un œil illuminant. On sortit dans le matin neuf. La journée s'annonçait superbe.

– Et notre fin du monde, alors ? dit un vieillard scandalisé.

– Une peur pareille, pour rien ! glapit une grosse commère. Ce brigand s'est moqué de nous !

On voulut des explications. On courut au nid du devin. On le trouva couché dans l'herbe au pied du chêne centenaire. On se pencha sur son vieux corps.

– Il ne s'est pas vraiment trompé, dit le médecin du village.

Il avait en effet connu sa propre fin en ce bas monde. Il était trépassé à l'aube d'un endormissement du cœur.

En réalité, on s'acharne à devenir un parfait acteur plutôt qu'un homme véritable. (Chogyam Trungpa)

Ce qui compte, c'est de savoir placer ton fardeau. S'il est bien d'aplomb sur ton épaule, il ne bouge plus et tu peux presque l'oublier. (Don Bosco)

Mon Dieu, comme le monde est encore jeune et beau ! (Louis Aragon)

69
Le dernier mot

Depuis le matin de leurs noces, cet homme-là et sa moitié passaient le plus clair de leur temps à se grogner à la figure, discutailler, s'injurier et n'être jamais nez à nez que pour s'arracher les cheveux. Pire : aucun d'eux ne supportait, au bout de leurs chamailleries, de n'avoir pas le dernier mot. Ainsi, un beau matin, assis dans leur jardin (ils reprenaient leur souffle après quelques insultes de mise en train pour la journée), comme passait par là un vol de grues sauvages :

– Regarde, dit la femme, celle qui va devant. Elle est superbe. C'est tout moi.

– Réfléchis, lui répond son homme. Elle va la première, elle commande, elle est le chef de la volée. C'est une grue mâle. C'est moi.

– Non, c'est moi.

Débuts prometteurs. Le ton se gâte, on s'exas-

père, on postillonne du vinaigre. L'épouse glapit :
— Mon mari, si tu persistes à refuser que je sois, moi, cette grue-là qui vole en tête de la bande, je te préviens, je meurs.
— Eh bien meurs ! braille l'autre.

La femme monte dans sa chambre, elle se couche, elle ferme les yeux, se croise les doigts sous les seins, ne bouge plus. Elle fait la morte.
— Mille millions de libellules, lève-toi, lui dit son mari, sinon je vais chercher les laveuses des morts.
L'autre, d'un souffle à peine audible :
— La grue, la belle grue, c'est moi ?
— Non, c'est moi !
— Eh bien, qu'on me lave !

L'époux s'en va, le pas sonnant, en bramant des malédictions extrêmement désobligeantes. Il revient avec trois laveuses qui lessivent de haut en bas le corps de la fausse défunte, puis elles l'habillent d'un linceul. Le mari se penche sur elle. Il murmure dans ses cheveux :
— Assez joué, vieille bourrique. Lève-toi immédiatement sinon je fais sonner le glas.
— La première des grues, c'est moi ?
L'autre lève son poing velu et les yeux injectés

de sang il promet de l'étripailler dès son retour à la vie simple.

— Fais sonner le glas, je m'en fous, soupire l'obstinée, tranquille.

Le bonhomme court à l'église. Le curé vient à la maison, fait son tintouin au pied du lit, coups d'encensoir, prières tristes, puis on prévient le menuisier qu'il lui faut tailler tout de suite un costume en peau de sapin. Dès que la femme est au cercueil :

— Permettez que je me recueille un instant auprès de ma mie, dit aux gens le faux éploré. Retirez-vous donc, mes amis.

Les voici seuls dans la pénombre.

— Ma bougresse, tu as perdu. Si tu n'admets pas à l'instant que je suis le meneur de grues, sacré nom d'un loup, on t'enterre.

Savez-vous ce qu'elle lui répond ?·

— Je sais bien, moi, ce que je vaux. Je suis celle qui vole en tête. Que je croupisse au cimetière n'y changera rien, grand couillon.

L'insulte est dite calmement. L'autre manque en perdre ses dents tant sa bouche se fait béante. Il finit par grogner :

— Très bien.

Il rappelle la compagnie. Le cercueil est bientôt

cloué, sorti sur des épaules mâles et fourré dans le corbillard. Cimetière. On descend la caisse dans la fosse creusée de frais. Oraison funèbre, prières, amen, on s'en va, c'est fini. Seul le mari, au bord du trou, reste assis sur le tas de terre. Il ricane, le front penché :

— Le croque-mort croit que je prie. Il attend, sa pelle à l'épaule. Il va t'enterrer pour de bon. Cette fois, bâtarde des Alpes, le dernier mot sera pour moi.

Une voix sourde, sous la planche :

— Non, monsieur, pour moi. Je le dis, et je me tais à tout jamais. Je suis la grue qui vole en tête. Ce fut toujours une évidence pour tout le monde, sauf pour toi. Laisse-moi maintenant. Adieu.

— Tu vas mourir !

Silence noir. Soupir, enfin, du survivant :

— Bon, d'accord. Malheur de mes os ! Celle qui gouverne, c'est toi. Voilà, c'est dit. Tu es contente ? On ne va tout de même pas se disputer pour une grue !

Le cercueil explose. Victoire ! L'épouse sort, ressuscitée, embrasse son époux bougon et le ramène à la maison. Ils font l'amour après la guerre. C'est la coutume, paraît-il.

C'est sûr, l'amour est la réponse. Mais pendant que vous êtes en train d'attendre la réponse, le sexe pose des questions très pertinentes. (Woody Allen)

L'attention est le chemin qui conduit à l'affranchissement. Ceux qui sont attentifs ne meurent pas. Les inattentifs sont déjà comme des morts. (Alexandra David-Neel)

Vous qui habitez ensemble, dites-vous vos secrets. Cependant laissez entre vous un petit mur qui vous permettra de voir vos yeux, mais vous empêchera de voir vos pieds. (Proverbe africain)

70
Les deux amis

Un drôle d'homme, ce Songyan. C'était un artiste estimé, il était graveur de médailles. Mais ce qui avait fait de lui un compagnon incomparable était cet ami qu'il avait : un renard. Il était lié d'amitié fidèle et joyeuse avec un compère renard. Qu'on invite Songyan chez soi, il fallait inviter sa bête. Elle avait son couvert à table, mangeait, buvait et bavardait comme n'importe quel convive, sauf que l'on entendait sa voix, mais qu'on ne voyait pas son corps. Or, au cours d'un de ces dîners, il advint que quelqu'un douta de cette estime fraternelle.

— Allons donc, dit cette personne à l'invisible, auprès de lui, comment pouvez-vous établir une relation véritable alors que votre cher Songyan ne peut même pas distinguer votre regard, votre figure ?

— Je crains, répondit le renard, que vous ne sachiez pas grand-chose de cette amitié qui nous lie. C'est notre cœur qui la nourrit. Que nous importent les visages ? Ils sont changeants, nos âmes, non. Peut-on fonder le moindre amour sur le souci de l'apparence ? Quel est votre avis là-dessus ?

On se tut autour de la table. On ne posa plus de questions.

Le chemin est encore long devant toi. Suis-le sans hâte, comme un chasseur. Dans l'imprévu des jours te viendront des réponses.

Ce qu'on ne veut pas savoir de soi-même finit par arriver de l'extérieur sous forme de destin. (Carl Gustav Jung)

Si tu ne peux être une étoile au firmament, sois une lampe dans ta maison.

71
Le monstre

Dans les montagnes du Japon étaient autrefois, paraît-il, des monstres amateurs de chair fraîche. On les nommait nekomatas. Évidemment on les craignait, surtout la nuit, seul sous la lune parmi les rocs fantomatiques et les grands arbres ambigus.

Or il advint un soir qu'un bonze appelé Amidabutsu s'en revenait, passé minuit, d'un concours de haïku d'automne où il avait gagné deux prix : un éventail orné de jade et de menues boîtes laquées. Il aurait dû en être fier et chantonner, le pas alerte, mais non, il tremblait, le dos rond, il soupçonnait le moindre vent de ricanements pernicieux, il s'essoufflait l'œil aux aguets à gravir en hâte les pentes, les dévalait au grand galop, bref la trouille horrible et collante le ratatinait de partout.

Et ce qui devait arriver arriva à l'instant précis où il se disait : « Ouf, bonhomme, vive la vie, te voilà sauf. »

De l'autre côté du ruisseau, les lumières de son village venaient de sortir de la nuit. Il traversa le gué, il se mit à courir. C'est alors que surgit de l'ombre un horrible nekomata. Le monstre lui bondit dessus, le renversa sur le chemin. Il n'eut pas le temps de le voir. Son éventail précieux et ses boîtes valdinguèrent dans un buisson. Il se débattit, il hurla. Les gens du village accoururent, armés de torches, de bâtons. Ils le trouvèrent à quatre pattes, râlant comme un damné au feu.

– C'est qui ? C'est quoi ? Qu'est-ce qui se passe ?
– Mais c'est notre Amidabutsu !
Et l'autre, à voix d'agonisant :
– Un nekoma, nekomata !
Il ne pouvait parler plus clair, il avait le souffle trop court. On éclaira les alentours. Et que vit-on ? Le chien du bonze, la queue frétillante, content. Il avait couru à son maître (il l'avait senti qui venait), il lui avait sauté dessus, sans façons, pour lui faire fête, et voilà, c'est tout. Bonne nuit.

Avenir : Je vais où je m'ignore. (Jean Cayrol)

Les paroles peuvent être rudes s'il n'y a pas de mauvaises pensées. Il n'y a pas de honte à retrousser ses vêtements lorsque le gué est profond.

Imaginer, c'est hausser le réel d'un ton. (Gaston Bachelard)

72

La tente et le chameau

Le désert. Silence des dunes. Une tente de chamelier dans la mélancolie du soir. L'homme affalé contre sa bête mange ses olives et son pain, éteint son feu, va se coucher. Les étoiles, là-haut, s'allument. Le cri d'un oiseau inconnu traverse l'obscur infini. Il fait froid. Au seuil de la tente, le chameau gémit. Il grelotte, il est mal, il ne peut dormir. Il risque son museau dedans.

– Maître, dit-il, je suis glacé. Puis-je mettre à l'abri ma tête ? Je ne te dérangerai pas.

L'homme enfoui sous la couverture grogne que oui. Il se rendort. Seul le ciel, dehors, semble vivre. La lune veille, bonne mère, sur des millions d'enfants rieurs. Ils sont trop loin. En bas, chez nous, le sable est mortellement seul. Le chameau frissonne, remue.

– S'il vous plaît, maître, je m'enrhume. Puis-je mettre à l'abri mon cou ?

— Hé, la paix, gronde le Bédouin. Fais ce que tu veux, tu m'agaces !

Il se tourne, se pelotonne, se remet bientôt à ronfler. Le chameau l'envie. Il s'irrite. « C'est toujours pareil, se dit-il. Toute la journée je le porte, lui, son barda, sa tente aussi. La nuit venue il est au chaud, et moi, pauvre, sous les étoiles. C'est intolérable, à la fin ! »

— Maître, dit-il, ayez pitié, je risque la pneumonie double. Ce bruit que vous entendez là, ce sont mes dents qui tambourinent. Je ne sens plus mes paturons. J'ai le poil hérissé de givre. S'il vous plaît, poussez-vous un peu, faites une place à votre ami !

L'homme râle, s'enfouit la tête. Il ne veut pas se réveiller. Le chameau s'insinue, se glisse.

— Là mes bosses, mes quatre pattes, mon train arrière. C'est tout bon. Je vais enfin pouvoir dormir.

Le mât tangue et part de travers. La grosse bête arrache tout. L'abri s'effondre mollement. Le chamelier soudain se dresse. Il est dehors, sous le ciel froid. Le chameau près de lui s'étonne. La toile au travers de son cou il regarde à droite et à gauche, puis il s'exclame, les yeux ronds :

— Mort de mes os ! J'aurais juré qu'il y avait une tente, là. Pardonnez-moi, j'ai dû rêver.

La situation étant désespérée, tout est maintenant possible.
(John Cage)

Si tu veux découvrir la vie dans sa plaisante nudité, oublie ce que le monde estime inoubliable et demeure attentif à ce qu'il croit léger.

Ce n'est pas la perle qui fait le collier, c'est le fil.

73
Le péché

Au temps des chrétiens sans pouvoir, Pohémen vécut au désert. Il était de ces pères saints qui ne désiraient rien au monde que ressentir peut-être un jour, un bref instant, juste le temps d'un battement d'ailes d'un ange, le souffle de l'amour divin. « Si tu veux que Dieu te caresse, dit un proverbe universel, mieux vaut être nu qu'habillé. » Pohémen n'avait donc, pour tout bien ici-bas, qu'une guenille monacale, une écuelle et un bâton.

À quelques heures de sa hutte, sur un piton de roc brûlé, se trouvaient les murs d'un monastère où vivaient reclus des ascètes presque aussi démunis que lui. Or il advint qu'un de ces frères commit un péché consternant. L'histoire ne dit pas lequel, mais il fut jugé gravissime. Les moines, à l'unanimité, estimèrent donc nécessaire de punir le contrevenant. Mais quel tourment lui infliger qui ne soit ni trop éprouvant ni trop simplement oubliable ? On resta longtemps silencieux, on risqua de vagues idées qui eurent tôt fait de se perdre comme ruisseaux dans les cailloux.

– Remettons cette affaire au père Pohémen, dit enfin le plus vieux des sages. Il est le meilleur d'entre nous. Il saura juger proprement.

Il fut aussitôt approuvé. On fit prévenir le bonhomme. Il demanda au messager ce que l'on attendait de lui. L'autre lui exposa la chose. Il l'écouta, hocha la tête et lui répondit qu'il viendrait.

Le lendemain, après la messe, le frère veilleur sur sa tour aperçut au loin Pohémen sur le sentier du monastère. Il appela ses compagnons. Il leur désigna le bon père qui peinait à traîner un sac parmi les rocs ensoleillés. On accourut à sa rencontre. On s'étonna. On le plaignit de le voir s'échiner ainsi à charrier quoi donc au juste ?

– Un sac de sable, mes amis, leur répondit le saint ermite.

– Mais il est troué de partout !

– Mes frères, je le suis aussi ! Derrière moi mes fautes tombent, elles se perdent sur mon chemin, elles ne sont pour moi rien de plus que poussière sous mes talons. Amenez-moi donc à ce moine qui se morfond dans son péché, je l'embrasserai de bon cœur. Ce qu'il a commis n'est que sable déjà mangé par le désert. Nous avons autre chose à faire que de compter les grains de peine qui dégringolent de nos sacs. Allons, de l'eau fraîche, j'ai soif !

Dans l'ombre ou la lumière, la rivière court avec la même foi.

Si tu es sombre, tu obscurcis aussi le monde, et tu ne peux rien voir de lui.

Il est vrai qu'on ne peut trouver la pierre philosophale, mais il est bon qu'on la cherche. En la cherchant, on trouve de fort beaux secrets qu'on ne cherchait pas. (Bernard de Fontenelle)

74
Le rayon de soleil

C'ÉTAIT UN BERGER SANS MALICE, simple d'âme, léger de cœur, nourri de pain et de vent frais, de longues marches, de fromage, d'eau claire et de tranquillité. Selon le curé du village, il n'avait qu'un défaut majeur. Pas plus à Pâques qu'à Noël, il ne fréquentait son église. Non point qu'il fût sans foi ni loi, simplement, il n'y pensait pas. Le prêtre, quand il le trouvait à baguenauder sur la place, brandissait l'index sous son nez.

– Mécréant ! On te voit, Là-Haut ! Prends garde que le ciel, un jour, ne te dégringole dessus !

L'innocent répondait :

– Le ciel ? Je vis chez lui dans mes montagnes !

– Et Dieu le Père, bougre d'âne, ne le crains-tu pas ?

– Non. Pourquoi ? S'Il a pris soin de me créer,

ce n'est certes pas, j'imagine, pour me grimacer sous le nez !

Bref, ce naïf indécrottable ne pensait pas comme il fallait, ne vivait pas comme il devait, ne faisait rien comme les autres.

Vint le matin où, par hasard, le bonhomme croisa le prêtre au seuil de la porte à clochette, sous l'enseigne du boulanger.

– Vous me semblez pâlot, mon père. N'avez-vous pas envie de vivre, par un si grand, si beau soleil ?

– Si je vais mal, c'est de ta faute. Mon fils, tu me gâtes le cœur.

– Mon père, vous m'en voyez triste. Que puis-je pour votre santé ?

– Venir tout à l'heure à confesse. Ne sais-tu pas que l'âme pue quand on néglige sa toilette ? Il nous faut la débarbouiller !

– Mon père, si cela suffit à vous faire content de vivre, je viendrai cet après-midi.

L'un entra, et l'autre partit.

À l'heure où les gens et les chiens faisaient la sieste sous les arbres, le berger, le pas circonspect et le chapeau sur le nombril, pénétra dans l'église fraîche où le curé priait pour lui.

– Grâce à Dieu, mon fils, te voilà ! Avant de confier tes fautes à Celui qui pardonne tout, viens un instant t'agenouiller, là, près de moi, devant l'autel, et disons ensemble un *Pater*.

L'autre resta les bras ballants à sourire béatement dans la pénombre de l'allée.

– Un *Pater* ? Mon père, pardon. J'en ai certes entendu parler, mais je n'ai jamais rien compris à ce que bafouillaient les bouches. Je n'en sais pas le premier mot.

Scandale du gardien du temple. Gargouillements exaspérés, signes de croix, poings sur les hanches. Enfin :

– Mon fils, honte sur toi ! (sa voix résonna sous la voûte, et rebondit de mur en mur). Je craignais, à flairer ton âme, un malheureux champ de buissons et me voilà devant un gouffre aussi effrayant que l'enfer. Le matin, quand tu te réveilles, à l'heure où l'on prie le Très-Haut, que fais-tu, dis-moi, diable d'homme ?

L'autre lui répondit :

– C'est simple. À l'aube je sors dans le pré, et je dis bonjour au soleil. Puis, pour qu'il sache, ce bon père, que je suis content de le voir, je fais deux ou trois cabrioles dans l'herbe mouillée, devant lui, et je lui chante une chanson. Je crois qu'il en a du plaisir. J'en ai beaucoup à lui en faire. Lui et moi, nous nous aimons bien.

– Le soleil ? Oh, folie païenne ! Oh, misère des ignorants ! dit l'autre en agitant les mains autour de sa figure pourpre. La lessive s'annonce rude. Misérable, ôte ton manteau et viens-t'en au confessionnal !

Le berger en hâte obéit, tint sa pelisse au bout du bras, pataud, craintif, embarrassé, chercha un endroit convenable où la poser, n'en vit aucun. Un trait de jour, par un vitrail, vint illuminer quelques dalles. Le curé le lui désigna.

– Eh bien, insensé des montagnes, si le soleil est ton ami, dis-lui de tenir ton habit, le temps que je te lave l'âme !

– Oh, bonne idée, dit le berger.

Il le posa sur le rayon où mille poussières dansaient.

– Beau soleil, je te le confie.

Ce fut peut-être un pur miracle, peut-être un service rendu entre bons amis, rien de plus. Sur le fil de lumière oblique le manteau resta suspendu.

Le prêtre tomba devant lui, à genoux, les bras grands ouverts. Il resta longtemps bouche bée. Il dit enfin, extasié :

– Berger, berger, saint innocent, apprends-moi à caresser l'herbe, à dire bonjour et bonsoir, à jouer comme un enfant bête, apprends-moi à ne rien savoir !

On dit qu'ils s'en furent tous deux vivre leur vie dans la montagne. Le prêtre y entendit peut-être ce que les mots ne savent pas, et ce que le murmure des contes ne dit qu'après qu'il s'est tu.

Jamais peut-être faire chanter les choses n'a été plus urgente et noble mission à l'homme. (Louis Aragon)

Les voleurs ne franchissent pas les portes ouvertes. (Proverbe chinois)

C'est la relation qui illumine l'être. (Gaston Bachelard)

75
La prison

Cet homme, dit-on, était fou, mais qui, plus ou moins, ne l'est pas ? Il s'était laissé fasciner par une grille de barreaux qui entourait un monument. Sans cesse il lui tournait autour en gémissant qu'on le délivre. D'ordinaire les gens passaient aussi loin de lui que possible. Vint le jour où un étranger s'arrêta, s'approcha de l'homme et lui dit :

– Puis-je vous aider ? Avez-vous perdu quelque chose ?

L'autre répondit :

– Regardez. Je suis en prison. C'est injuste. Je ne sais même pas pourquoi.

L'étranger voulut de le convaincre que rien ne le retenait là, qu'il était victime d'un rêve, qu'en vérité il était libre de s'en aller où il voulait. Ce simple discours l'enragea. Il brailla :

– Êtes-vous aveugle ? Ne voyez-vous pas ces barreaux ? Sont-ils vrais ou non, dites-moi ? Je ne suis pas fou, tout de même !

– Bien sûr, bien sûr, mon bon monsieur, répondit le compatissant. Ne vous fâchez pas. Bonne chance !

Et il poursuivit son chemin.

Je n'espère rien. Je ne crains rien. Je suis libre. (Kazantzakis)

Si humble que soit votre vie, faites-y face et vivez-la. Ne l'esquivez pas. Ne l'insultez pas. Elle n'est pas aussi mauvaise que vous l'imaginez. Celui qui cherche à critiquer trouvera à critiquer même au paradis. (Henry David Thoreau)

Quand je n'aurais appris qu'à m'étonner, je me trouverais bien payée de vieillir. (Colette)

76
La longue cuiller

Ti-Jean était de ces vauriens qui se goinfrent à toutes les tables. Les fées, les démons, les archanges, les quatre filles de Satan étaient de ses fréquentations. Bref, il était partout chez lui. Il se trouva donc, un beau jour, en vacances dans l'Au-Delà, invité par saint Barnabé, un vieil ami de la famille. Le Bienheureux lui proposa (il voulait lui faire plaisir) quelques visites culturelles au musée de l'art de mourir, au palais du roi des fantômes, au zoo des bêtes à bon Dieu et autres hauts lieux du pays ordinairement fréquentés par les touristes trépassés. Ti-Jean consulta les brochures que lui vantait le saint patron, puis il fit la moue et lui dit :

– Tout cela est intéressant, mais des parcs et des monuments, nous en avons chez les vivants à ne plus savoir où les mettre. En revanche nous ne connaissons, dans nos royaumes rationnels, que des paradis minuscules et de ridicules enfers. J'aimerais visiter les vrais.

— Rien de plus simple, mon garçon, lui répondit l'auréolé.

Les voilà donc au seuil discret d'un de ces restaurants de luxe où l'on ne parle qu'à mi-voix. Deux laquais devant eux se courbent, les débarrassent prestement de leur manteau, de leur chapeau.

— Au sous-sol, messieurs, à l'étage ?
— Au sous-sol, dit saint Barnabé.

Rectification de cravate, clin d'œil à Ti-Jean ébahi.

— Mieux vaut commencer par l'enfer. Après toi. Attention aux marches.

Ils descendent, prudents. Et que découvrent-ils ? Un rêve de salle à manger aux quatre murs indiscernables, une table unique mais longue, si longue qu'elle se perd au loin, dans les brumes de l'infini. Sur cette table des soupières parfumées comme des jardins, des monceaux de langoustes roses, des platées de riz safrané, de la viande aux épices rares, des desserts à la chantilly, bref un festin de rois gourmands. Mille convives se font face, chacun armé d'une cuiller au manche plus long que le bras.

Chacun l'emplit, mais comment faire pour la retourner proprement vers la bouche tordue, béante ? On râle, on peste, on tend le cou, on en tombe sur le parquet, on se barbouille le plastron, on meurt de faim dans l'abondance.
— Ils sont stupides, dit Ti-Jean.
— Non, damnés, répond Barnabé. Inutile de s'attarder. Allons, suis-moi, viens à l'étage.

Ils remontent. Rez-de-chaussée, escalier raide, et là surprise. Même salle de restaurant, même table aux fonds embrumés, même festin, mêmes convives, mêmes cuillers démesurées. Mais on mange, ici, on savoure, on se pourlèche, on rit aussi. Chacun nourrit celui d'en face. Ti-Jean sourit.
— Le paradis ?
— Tout juste, répond Barnabé. J'ai un creux. Allons déjeuner.

Et si Dieu était ce désir même que les gens ont de Lui ? Et s'Il était pour notre bien Celui qui manque à notre plénitude ?

L'essentiel est d'être ce que nous fit la nature. On n'est toujours que trop ce que les autres veulent que l'on soit. (Jean-Jacques Rousseau)

En prenant de l'âge, on s'aperçoit que tout vous a été donné dans vos jeunes années, que des événements infimes, ou qui vous ont paru tels sur le moment, vous ont marqué pour la vie. Et qu'au fond, vous avez beau avoir des cheveux blancs, ce qu'il y a d'essentiel en vous, c'est l'enfant. (Henri Troyat)

77

La femme stérile

Un rabbin vénéré pour sa sainte sagesse fit halte un soir d'automne gris dans une auberge de village. Il s'attabla sous la lucarne. La servante qui vint poser devant lui sa soupe de blé lui parut infiniment triste. Il ne dit rien mais lui sourit. « Il a l'air gentil », se dit-elle. Il lui parla. Elle répondit. Elle osa dire son chagrin. Elle aurait voulu un enfant. Hélas, son ventre restait plat. Sans doute était-elle stérile. Elle dit cela, puis d'un élan, prise d'espoir illuminé :

– Vous qui savez prier, rabbi, ne pourriez-vous pas demander à Celui qui nous fait vivants qu'il m'accorde un bonheur de fils ?

Le saint homme lui prit les mains.

– Je ne peux rien pour toi, dit-il. Dieu sait ce qu'il faut à chacun. Pour ce que tu as, rends-lui grâce. Ce que tu n'as pas, oublie-le. Sois bénie.

Il baisa ses doigts. Elle murmura :
— Vous êtes bon.

Elle s'en revint à son ouvrage. « Quel homme simple, se dit-elle, et son regard, comme il est beau ! » Il lui sembla que sa présence faisait du bien à la maison. Elle en oublia ses chagrins.

Le lendemain matin, en ouvrant les volets, elle vit le pays sous la neige. L'hiver était venu d'un coup. Elle pensa au vieux voyageur qui devait reprendre sa route. Il n'avait pour s'emmitoufler qu'une vieille cape élimée. « Il va mourir de froid », se dit la bonne fille. Elle avait gardé de son père (il était mort l'année passée) son chapeau et son manteau noir. « Autant qu'ils servent », pensa-t-elle. Elle en fit, en hâte, un paquet, courut à la salle commune, chercha du regard le rabbi, ne le vit pas.

— Il est parti, lui dit, en passant, sa patronne.

Elle trotta dehors. Disparu. Il gelait dur. Elle s'inquiéta. « Quelle folie, si peu couvert ! Il ne doit pas être bien loin, je vais le trouver. » Elle s'en fut.

Elle prit le chemin de la ville avec son paquet sous le bras. Elle y parvint au soir tombé. Elle demanda de-ci de-là si quelqu'un l'avait vu passer.

— Le vieux rabbi tout grelottant ? lui dit-on. Oui, mais il est loin. Il a pris cette route-là.

Elle le poursuivit, obstinée, courbée contre le vent neigeux, une semaine et quatre jours. Enfin dans un lointain village, elle le vit qui marchait devant. Elle l'appela, le rejoignit, essoufflée, heureuse. Elle lui dit :

– Quand j'ai vu le froid qu'il faisait, l'autre matin, devant chez nous, j'ai pensé : ce pauvre rabbi, avec sa pelisse râpée, ne pourra pas passer l'hiver. J'ai voulu vous donner le manteau de mon père avec son chapeau que voici, mais vous étiez déjà parti. Je vous trouve, enfin. Prenez donc !

– Grand merci, dit le voyageur.

Et comme elle s'en allait :

– J'ai parlé au bon Dieu. Dans un an jour pour jour un enfant te viendra.

Ce fut ainsi. Elle fut enceinte et mit au monde un beau garçon. Puis un soir, dans la même auberge, le rabbin s'en revint loger. Ce fut cette fois la patronne qui le supplia de l'aider. Elle aussi espérait un fils que son ventre ne voulait pas. Elle lui dit :

– Rabbi, je vous prie, parlez à notre Dieu pour moi. Je vous porterai un manteau jusqu'à Varsovie s'il le faut.

– Hélas, répondit le saint homme, cela ne servirait à rien.

– Pourquoi donc ?

— Femme, c'est tout simple. Tu sais ce qu'a fait ta servante, et pour que le bon Dieu m'entende, tu n'aurais pas dû le savoir.

Et si le mensonge n'était pas où l'on croit ? Et s'il était justement dans cette désespérante exclusivité offerte à l'apparence des choses, à la prétendue réalité ?

Pour certains, la plus belle chose du monde est une troupe de cavaliers. Pour d'autres, une armée de fantassins. Pour d'autres encore, une escadre en mer. Pour moi, c'est de voir quelqu'un aimer quelqu'un. (Sapho)

Plutôt que d'élever des murs, construis des ponts. (Lao Tseu)

78
La fille et le monstre

C'était une fille sans homme. Pas de mari, pas d'amoureux. Son père, elle l'avait oublié. Elle avait un troupeau de rennes qui vagabondait dans la steppe sans qu'elle ait à s'en occuper. Le soir, sur le pas de sa porte, elle chantait au vent, tête haute, et ses bêtes s'en revenaient. Fière et seule, elle vivait ainsi.

Un matin elle mit son manteau, sortit, regarda les nuages et soudain fronça les sourcils. Une ombre, là-haut, prenait forme. Un corps, une tête, deux yeux. Dans chacun s'alluma du feu. Une gueule s'ouvrit, brumeuse. La fille pensa : « Mauvais jour. C'est ma mort que je vois venir. » Elle prit son bâton et s'enfuit. L'être alors grandit, se fit monstre, se posa dans l'herbe, sans bruit, pelage de nuit en plein jour, crocs de roc et griffes de braise, galop lourd. Il la poursuivit. Elle vit son ombre l'envahir. Son souffle mouilla ses cheveux, sa nuque, son dos, ses épaules. Alors elle sortit de sa poche son peigne d'ivoire. Elle lui dit :

– Peigne, peigne, soigne ma peine, que les yeux de ma mort s'éteignent !

Elle le lança sur ses talons. Il se changea en forêt sombre, arbres serrés, feuillages hauts, lianes, buissons venimeux. Le monstre ouvrit grande sa gueule, déchira les branches, les troncs, les nids d'oiseaux et les fourrés, les dévora, les avala. Ne resta plus derrière lui qu'un peigne blanc sur une pierre. Il reprit son galop fumant. La fille à nouveau le sentit qui la flairait de bas en haut. À sa ceinture était noué un mouchoir rouge. Elle le défit. Elle le baisa et murmura :

– Mouchoir, mouchoir, fais ton devoir, que ma mort ne puisse me voir !

Elle le laissa aller au vent par-dessus sa nuque courbée. Alors jaillit un feu si haut que le ciel en fut étonné. Le monstre s'arrêta devant, tourna la tête à droite, à gauche, vit un lac dans une vallée. Il y galopa, il le but, il n'en laissa pas une goutte. Il s'en retourna au brasier, cracha des bruines entre ses crocs. Le feu fuma et s'éteignit. Un mouchoir rouge s'envola parmi les cailloux et les herbes. Le monstre gronda et bondit. La fille vit bientôt grossir le nuage qu'il soulevait. Il lui cacha le ciel, la terre. Elle frappa le sol du bâton. Elle se fit renarde, elle s'enfuit, reprit du champ et le perdit. Elle se fit louve et à grands bonds s'en fut de rochers en buissons. Le bruit du galop, derrière elle, lui hérissa bientôt le poil. Alors elle se changea en ourse et, sur la steppe, droit devant, elle aperçut un campement. Elle y courut, le souffle rauque. Au seuil d'une tente elle tomba, n'espéra plus, s'évanouit.

Quand le jour lui revint aux yeux, elle était dans son corps de fille. Deux jeunes gens, penchés sur elle, l'aidèrent à se relever. Elle frissonna, chercha le monstre. Elle vit s'approcher un garçon beau comme un rêve matinal. Elle lui dit :

– Un Esprit terrible tout le jour m'a couru après. Où est-il passé ? Je l'ignore.

Il lui répondit :

– C'était moi. Je voulais t'amener chez nous.

– Pourquoi t'es-tu changé en monstre ?

– C'est toi qui m'as vu effrayant. As-tu vraiment si peur d'aimer ?

Elle baissa le front. Elle se tut. Il lui dit qu'ils étaient trois frères et qu'ils vivaient seuls, sans amour. Il lui demanda de choisir celui qu'elle voulait pour époux. Elle le regarda. Elle sourit.

Tu crois chercher le sens des choses ? Non, tu n'en veux que la raison.

Le plus grand péché est sans doute de refuser l'amour quand il vient dans la vie, malgré le mal qu'il fait.

Les vrais miracles font peu de bruit. (Saint-Exupéry)

79

Le prince amoureux

On raconte qu'un jeune prince se prit d'amour, un jour de pluie, pour une princesse mouillée qu'il avait vue de sa fenêtre chercher un abri de fortune sous une tonnelle fleurie. Il accourut à son secours, il voulut l'entraîner chez lui, mais elle le retint sous l'averse en affirmant qu'il faisait beau. Ses yeux étaient de tels soleils qu'il fut aussitôt convaincu. Ils restèrent blottis ensemble en espérant qu'il plût toujours. Le lendemain, dans le jardin, ils fêtèrent l'anniversaire de leurs premiers mots échangés. Il lui fit un cadeau par jour. Tous les soirs, elle pria le Ciel de ne pas dormir de la nuit afin que jamais ne s'efface dans les ténèbres du sommeil le visage de son aimé. Une année ainsi s'écoula avant la mauvaise nouvelle.

Une horde de conquérants aux cheveux en queue-de-cheval pillait les terres frontalières. Le prince dut coiffer son casque, se vêtir de cuir et de fer. Il promit à sa bien-aimée d'écrire jusqu'à son retour un poème, chaque matin, à la gloire de sa beauté. Il le fit sans manquer un jour. Il revint couronné d'étoiles. L'ennemi brûlait en enfer. Après le bal de la victoire il ôta son manteau brodé, il prit la main de son amie et l'entraîna jusqu'à sa chambre. Il la fit asseoir. Il lui dit :

– Écoutez ce que j'ai écrit.

De la poche sur sa poitrine il sortit son cahier secret.

À la lueur d'un chandelier il lut un poème après l'autre. Il s'émut des mots qu'il disait. Il répéta plusieurs passages qu'il trouvait joliment troussés.

– N'est-ce pas beau, ma bonne amie ? S'il vous plaît, écoutez encore.

Elle baissa la tête et pleura. Il en resta la bouche ouverte.

– Ce n'est pas moi que vous aimez, dit-elle enfin, ce sont vos phrases, c'est l'exaltation qui vous tient, c'est votre cœur quand il s'emballe. Vous êtes amoureux, c'est vrai, mais hélas, pas de moi, de vous.

Il protesta sans grande force, se vit si pauvre qu'il se tut. Il jeta au feu son cahier. Il lui dit qu'il l'aimait assez pour vouloir tout apprendre d'elle. Ce fut ce jour-là, pas un autre, que leur vie commença vraiment.

Si les adolescents étaient sages comme des vieux, ils seraient bientôt morts. (Hugo di Guire)

L'erreur consiste souvent à vouloir cueillir le fruit de l'arbre de la connaissance, alors qu'il s'agit de devenir cet arbre pour en donner le fruit.

Nos premiers maîtres de philosophie sont nos pieds, nos mains, nos yeux. Substituer des livres à tout cela, ce n'est pas nous apprendre à raisonner mais à nous servir de la raison d'autrui. C'est nous apprendre à envier et à ne jamais rien savoir. (Jean-Jacques Rousseau)

80

Les deux vies du sultan Mahmoud

Fils estimé du Bienveillant, ruisselant d'ors, de flatteries, de musiques paradisiaques et de houris aux seins parfaits, tel était le sultan Mahmoud. Son ciel ? Tout bleu. Son palais ? Blanc. Son peuple ? À peine turbulent. Bref, il n'avait pas à se plaindre. Et pourtant il n'allait pas bien. Ses femmes et ses philosophes ne lui inspiraient que des « bof », des « à quoi bon », des gestes mous. Il désespérait. C'était grave, car il ne savait pas pourquoi.

— Qu'avez-vous, Sire ?
— Rien, ça va.

Mais dans son regard sans éclat on devinait ses idées noires. Son grand vizir n'en dormait plus.

Un matin, à presque midi, ouvrant les rideaux de sa chambre, il trouva Mahmoud affalé qui contemplait obstinément le bout pointu de ses babouches. Il lui dit :

— Sire, tout à l'heure, un vieux cheikh a sollicité un rendez-vous particulier avec Votre Magnificence. Il vient de l'extrême Maghreb. Nous avons eu un entretien qui m'a laissé la bouche ouverte. C'est un magicien prodigieux. Recevez-le, je vous en prie. Je sens qu'il saura vous sortir de vos brouillards maléficieux.

Mahmoud souleva un sourcil et répondit :
— Oui, bof, qu'il entre.

Quel âge avait-il, ce vieillard ? À vue d'œil, à peu près cent ans. Efflanqué, les poings sur sa canne, vêtu de barbe, de cheveux et de quelques haillons crasseux, la mine sévère, l'œil noir. Il s'avança et dit :
— Bonjour. Lève-toi, Mahmoud, et viens voir.

Le déprimé resta pantois. On ne l'avait jamais traité aussi sèchement de sa vie. Il obéit pourtant, se dirigea vers la fenêtre que le vieil homme désignait.
— Ouvre-la. Allons, presse-toi.

Mahmoud ouvrit, huma l'air doux, se pencha soudain, recula, l'index tendu, blême, haletant. Des milliers de cavaliers noirs, piques brandies, sabres sanglants, ravageaient les rues de la ville, tranchaient les corps, brisaient les portes, assaillaient les murs du palais. Leurs clameurs effrayaient le ciel.

— Qu'Allah ait pitié de nos vies ! gémit le malheureux sultan. Vois, vizir, nous sommes perdus !

Le cheikh le repoussa d'une franche bourrade, ferma la fenêtre et grogna quelque chose d'ésotérique. Puis il rouvrit les deux battants.

— Sultan, regarde maintenant !

L'autre s'avança, méfiant, risqua un œil. Tout était calme. Les gens allaient par les ruelles, les ânes, les chariots branlants. Plus le moindre soudard en vue.

— Comprends pas, bafouilla Mahmoud.

Il s'ébroua, frotta ses yeux. Le vieux le saisit par la manche, l'entraîna à travers la chambre jusqu'à la fenêtre opposée.

— Ouvre.

— Non, pitié, j'ai trop peur.

Le vieillard leva son bâton. Mahmoud entrouvrit, ouvrit grand. Les quatre cents minarets des mosquées de la ville n'étaient plus qu'un brasier fumant. Un ouragan poussait des flammes rugissantes vers le palais.

— Yayay ! brailla le malheureux.

Le feu lui dansait dans les yeux. Le cheikh referma la fenêtre, la rouvrit. Plus rien. Le ciel bleu, les minarets blancs, les oiseaux. Mahmoud s'avança, recula, tomba de cul sur le tapis.

— Vizir, une bassine d'eau ! ordonna le vieillard. Fais vite !

L'autre s'en alla, il disparut, revint encombré d'une vasque qui ruisselait par tous les bords. Il la posa devant le cheikh.

– Mahmoud, viens là, grogna le vieux. Penche-toi. Regarde ta tête.

Le sultan se courba, le cheikh saisit sa nuque, plongea son visage dans l'eau et tout, palais, chambre, fenêtres, vizir, cheikh et bassine d'eau ne furent plus qu'un souvenir.

Il était au bord de la mer, épuisé, naufragé sans doute. Il se dressa, vit des pécheurs qui accouraient à sa rencontre. Il leur cria :

– Hommes, à genoux ! Je suis Mahmoud, votre sultan. Ramenez-moi dans mon palais !

Les autres se le désignèrent en riant, la trogne fendue, en singeant son air de grand monde.

– Hé, le fou, dit l'un, tu t'es vu ?

Mahmoud se palpa les cheveux. Il portait un bonnet de feutre. Il était vêtu de haillons.

– Allons, mon gars, viens nous aider, nous avons besoin de main-d'œuvre.

– Mais je ne sais pas travailler !

– Peu importe, tu feras l'âne. Tu vois ces ballots de sardines ? Tu les porteras au marché !

On le tirailla par le col. Il en tomba à quatre pattes. Cinq ans durant il charria, pour un croûton de pain par jour, des tonnes de poissons puants du bord de la mer jusqu'au souk. La nuit, il couchait chez les ânes. Un jour, un marchand l'acheta avec trois baudets de l'étable. Il lui dit :

– Je n'ai qu'une fille. Tu m'as l'air d'un sacré gaillard. Épouse-la, grand bien te fasse. Je veux douze petits-enfants.

Il l'amena dans sa maison, lui fit servir des fruits confits, des gâteaux, de l'alcool de figue, puis appela sa Fahima.

– Sois indulgent, elle est farouche. Pauvre comme tu l'es, garçon, elle va te plaire, j'en suis sûr.

La fille vint. Misère noire ! Elle était difforme, bossue, elle avait du poil au menton. Elle lui sourit, langue dardée entre ses deux dernières dents. Mahmoud gémit :

– Oh non, pitié !

Le marchand le poussa vers elle, elle lui prit les joues, s'agrippa. Il perdit le souffle. Il hurla.

Sa tête sortit, ruisselante, de l'eau où elle était plongée. Il était chez lui, au palais, à nouveau sultan, dans sa chambre. Sa vie de misère ? Un instant, le temps d'un remous de bassine. Son vizir était là, fidèle. Le magicien le regardait, l'œil pointu, la barbe légère. Il dit, courbé sur son bâton :

– C'est insulter le Créateur que de faire mauvaise mine quand on a la chance de vivre dans un palais de ce prix-là. As-tu compris, sultan Mahmoud ?

Mahmoud ne lui répondit pas. Il riait, les bras grands ouverts, il avait envie de danser avec tous les vivants du monde. Il voulut embrasser le cheikh.

– Holà, du calme, dit le vieux.

Il se défit dans l'air tranquille comme une fumée de bougie.

La vie est probablement ronde. (Gaston Bachelard)

Impossible est impossible. (Sri Adwayananda)

Quand l'homme naît, il est souple et faible. À sa mort, il est rigide et dur. Les plantes à leur naissance sont souples et fragiles. À leur mort elles sont sèches et dures. Ce qui est dur et fort va vers la mort. Ce qui est souple et faible va vers la vie. (Lao Tseu)

81
Jean sans Peur

Jean sans Peur revenait de guerre, sac à l'épaule, canne au poing, manteau fané, bottes trouées. Un soir venteux sur son chemin, merci Dieu, enfin un village. Maisons basses, fumiers bourbeux. Un chien vint lui gronder autour. Une vieille, devant sa porte, balayait quelques rats crevés. Elle râlait dur.

– Salut grand-mère ! Y a-t-il une auberge où loger ?

– Une auberge, ici ? Ah, misère !

Elle ricana, torcha son nez. Elle lui désigna la colline.

– Nous avons bien ce vieux château, mais il n'y fait pas bon dormir. Le diable y vient, à ce qu'on dit. Ceux qui ont risqué leur carcasse entre ses toiles d'araignées sont tous morts d'épouvante pâle.

– Hé, qu'importe, ma bonne mère ! Pourquoi crois-tu qu'on m'appelait, dans mon régiment, Jean sans Peur ? J'y roupillerai comme un loir !

Il grimpa jusqu'à la bâtisse, il poussa le portail plaintif, fit sonner son pas sur les dalles d'une salle aux meubles moisis. Il faisait froid. Il alluma un grand feu dans la cheminée, s'y chauffa les pieds et les mains, puis sortit ses trois dés d'ivoire et se mit à jouer tout seul.

Il les lança sous la chandelle. Ils roulèrent. Un bras pâlichon tomba, badaboum, du plafond, de l'autre côté de la table, puis un deuxième, puis deux jambes. Jean, rigolard, leva le nez.

– Hé, là-haut, merci pour les quilles ! Manque la boule, envoyez-la !

Une tête dégringola, rebondit sur les quatre membres. Tourbillon de pieds et de mains. Un petit bonhomme apparut, regard torve, barbe pointue, cheveux plantés en balai-brosse. C'était le diable. Il dit :

– Bonsoir.

– Salut à toi, répondit Jean. Grand merci pour la compagnie. Si nous jouions une partie ?

Il lui fit un clin d'œil canaille.

– Bien volontiers.

– À toi l'honneur.

Le diable agrippa les trois dés, souffla dessus, les fit rouler. Le premier tomba sous la table.

– Ramasse, dit le malotru.

– Fais-le toi-même, hé, peau de bouc, je ne suis pas ton domestique !

Le diable recula sa chaise, il ronchonna, il se baissa. Alors Jean empoigna sa canne, et à deux poings, coup droit, revers, il l'abattit sur le mauvais, sur son crâne, son dos, ses fesses.

– Tu croyais rouler Jean sans Peur ? Que lui veux-tu, à ce château ? Hé, pet de Dieu, avoue, sinon je te hache en purée de viande !

– Yayay, pitié, je meurs, arrête, assez, drapeau blanc, je dis tout ! Suis-moi. Promets, ne tape plus !

Il s'en fut trottant, trébuchant, le dos courbe, en tenant ses reins. Jean le suivit, le bâton haut. La cheminée. Au fond de l'âtre, un placard déguisé en mur. Ouverture. Des pièces d'or ruisselèrent en flot cliquetant jusqu'au beau milieu de la salle.

– C'est ma réserve, dit le diable. L'or me sert à pourrir les gens. Pour une poignée de ces sous, ils me laissent prendre leur âme. La tienne ? Non, je n'en veux pas. Que veux-tu, je suis peu de chose. Mon seul pouvoir est d'effrayer. Là sont ma gloire et ma puissance. Qui me regarde sans effroi voit ce que je suis, rien de plus : un petit bonhomme flapi. Prends ce que tu veux et va-t'en. Moi, salut, je vais me coucher.

Il s'en fut. L'ombre l'effaça. Jean emplit son sac à ras bord et s'en fit un bel oreiller.

Le lendemain de bon matin il remit sous ses pieds la route. Après douze jours de bon vent, la capitale du royaume lui vint devant. Le glas sonnait à tous les clochers de la ville. Il pleuvait des larmes partout. On sanglotait dans les mouchoirs, on voilait de deuil les façades, on s'agenouillait dans les rues, on appelait Dieu au secours. Jean s'informa.

– Qu'est-ce qui se passe ?

– La fille du roi, lui dit-on. Elle doit être livrée au diable. Une fois par an, c'est ainsi, une pucelle doit payer la tranquillité du pays. Cette année, malheur sur nos vies, c'est notre princesse Lison qui a tiré la paille courte. Regardez-la, comme elle est belle ! Avec quel courage elle s'en va !

Une jeune fille pieds nus, couronne fleurie, robe blanche, entre deux haies de cris fêlés, de gémissements, de murmures, descendait la rue vers le fleuve où l'attendait un bateau noir. Jean accourut à son côté.

– Je vous accompagne, dit-il.

– Inutile, c'est sans espoir.

– Que nous importe, allons toujours !

Sur le rivage, plus personne, sauf le diable qui descendait la passerelle du bateau pour accueillir son beau cadeau. Il aperçut Jean.

– Aïe, malheur ! Encore toi ? Je suis maudit !
– Tout juste, mon beau. Tu décampes, et tu ne reviens plus ici, sinon je dis à tout le monde que tu n'es qu'un loup de papier !
– C'est d'accord, ne t'énerve pas.
Le diable hissa la voile en hâte. Retour triomphal au palais.

Le roi invita le sauveur de sa Lison à déjeuner.
– Ainsi, surprenant jeune homme, vous ne connaissez pas la peur.
– Non, Majesté. Je le regrette. J'aimerais bien la rencontrer pour voir quelle tête elle me fait.
– Attendez le dessert, mon cher.
Fin du repas. Gâteau-surprise.
– Découpez-le, mon bon ami, dit la princesse à son voisin.
Son voisin, c'était Jean, bien sûr. Comme il avançait le couteau, la montagne de chantilly s'ouvrit soudain, deux oiseaux blancs en jaillirent et s'envolèrent au nez du sauveur ébahi. Il sursauta, cria :
– Holà !
– Vous avez eu peur, dit le roi.
– J'avoue. Merci, c'est délicieux.
Jean sans Peur épousa Lison, inutile de vous le dire. Elle l'effraya, de temps en temps. Mais l'amour seul parvint à faire ce que le diable n'avait pu.

Si tu avances, tu es mort. Si tu recules, tu es mort. Alors, pourquoi reculer ? (Proverbe zoulou)

Dans l'amour, le vaillant est celui qui dépose les armes. (Rûmi)

L'homme est une création du désir, non pas une création du besoin. (Gaston Bachelard)

82
La jarre fendue

Un pauvre homme, tous les matins, allait remplir à la rivière deux grosses jarres qu'il portait aux deux bouts d'un bâton de fer posé au travers de sa nuque. Celle de droite était parfaite, joufflue, luisante, fière d'elle. Celle de gauche était fêlée. Elle perdait son eau en chemin, et donc elle s'estimait mauvaise. Elle en souffrait. Elle avait honte, tellement honte qu'un beau jour elle osa dire, tout en pleurs :

– Pardonne-moi, pauvre porteur.

– Te pardonner ? répondit l'homme. Pourquoi donc ? Qu'as-tu fait de mal ?

– Allons, tu sais bien, chaque jour tu nous emplis d'eau à ras bord, tu t'échines, tu t'exténues à nous porter à la maison et, quand enfin nous arrivons, ma compagne a fait son devoir, elle a la conscience tranquille. Moi, non. Je sens qu'elle me méprise.

J'aimerais être comme elle, mais vois, je suis vide à moitié, et tu dois m'en vouloir beaucoup.

– Oh non, au contraire, dit l'homme. Regarde le bord du chemin, de ton côté. Qu'est-ce que tu vois ?

– Des fleurs partout. Elles sont superbes.

– L'eau que tu perds, jarre fendue, les arrose tous les matins. Tous les matins elles te bénissent, et moi je te bénis aussi, car chaque jour je peux offrir un beau bouquet à mon épouse. Tu fais la joie de ma maison. Regarde de l'autre côté. Ta compagne, certes, est parfaite, mais que vois-tu ?

– Cailloux, poussière.

– Chacun fait selon sa nature. Ne change rien, ma bonne amie. Et ne regrette pas tes failles. Vois comme elles nourrissent la vie.

Le malheur n'est fatal que s'il est accepté.

Une mauvaise herbe est une plante dont on n'a pas encore trouvé les vertus. (Emerson)

Nous soupçonnons parfois notre mémoire d'enchanter faussement le passé, alors qu'elle est fidèle à ce qui fut, et que seules sont trompeuses les mélancolies qui nous font douter d'elle.

83
Les trois frères

C'ÉTAIT UN SEIGNEUR DE VILLAGE riche à foison, bon cœur, bel air. Le sabotier du bout du bourg était pauvre comme un caillou, mais le monsieur l'aimait beaucoup. Tous deux étaient amis d'enfance. Si bien que le jour de janvier où l'épouse du miséreux accoucha de l'enfant de trop (ils en avaient une douzaine), le seigneur dit au sabotier :

– Ne t'inquiète pas, je l'adopte.

Il n'avait, lui, que trois garçons.

– Merci bien.

C'était une fille. On la baptisa Marilou.

Elle grandit avec ses trois frères. Quand leur vint du poil au menton, un soir de giboulées d'avril, devant le feu du grand salon, le vieux père dit à ses fils :

– Vous aimez notre Marilou ?

– Évidemment. Quelle question !

– Sachez donc, mes beaux garnements, qu'elle n'est pas vraiment votre sœur.

– Bonne nouvelle, je l'épouse !

– Moi aussi !

– Non, c'est moi, l'aîné !

Fiévreux, impatients, intenables, émerveillés, parlant ensemble, ils assaillirent le fauteuil où leur père rougeaud, rieur, tentait de les tenir au large.

– Holà, du calme, les enfants. Avant que votre cœur explose, puisque la mèche est allumée, voici ce que je vous propose. Allez tous les trois à Paris, cherchez et trouvez le cadeau que vous jugerez digne d'elle et revenez chez nous avec. C'est Marilou qui choisira.

Les voilà aussitôt partis à la ville aux mille boutiques. Sous le portail de Notre-Dame :

– Séparons-nous là, dit l'aîné. À chacun ses rues et sa chance. Rendez-vous ici dans trois jours.

Troisième matin, midi juste. Chacun s'en vient sur le parvis.

– À moi Marilou, dit l'aîné. Je crois que le sort me désigne. J'ai rencontré la nuit dernière sous un lampion un vieux cocher qui n'avait plus qu'une heure à vivre. Il m'a dit : « Sois le bienvenu, j'allais mourir sans héritier. Tu crois ma voiture banale, mais elle cache son jeu, fiston. Elle est magique, et pas qu'un peu. Tu montes dedans, tu dis ouste, et elle te porte en un clin d'œil où tu désires te trouver. Elle est à toi. Adieu, bon vent. »

– Pas mal, pas mal, dit le deuxième. Mais écoute un peu ma chanson. Moi, hier soir, dans une rue noire, j'ai trébuché sur un voleur qui venait de cambrioler le grenier d'un maître astrologue. Il m'a grogné : « Tu tombes bien. Un télescope pour trois sous, presque neuf, tu fais une affaire. » Je l'ai acheté. Le voici. Chance pour moi, mes bons amis, sa valeur est inestimable. Il permet de voir d'ici-bas jusqu'à la plus lointaine étoile. Ainsi j'aperçois à l'instant le visage de Marilou. Elle regarde par la fenêtre. Elle soupire. Elle rêve de moi. Et toi, frérot, qu'as-tu trouvé ?

– Moi ? Trois pommes, dit le cadet. J'ai rencontré hier une vieille. Ses fils l'avaient abandonnée, elle en était mélancolique. Je lui ai tenu compagnie. Ce matin, quand je l'ai quittée, elle les a fourrées dans ma poche. Elle m'a dit : « Ne les mange pas, garde-les pour l'heure fatale. Elles guérissent tous les poisons. Même un pied dans la nuit des morts elles ramènent qui mord dedans à la lumière des vivants. »

Ils s'en allèrent visiter, le nez au vent, la capitale. Enfin comme le soir tombait, fourbus, contents :
– À la maison ! dit l'aîné. Mes frères, en voiture !

— Attends, dit le deuxième, attends, que je voie si la soupe est prête !

Il mit l'œil à sa longue-vue, fit « ho » puis « ah » puis :

— Catastrophe ! Père et mère sont dans leur lit, Marilou est couchée par terre, ils agonisent, ils vont mourir !

L'aîné dit « ouste » à sa voiture. Les voici aussitôt rendus. Le cadet fonce dans la chambre. Une pomme pour Marilou, les deux autres pour ses parents. Les voilà sauvés. On respire, on s'embrasse et l'on va dîner. Au dessert :

— À qui Marilou ?

L'aîné désigne sa voiture. Elle est là, au pied du perron. Le deuxième sort de son sac sa longue-vue bien astiquée et le cadet tend ses mains nues. Marilou les prend et les baise.

— Au meilleur des hommes, dit-elle. À celui qui a tout donné sans rien garder pour son salut. Pas d'objection ?

Chacun se tait. Le conteur aussi. Bonne nuit.

Fuis les honneurs et l'honneur te suivra. Accepte la mort et la vie te sera donnée. (Abou Bakr)

La rose est sans pourquoi. (Angelus Silesius)

Deux mains qui se cherchent c'est assez pour le toit de demain. (André Breton)

84

La couleur de la neige

Srulek parle yiddish, c'est le fou du ghetto. Le voici un matin d'hiver sur l'unique banc de la place. À côté de lui, un aveugle. Tous les deux grelottent. Il fait froid.

– Comment est la neige, dis-moi ? demande l'homme sans regard.

– Elle est blanche, répond Srulek.

L'autre médite, hoche la tête.

– D'accord, mais blanche, c'est comment ?

– C'est comme qui dirait du lait.

– Et le lait, dis-moi, c'est comment ?

– Les cygnes qui vont sur le lac, dit Srulek, tu sais, ces oiseaux avec un long cou recourbé, eh bien ils sont comme le lait.

Il allonge le bras, il courbe le poignet pour imiter le cou du cygne, et ce bras, l'aveugle le palpe, et le poignet, la main aussi.

— Ah oui, je vois, dit-il, je vois bien maintenant la couleur de la neige.

Je suis ermite depuis soixante-dix années. Je n'ai jamais vu aucun génie, aucun ange. J'ignore la recette de la drogue d'immortalité. Je ne possède aucune formule magique. Je goûte parfois la vague saveur d'une sagesse inexprimable. Je vais bien.

Vous devez être le changement que vous souhaitez voir dans le monde. (Gandhi)

Entrer dans l'âge adulte est une naissance. C'est un passage difficile. Beaucoup le refusent parce qu'ils ne veulent affronter ni la souffrance d'être seuls, ni la liberté d'inventer leur propre vie.

85
Le condamné impatient

Fierté du devoir accompli. Le roi déchaussa ses lunettes et s'étira comme un gros chat. Il avait fait pendre, ce jour, trois cents coupables d'hérésie, de désaccord, d'opposition, d'innocence ou de mauvais goût. Pour ces mêmes sortes de crimes, trois cents autres vagues méchants avaient eu les couilles tranchées.

— Eh bien, dit l'indulgent monarque à son ministre des Prisons, le royaume est-il assaini ? Tous les malfaisants ont-ils eu leur billet pour le train d'enfer ?

— Il en reste deux, Majesté.

— Qu'ils patientent jusqu'à demain. Pour l'instant, je suis fatigué. Trois cents châtrés, autant de morts. J'aime les symétries parfaites. L'un des deux sera donc pendu et l'autre privé pour toujours de son rossignol d'entrejambe. Je déciderai de leur sort après ma douche matinale.

Sur ce, le roi partit dîner.

Dans le souterrain du palais, les deux condamnés en sursis furent aussitôt informés qu'ils allaient mourir tous les deux, mais l'un un peu moins que son frère. Qui monterait à la potence ? Qui baisserait son pantalon ? Cruel espoir, terrible crainte. Au douzième coup de minuit, le plus âgé de ces larrons, las de tourner comme un hamster entre les barreaux de sa cage, sentit germer sous ses cheveux une incandescente lueur. « Si je me fais voler mes bourses avant le réveil du tyran, se dit-il, l'affaire est réglée. Je survivrai. Un peu infirme, mais bon, personne n'est parfait. Il me faut donc lâcher du lest. » Il appela les deux geôliers qui jouaient au poker menteur de l'autre côté des barreaux.

— J'ai là caché dans ma chemise le plan d'un trésor de brigands, leur dit-il. Le voici. Du calme. Il est à vous à condition que vous me rendiez un service. Tranchez mes couilles, s'il vous plaît.

Ce fut fait en un tournemain.

Le lendemain matin le roi se leva vers huit heures trente et d'extrêmement bonne humeur. Il sortait d'un rêve oriental d'un insurpassable érotisme. On lui rappela son devoir.

– Ah oui, dit-il, les condamnés. J'ai réfléchi. Je leur fais grâce. Il est bon que mon peuple sache que je sais être généreux.

On porta la nouvelle en bas où croupissaient les prisonniers.

– Dieu soit loué, dit le premier.

– Et mes couilles, gémit son frère, et mon trésor ? Malheur sur moi !

– Deux fois hélas, répondit l'autre. Ton impatience galopante t'a joué ce mauvais tour-là. Pour ce qui te reste de vie, suis ton chemin, et souviens-toi. On ne lit pas la page quatre avant d'avoir fini la trois.

La raison, certes, nous dit que tout meurt. Mais pour l'amoureux, le scribe, le conteur, les preuves de la nuit ne sauraient entamer leur confiance dans les métamorphoses de la vie. À la vie seule, qui va sans fin, sont confiés les enfants de nos désirs et de notre mémoire.

L'amour n'est pas ce sentiment convenable dont les prêtres ornent leurs homélies, mais la force même qui pousse tout ce qui vit en ce monde à franchir les jours et les nuits.

Mon cœur est désormais ouvert à toute image : pré de gazelles, cloître de moines, temple d'idoles, Ka'aba des pèlerins, tablettes de la Torah et paroles du Coran. Je crois en l'amour, où que se dirigent ses caravanes, car l'amour est ma religion et ma foi (Ibn Arabi)

86
L'amour des roses

Abou Fayçal le Nonchalant, parfois à l'heure de la sieste, parfois à la tombée du jour, disait à l'un de ses disciples :

– Va donc méditer au jardin.

Et il ajoutait à mi-voix, l'œil embrumé, dans un soupir :

– J'aime les roses. Et toi, mon fils ?

Chaque fois il faisait ainsi. Même regard errant parmi les fronts penchés, puis même geste, mêmes mots. Celui qu'il avait désigné s'inclinait et trottait dehors, disparaissait parmi les fleurs, revenait avec une rose qu'il déposait aux pieds d'Abou. Alors le vieux la ramassait, il la posait contre sa bouche, il lui murmurait tendrement :

– Pardonne-le, il ne sait pas.

Puis il demeurait silencieux jusqu'au matin du jour suivant.

À ce qu'on dit, cela dura jusqu'à la venue d'un jeune homme qui voulait apprendre d'Abou l'art de composer des parfums. Il s'appelait Farid Attar. Il fut plus tard l'un des plus grands des poètes de ce bas monde mais, à vrai dire, en ce temps-là, il n'avait rien d'un étudiant. Il ne savait même pas lire. Le vieil homme l'admit pourtant à s'asseoir parmi ses disciples. Vint le jour où sur lui tombèrent les mots mille fois entendus :

— Va donc méditer au jardin.

Et tous pensèrent sans le dire, avant qu'il ne soit prononcé, le bout de phrase coutumier :

— J'aime les roses. Et toi, mon fils ?

Le jeune homme sortit et ne reparut pas de la demi-journée. Quand il revint enfin, il était presque nu et ses mains étaient vides. Il tomba à genoux devant Abou Fayçal.

— Veuillez, dit-il, me pardonner. J'ai voulu dans la roseraie emplir mon habit de pétales pour les déposer à vos pieds, mais leur parfum et leur beauté m'ont tant et si bien enivré que je leur ai offert ma robe, faute d'avoir plus à donner.

Abou Fayçal le releva. Ses yeux riaient, emplis de larmes. Il l'étreignit infiniment.

Sur la berge escarpée du fleuve est une voix qui parle. J'ai vu le maître de cette voix. Il m'a salué. J'ai parlé avec lui. Il m'a dit : « Tout ce que tu vois est vivant. » (Un chaman sibérien)

Les humains disent que le temps passe. Le temps dit que les humains passent. (Proverbe sanskrit)

Dehors, l'empereur est ton maître. Rentre chez toi, ferme la porte. L'empereur, maintenant, c'est toi. (Proverbe mongol)

87
L'homme sans souci

Ce roi-là s'angoissait pour tout. Non pas pour les maux du royaume (« Les gens ? disait-il. Quelles gens ? ») mais plutôt pour ces riens majeurs qui occupent l'âme et le cœur des écorchés vifs richissimes. Quel costume pour l'opéra ? J'ai mal au doigt. Ai-je un cancer ? Aujourd'hui tout va. Mais demain ? Telles étaient les inquiétudes renouvelables à l'infini qui de l'aube au soir l'obsédaient. Vint le jour où son conseiller lui dit :

— Sire, j'en ai assez de remonter votre moral de la cave au premier étage, tous les matins, comme je fais depuis que vous régnez sur nous. Je connais l'homme qu'il vous faut. Il vit sans le moindre souci avec cinq ou six sous par jour. Allez le voir, observez-le. Peut-être vous apprendra-t-il à ne pas sursauter d'effroi à la moindre mouche qui passe.

— Bof. Tu crois ? répondit le roi.

Mais le soir même, à la nuit noire, confiant de l'œil droit et jaloux de l'œil gauche, il se travestit en mendiant et alla frapper au volet de cet ami du dieu Bonheur.

L'homme était en train de dîner. Il lui offrit de son fromage.
– Es-tu content ? lui dit le roi.
– De quoi manger, de quoi dormir, quatre murs, un toit sur la tête, que puis-je demander de mieux ? lui répondit le bienheureux.
– Sans doute as-tu un bon métier ?
– Je répare les pots cassés. Je gagne cinq, six sous par jour. Cela me suffit amplement.
« Trop facile, pensa le roi. Je vais lui donner du souci. Je suis curieux de voir comment il saura s'en dépatouiller. » De retour au palais :
– Ministre, j'interdis que tout pot cassé soit dorénavant recollé. Qu'on achète du beau, du neuf. Il faut stimuler le commerce !

Le lendemain, sur le marché, plus rien pour le raccommodeur. Il s'en alla, le nez au vent. Il rencontra, dans un faubourg, un pauvre vieux à bout de souffle qui rafistolait sa maison. Il lui donna un coup de main. Au soir, comme il rentrait chez lui :

– Salut, mendiant ! Tu tombes bien, c'est bientôt l'heure de dîner.

C'était évidemment le roi dans ses haillons de pègreleux.

– As-tu de quoi faire la soupe ? lui demanda le déguisé.

– Je viens de passer ma journée à réparer une charpente. J'y ai gagné cinq sous tout ronds.

Le roi pensa : « Insupportable ! Il me nargue. Il me veut du mal. Nous verrons bien si cette fois il passera entre les gouttes que je vais lui postillonner. » Le lendemain, conseil royal.

– Les travailleurs intermittents sont la plaie de notre pays. Qu'on ramasse les bricoleurs, les déménageurs de greniers, les conteurs, les chanteurs de rue et qu'on les enrôle de force dans mon armée. Voilà, j'ai dit. *Post-scriptum* : Il est un jeune homme que l'on ne devra pas payer. Pas un sou ! Je vous dirai qui.

Voilà notre homme à la caserne. On lui donne un casque, une épée, des bottes, un uniforme bleu. Le soir venu, devant sa porte :

– Encore toi, mendiant ? Viens donc, j'ai acheté du vin, des figues, du fromage et des raisins secs.

– Avec quoi ? demanda le roi, les yeux aussi ronds que la bouche.

– C'est un secret. Tu veux savoir ? J'ai brisé mon épée en six et je vends un bout de ferraille, chaque jour, pour cinq ou six sous.

– Et qu'y a-t-il, sacré filou, dans le beau fourreau que voilà ?

– Oh, c'est simple. Une épée de bois.

« Je le tiens », ricana le roi dans sa barbe de faux pouilleux. Le lendemain, dans son palais :

– Qu'on amène sous mon balcon un brigand condamné à mort. N'importe lequel, je m'en moque. Je veux voir aussi illico le soldat privé de salaire, allons, pressons, vous savez bien, le grand beau à l'air déluré.

Voici les deux bientôt plantés au milieu de la cour royale.

– Je te donne l'ordre, soldat, de trancher le cou de cet homme, brailla le roi en désignant du bout du sceptre le malfrat.

– Holà, holà, répondit l'autre, c'est là besogne de bourreau. Je ne suis, moi, qu'un fantassin extrêmement aléatoire, pour ne pas dire incompétent. Et puis, Sire, réfléchissez, ce bougre est peut-être innocent. N'a-t-il pas l'air vraiment stupide pour un assassin chevronné ? Demandons à Dieu son avis. Vous êtes d'accord ? Merci bien.

Et tombant à genoux, bras ouverts, tête en l'air :

– Seigneur, roi des rois, je t'implore. S'il faut que je tue, je tuerai. S'il ne faut pas, fais un miracle. Que l'épée que je vais tirer de ce fourreau de cuir bouilli ne soit pas de fer, mais de bois !

Geste grandiose, inoubliable. L'arme au soleil ne reluit pas. Signes de croix interminables parmi les ministres béats. Murmures stupéfaits :

– En bois !

Le roi rit.

– Viens que je t'embrasse. Je te veux chez moi désormais.

– Moi ? Pour quoi faire, Majesté ?

– Presque rien. Te regarder vivre et rire de mes vieilles peurs. Cinq sous par jour.

– Cinq sous ? Parfait !

Ce que tu veux me dire, est-ce vrai ? Est-ce bien ? Est-ce utile ? Sinon, je ne veux pas l'entendre. (Socrate)

La force ne se mesure pas à la victoire.

Impose ta chance, serre ton bonheur et va vers ton risque. À te regarder, ils s'habitueront. (René Char)

88
La cité des fous

C'ÉTAIT UN ROI DE BON ALOI. Il avait un ministre sage, un peuple sans souci majeur (chacun cultivait son jardin) et lui-même, gourmand de tout, cuisine, femmes, livres rares, respectait scrupuleusement la devise inscrite au fronton du palais gouvernemental : « C'est plus simple que tu le crois. » En bref la vie, dans son royaume, allait son train-train d'omnibus sans que nul ne songe à s'en plaindre. Hélas, rien ne dure ici-bas, pas plus le beau temps que l'orage. Vint donc le jour où le soleil se réveilla dans le brouillard et se leva du mauvais pied.

Le ministre avait fait un rêve. Un ange, ou peut-être un démon, l'avait clairement informé : le fleuve aux berges jardinières qui se promenait, nonchalant, parmi les maisons de la ville serait dans sept jours pollué par un déchet si pernicieux qu'il frapperait de folie noire qui s'abreuverait de son eau.

— Vos sujets n'ont rien d'autre à boire, dit au roi le noble rêveur. Ils vont donc perdre la raison. Réfléchissez. Il est vital pour la santé de ce pays que vous et moi nous demeurions aussi sains d'esprit que possible. Ordonnez que l'on aménage, au fond du parc, un bassin neuf. Faites-le remplir à ras bord d'eau potable, tant qu'il est temps, et nous préserverons ainsi notre nécessaire lumière tout au long de la nuit qui vient.

Ainsi fut fait. Vint la débâcle. En moins d'une demi-journée la ville se peupla de fous. On s'enflamma pour des broutilles, on se disputa les micros, on se mit à vanter partout des déodorants odorants, à s'entre-tuer pour la paix, à vénérer comme des saints des déménageurs de guitares, à chercher des idées nouvelles dans des roulements de tambours, enfin à estimer le roi dénué du moindre bon sens. On se le désigna, là-haut, au balcon de son palais blanc. Il salua. Il soupira :

— Je vais tenter de leur parler.

— Dis-nous quelque chose de drôle, cria la foule, amuse-nous ! Trompes-tu ta femme ? Avec qui ? Fais-nous bonjour avec la main ! Mets ton nez rouge, qu'on rigole ! Voyez-le, il ne répond pas, il nous méprise, quelle honte ! À bas le roi, à mort, à mort !

— Il est trop tard, dit le ministre. Décidez vite, Majesté. Ou nous nous laissons massacrer, ou nous buvons la mauvaise eau et nous devenons leurs semblables, ou nous fuyons à la campagne déguisés en moines paillards et nous cultivons nos radis.

— Pourquoi paillards, noble ministre ?

— Une idée en l'air, rien de plus.

— Eh bien en route, dit le roi.

Où sont-ils partis ? On l'ignore, ils ne l'ont pas dit. Bonne nuit.

Va vers ton rêve, et n'oublie pas : l'audace a du génie.

Quand une fille se parle d'amour, rien ne peut la distraire de son silence.

Créer, non posséder. Œuvrer, non retenir. Accroître, non dominer. (Lao Tseu)

89
Le rossignol

Il était un roi d'Occident à l'intelligence appliquée, aux gestes toujours un peu las, aux silences déconcertants. En vérité, il s'ennuyait. Son palais ? Royal, sans surprise, pourvu de tout ce qui finit un jour ou l'autre par lasser, femmes, jeux, conseillers savants, bibliothèques, hautes fenêtres. Son parc ? Jets d'eau, arbres taillés par les plus grands coiffeurs du monde, haies de buis et graviers crissants, massifs de fleurs géométriques. Bref tout était, chez ce roi-là, si parfaitement ordonné qu'il fut pris, un soir de juillet, d'un élan révolutionnaire.
– Je sors, dit-il. Non, s'il vous plaît, ni garde du corps, ni carrosse. Je vais me promener. Bonsoir.

Seuil du jardin, perron de marbre. Devant lui, l'allée de statues et de cyprès au garde-à-vous. Il s'en fut droit, les mains au dos, la tête basse, au fond du parc. Mur d'enceinte habillé de lierre. « Je n'ai plus qu'à m'en retourner, pensa le roi. Qu'est-ce qui m'a pris de vouloir sortir sans escorte, sans même savoir où aller ? » Il soupira, et que vit-il ? Une porte basse, modeste, peinture écaillée, clé rouillée. Il la poussa. Elle résista, elle gémit, s'ouvrit à moitié. Il franchit le seuil, s'arrêta et regarda, un peu craintif.

De la folle avoine partout, de grands arbres au feuillage hirsute, des buissons touffus, çà et là. « Quel drôle d'endroit », se dit-il. Et voilà que soudain, là-haut, dans la verdure naquit une musique. Elle était vive, elle était tendre. Elle faisait rire le soleil, elle faisait danser sa lumière. Le roi, la tête au ciel, en resta bouche ouverte. Il pensa : « Ce doit être un ange caché sous des plumes d'oiseau. Pour chanter aussi bien, comme il doit être beau ! » Il le chercha parmi les branches, mais il ne put l'apercevoir. Le chant, dans l'ombre, s'éteignit. Le roi s'en revint au palais, le cœur battant, l'œil ébloui. Il convoqua ses conseillers.
– Messieurs, dit-il, grande nouvelle. Au-delà du parc est un lieu où chante un prodige d'oiseau. Il est assurément royal et d'une beauté sans pareille. Trouvez-le vite, je l'attends.

On battit les buissons, les herbes, on grimpa aux arbres, on fouilla, on attendit, assis par terre. Le chant s'éveilla dans la nuit. Il était proche. On le cerna, et l'on bondit sur la bestiole. Un rossignol. Un roi, cela ? Il était couleur feuille morte, il tenait au creux de la main. On l'enveloppa dans un linge, on le porta, vite, au palais. Le roi dînait. Il prit l'oiseau, l'examina et fit la moue.

– C'est une erreur, il est quelconque, dit-il enfin. Allons, mes gens, une musique aussi parfaite ne peut sortir d'un tel gosier. Je veux en avoir le cœur net. Chante, petit.

L'oiseau se tut.

– Renvoyez-le à ses feuillages. Assurément ce n'est pas lui que j'ai entendu tout à l'heure.

Il s'en revint le lendemain et tous les matins de sa vie guetter la voix miraculeuse. Il s'en émut, il s'en emplit. Il appela en pure perte celui qu'il imaginait beau parce que son chant touchait son âme. Lui vint une mélancolie qu'on estima inguérissable. Il en ignorait la raison. Il ne savait pas que les êtres qui sèment parfois sur nos têtes quelques graines de paradis sont des oiselets démunis, et qu'au regard des rois du monde qui ne veulent voir de beauté qu'à la mode de leurs palais, les anges sont peut-être laids.

Nous n'accordons une âme aux gens que lorsqu'ils n'ont plus de corps. Pourquoi ? (Malcolm de Chazal)

Dieu n'attend rien de nous. Ni au ciel, ni ailleurs il n'est de tribunal. En nous seuls sont nos juges, nos bourreaux et nos mauvais larrons.

Le rire est le langage des anges, il est ce qui sauve la vie quand les mots ne peuvent plus rien. Il est peut-être bien la chanson préférée de Dieu.

90
Salomon et l'oiseau-mouche

On raconte, le soir venu, dans les camps de caravaniers, que le fameux roi Salomon se prit un jour d'amour béat pour une fille du désert au jeune corps aussi ardent que son regard de diamant noir. Il l'invita sur son divan aux profondeurs irrésistibles.

– Roi, lui dit-elle, j'y viendrai, mais je veux d'abord que tu m'offres un inoubliable palais. Je le voudrais bâti de murs faits des becs, des ailes et des os de toutes les sortes d'oiseaux qui peuplent le ciel de ce monde.

Le désir est un torrent fou, la raison une vieille barque. Celle de Salomon aussitôt chavira. Il appela l'aigle. Il lui dit :

– Je veux voir ici dès demain le chef de tes tribus célestes. J'ai à leur demander un service majeur.

L'aigle partit. Le lendemain tous étaient là, perchés ensemble sur d'innombrables fils tendus face au trône du roi des rois. Il les compta, les recompta, s'étonna, fronça les sourcils. Il en manquait un, l'oiseau-mouche.

— Pourquoi Bayghiz (c'était son nom) n'est-il pas là, mille tonnerres ?

L'aigle répondit :

— Majesté, je l'avais pourtant convoqué. Un instant, je vous le ramène.

Il s'en fut au nid du coupable. Il se préparait à s'enfuir vers d'inaccessibles contrées. Il couina :

— Laisse-moi tranquille. Je sais ce qui nous est promis. Cette réunion est un piège. Excuse-moi auprès du roi, dis-lui que je me sens patraque. D'ailleurs c'est vrai, je suis fiévreux.

— Si tu ne viens pas, je te tue.

— Bon, j'arrive. Passe devant.

Le voici devant Salomon.

— Pardonne-moi, lui dit Bayghiz, je pensais, je réfléchissais à l'étrangeté des vivants, au destin des oiseaux, si différents des hommes. J'ai complètement oublié l'heure de notre rendez-vous.

Le roi sourit, il se pencha, et lui demanda :

— Tu pensais ? J'aimerais bien savoir quelle idée lumineuse a pu trouver à se loger dans un crâne aussi minuscule.

— Par exemple, ô roi des rois, il m'est apparu qu'ici-bas sont plus de morts que de vivants.
— Et comment as-tu fait ton compte ? Tu m'intéresses, explique-moi.
— J'estime morts tous ceux qui dorment, et parmi ceux qui croient veiller sont les endormis sans cervelle qui courent après leurs illusions. J'ai découvert également que l'on trouve chez les humains plus de femelles que de mâles.
— Allons, tu plaisantes, Bayghiz. Il est bien connu que les uns sont aussi nombreux que les autres.
— Si tu comptes comme des femmes ceux qui n'ont rien de plus pressé que d'obéir aveuglément aux fantaisies de leur moitié, de quel côté, à ton avis, est le poids le plus conséquent ?

Salomon se tint silencieux, un long moment, la bouche arquée. Enfin d'un claquement de doigts il appela l'aigle et lui dit :

— Préviens tes frères qu'ils sont libres.
— Merci, roi.
— Je n'y suis pour rien. C'est Bayghiz qui les a sauvés. Que devant lui chacun s'incline.

On le chercha. Ce fut en vain. Il s'était déjà envolé et, bavardant avec la brise, il prenait son bain de soleil.

Le rossignol ignore qu'il te console.

Je te vois, rose, livre entrebâillé qui contient tant de pages qu'on ne lira jamais. (Rainer Maria Rilke)

La confiance est un état d'être. La confiance est la certitude que rien n'est sûr, mais que tout va. On ne sait où. C'est le sel de la vie. On veut savoir, et l'inquiétude gagne.

91
Les deux souris

Sous le soleil voilé de sable marche une tribu de souris. Dure chaleur. Le museau bas, elles prient pour que leur vienne un puits. Au soir (ciel pâle, soleil rouge) enfin, au loin, quelques palmiers, des buissons épars. Le point d'eau. En désordre elles se précipitent, plongent leurs outres au fond du trou, s'abreuvent, s'enivrent de vie. Deux jeunes folles veulent plus : un bain, sous la lune naissante. Elles plongent, en piaillant, dans le puits. Elles barbotent, elles rient, elles appellent :

– Remontez-nous !

– Oui, mais comment ? Vous avez amené les cordes, elles sont descendues avec vous. Grimpez le long de la paroi !

Elles s'escriment, se hissent un peu. Elles retombent. Elles ne peuvent pas. Leurs compagnes, penchées au bord :

— Vous n'y arriverez jamais, vos cuisses sont beaucoup trop maigres. Que faire ? Rien. C'est sans espoir. Vous êtes perdues. Que c'est triste ! Nous ne pouvons plus que chanter pour votre salut, pauvres sœurs, le *De profundis* souricier !

Autour du puits, sous les étoiles, elles entonnent l'hymne sacré. L'une des deux accidentées cesse bientôt de s'obstiner. Elle s'effondre, le souffle rauque. Son museau surnage un instant, puis elle disparaît dans l'eau noire. L'autre, au contraire, s'évertue, elle trouve des prises, elle s'acharne, elle glisse mais ne tombe pas. Le bord, enfin. Elle est sauvée.

— Alors là, disent ses compagnes, quelle vaillance, quel exploit ! Nous n'aurions jamais cru, vraiment, te revoir parmi nous vivante !

— Que dites-vous mes chères sœurs ? demande la miraculée. Je suis sourde des deux oreilles, mais j'ai bien compris à vous voir penchées au-dessus de ma tête que vous me donniez tout de vous, votre confiance, votre espoir. Vous avez décuplé mes forces. Sans vous, c'est sûr, j'aurais péri !

— Mais nous ne t'avons pas aidée ! crièrent les autres assez fort pour que la sourde les entende.

Elle resta un moment perplexe, sortit de son sac le carnet où elle inscrivait, chaque soir, les pensées qui la traversaient, alla à la lueur du feu et nota, en tirant la langue : « Recette d'élixir de vie. Un mot peut te trancher les pattes ou te tirer du fond du trou. Écoute celui qui te sauve, au besoin imagine-le, sois sourd à celui qui t'enfonce, même s'il te vient à l'esprit. »

Si tu es au fond du gouffre, ouvre bien les yeux. Vois le dauphin qui s'y trouve et demande-lui de te conduire vers la lumière. (Proverbe égyptien)

On doit à chaque fois écrire comme si l'on écrivait pour la première et la dernière fois. Dire autant de choses que si l'on faisait ses adieux, et les dire aussi bien que si l'on faisait ses débuts. (Karl Kraus)

Efforce-toi de ne pas être de ton temps. (Lichtenberg)

92
La bonne question

— Sı j'aı bıen compris, Samuel, ton ambition est d'être un jour le maître le plus vénérable de Varsovie et sa banlieue.

— En effet, rabbi, je l'avoue. J'aimerais être assez savant pour qu'aucune question au monde ne puisse me clouer le bec. Je veux avoir réponse à tout.

— Et donc pour cela, mon garçon, tu apprends par cœur le Talmud.

— J'en ai lu déjà cent deux pages et quatorze lignes et demie.

— Félicitations, Samuel. Tu auras donc, assurément, la réponse à l'énigme simple que j'aimerais te proposer. Veux-tu l'entendre ?

— Volontiers.

— Écoute donc, et imagine. Deux malfaiteurs, une maison. À l'intérieur, un coffre-fort. Toutes les issues sont fermées. Par où passer ? Ils s'interrogent. Ils trouvent : par la cheminée. Ils escaladent une gouttière, trottent sur le faîte du toit, se faufilent dans le conduit, tombent dans les cendres de l'âtre. Ils se relèvent. Ils se regardent. L'un est noir de suie, l'autre non. Il est propre comme un sou neuf. Lequel des deux va se laver ?

– Trop facile, rabbi. Le noir.

– Erreur, Samuel. Réfléchis. Le noir voit son compère blanc. Il se croit donc semblable à lui. Mais le blanc, voyant l'autre noir, s'imagine noir, comme lui. Tu me suis ? Alors, qui se lave ?

– Le blanc, rabbi.

– Mais pas du tout ! Le blanc va se laver, d'accord. Logiquement, que fait le noir, quand il voit l'autre sous la douche ?

– Oui, bien sûr, il y va aussi. Ils se lavent donc tous les deux.

– Samuel, mon fils, reste calme. Respire bien. Concentre-toi. Tu vois, je ne m'énerve pas, mais sacré bon sang de bonsoir, ne tire pas trop sur la corde. Je répète donc ma question. Deux voleurs (non, je ne crie pas) descendent par la cheminée. L'un arrive noir, l'autre blanc. Qui va se laver, mille diables ?

– C'est pas les deux ?

– Non, non et non ! Le noir ne va pas se laver

puisqu'il voit son compère blanc. Et pourquoi le blanc irait-il quand le noir n'y va même pas ? Tu as compris, tête de mule ?

– Oui, oui, rabbi, c'est bon, c'est clair, tout va bien, aucun ne se lave.

– Tu sais que tu me désespères ? Non, je ne veux pas te froisser, mais tu me sembles bien parti pour le balayage des rues les jours de grand vent sur la ville. Bougre de borgne du cerveau, deux voleurs, une cheminée. Imagine. Visualise. L'un est noir de suie, c'est normal. Comment l'autre pourrait-il être, le cul dans l'âtre, immaculé ? Avant de penser aux réponses, tu dois apprendre, mon garçon, à poser les bonnes questions. Le chemin du savoir est long. Tu n'es qu'au seuil de ta maison. Un pas après l'autre. On commence.

Je n'ai pas peur de la mort. J'ai été mort pendant des milliards et des milliards d'années avant de naître, et je n'en ai pas souffert le moins du monde. (Mark Twain)

On considère que le péché d'Adam et Ève s'est transmis de père en fils. Quelle espèce de philosophie éthique est-ce là, qui condamne tout enfant, même avant sa naissance, à hériter le péché d'un ancêtre lointain ? (Richard Dawkins)

L'abeille pique le visage triste. (Proverbe japonais)

93
La canne de Salem

« Si un vieux se réveille un matin sans douleurs, c'est qu'il est mort », disait Salem. C'était son dicton préféré. Tous les jours, semaine et dimanche, il le marmonnait dans sa barbe, à peine sorti de son lit, en enfilant péniblement sa paire de vieilles babouches. De fait, il grinçait de partout, il râlait et pestait sans cesse contre la rouille de ses os et les malfaisances du temps, mais son cœur était en bois dur et son poing ferme sur sa canne.

Sa canne, justement. Ce jour-là (il fait beau), c'est d'elle qu'il s'agit. Il vient de se lever. Où est-elle ? Il la cherche. Elle était là, pourtant ! Il appelle sa femme.
— Khadija, mille diables, où as-tu mis ma canne ?
L'épouse accourt, craintive, en hâte, essuie ses mains à son tablier (elle faisait tremper la lessive).

– Elle doit être où tu l'as laissée. Peut-être l'as-tu oubliée, hier soir, chez Hamda, au café. Moi, en tout cas, c'est sûr, je ne l'ai pas touchée.

– Au café ! Mais enfin, réfléchis, pauvre femme ! Comment aurais-je fait, sans elle, pour marcher, après quatre parties d'échecs perdues contre un tricheur notoire ?

– À ta place, moi, j'irais voir.

Il lâche un juron hérité de son vieux passé militaire, cogne l'air du poing et s'en va.

Hamda, à son comptoir :
– Ta canne ? Non, Salem, non, elle n'est pas ici. Je viens de faire le ménage, tu penses, je l'aurais trouvée. Peut-être Ali, sans y penser, est parti avec. Va savoir, distrait comme il est, le pauvre homme !

Le burnous au vent, furibond, Salem s'en va droit chez Ali. C'est à l'autre bout de la ville.

– Rends-moi ma canne.

– Quelle canne ?

– Tu ne l'as pas ?

– Non. Je devrais ?

– Que le diable te mange un œil et que la colique te prenne dans l'autobus municipal !

Il repart. Il rentre chez lui.

– Elle n'est nulle part, Khadija. Mais je soupçonne Ali, ce traître, de l'avoir cachée quelque part.

Khadija sourit, malicieuse.

– Ferme les yeux. Un, deux et trois !

Elle sort de derrière son dos, triomphante, l'objet perdu.

– Elle était derrière le lit !

Son homme pousse un soupir d'aise.

– Allah est grand, à Lui merci ! Donne-la vite, Khadija, il me faut aller chez Hamda, j'ai besoin d'un bon remontant.

– Tu y vas si tu veux, Salem, mais seul, comme un grand, sans ta canne.

– Sans ma canne ? Tu veux ma mort !

– Tu as passé la matinée à courir les rues de la ville, droit comme un if, aussi fringant qu'un étalon de trois ans d'âge. Qu'as-tu à faire d'un bâton ?

– À tout à l'heure, Khadija.

Il lui sourit, la mine haute, sort sur le seuil, sifflote un brin et le pas léger, mains aux poches, il s'en retourne chez Hamda boire son café du matin.

Le plus grand péché qu'un homme puisse commettre c'est de se prendre en pitié, ou de permettre qu'un autre le prenne en pitié. (Jorge Luis Borges)

De la vie à la vie, quel chemin ! (Oscar Venceslas de Lubicz Milosz)

Cet homme est comme une forêt. Il se croit obscur, il est partout troué de rayons de soleil.

94
Le maître d'école

Intègre, juste, compétent, mais sévère comme l'hiver, tel était ce maître d'école.

– Et en plus, il est increvable, disaient ses élèves, écœurés. Jamais malade. C'est tuant. Toujours là, avec sa badine, à gaver nos pauvres cerveaux de grammaire mathématique, de saintes fractions, de quotients et de divisions à dix chiffres. Pourquoi faut-il que ces gens-là n'attrapent jamais ni zona, ni lumbago, ni choléra ?

Un joli matin de printemps, comme ils allaient, traînant les pieds, à leur martyre quotidien :

– J'ai une idée, dit un futé. Notre maître pète le feu. J'ai la parade : enfumons-le, et le temps qu'il se débarbouille, pas d'école, pas de devoirs, pas de bâton, la liberté !

– D'accord, d'accord, piaillent les autres. Mais comment faire ? Explique-nous !

Colloque à mi-voix, dans la cour.
– Vous avez compris ? Tous en place. Le voici. À moi de jouer.

Le tyran scolaire apparaît. Enjambée longue, tête haute. Le futé vient droit devant lui.

– Maître, dit-il, l'air effaré, vous êtes pâle comme un linge. Vous allez bien ? Vous êtes sûr ?

Léger froncement de sourcils.

– Évidemment. Quelle question !

Un petit nuage, pourtant, vient de naître dans son ciel bleu. Il n'y prend garde, il passe outre. Il entre en classe. Il tousse un peu.

– Bonjour, maître. Mais qu'avez-vous ? lui demande, la mine inquiète, un deuxième conspirateur. C'est du charbon, là, sous vos yeux, ou du noir de méchante fièvre ?

– Un peu de fatigue, sans doute. (Sa voix soudain s'est enrouée.) Allons, les enfants, au travail.

Murmures parmi les gamins. L'un d'eux traduit, au nom des autres.

– Franchement, vous nous faites peur. Vous êtes jaune, c'est terrible. Il faut appeler le docteur.

– Vous croyez ?

Il a des sueurs. Le chœur unanime :

– C'est sûr !

Le futé porte l'estocade :

– Je vous raccompagne chez vous.

Il le laisse devant sa porte et rejoint sa troupe ravie.

Le maître se traîne à son lit. Il s'affale, les bras ouverts. Il rumine des idées graves. Sa femme rentre du marché.

– Qu'est-ce qui t'arrive, mon pauvre homme ?

Il se sent au bout du rouleau. Il balbutie, désabusé :

– Regarde-moi, et tu sauras.

– Oui, bon, d'accord, je te regarde. Et alors ?

– Quoi, tu ne vois pas ? Ma pâleur jaune, mes yeux noirs !

Elle lui prend le pouls, elle le palpe.

– Pas la moindre fièvre, l'œil clair. Qui t'a dit que tu allais mal ?

– Les enfants.

– Et tu les as crus ?

Silence long, soupir profond. « Je marche au soleil, tout va bien, mon cœur, mes membres me le disent. Un grain de doute, c'est la nuit, et je me farcis de peurs bleues. » Il rumine ainsi, un moment. Il dit enfin :

– Je suis stupide.

Elle lui fait une bise au front.

– Moi aussi. Nous le sommes tous. Mais tu l'es un peu moins que d'autres, car toi, maintenant, tu le sais.

Marche en avant de toi-même, comme le chameau qui guide la caravane. (Proverbe africain)

C'est la fièvre de la jeunesse qui maintient le reste du monde à la température normale. Quand la jeunesse se refroidit, le reste du monde claque des dents. (Georges Bernanos)

Dans le ciel, il doit bien y avoir encore un autre ciel. (Jean-Paul)

95
L'ange

– Maître, je vous le dis tout net. Je n'ai pas fait tout ce chemin pour vous servir de domestique. S'il faut le faire, c'est d'accord. Mais en retour, je vous en prie, instruisez-moi. Je veux savoir.

– Allons, travaille, mon garçon. Balaie le seuil. Coupe le bois.

– J'aimerais un jour parvenir à être plus savant que vous. Imaginez que j'y parvienne. Serez-vous jaloux, dites-moi ?

– Il faut aussi traire la chèvre. Avons-nous encore assez d'eau ?

– Vous ne m'estimez pas capable ? Parlez franchement. C'est cela ?

L'ermite s'assied sur un roc, à l'ombre bleue de l'olivier, devant sa maison de cailloux. Son regard s'éclaire. Il est bien. Il soupire :

– Quel temps superbe !

Son disciple :

– Oui, il fait beau. Mais moi, mon maître, mon désir est de percevoir ce que cachent les apparences. On dit que vous voyez les anges. Pensez-vous que je puisse, un jour ?

– Ce soir, si tu veux, mon garçon.

Le jeune homme en reste pantois. Sa bouche s'ouvre, ses mains tremblent. C'est inespéré. Ses yeux rient. Il court soudain à ses travaux, fend plus de bûches qu'il n'en faut, fait un ménage de grand jour, va puiser trop d'eau, tourne, vire. Voici la nuit. Dîner de fruits, dehors, devant le feu fringant.

– Goûte ces poires, elles sont parfaites, dit l'ermite. Il faut les manger. Elles seront trop mûres, demain.

– Je n'ai pas faim. Et l'ange, dites ?

– Il arrive. Tiens, le voici.

Face au jeune homme, tout soudain, s'assoit un énorme démon, cornu, velu, puant la crasse, tête de bouc, crocs de serpent, corps de gorille, queue de rat. Le garçon bondit en arrière, court s'enfermer dans la maison. Il veut prier, il ne peut pas, il a trop peur, il geint, grelotte. Pas un bruit pourtant, sauf la brise qui murmure dans l'olivier. Il ose entrebâiller la porte. Il risque un œil. L'ermite est seul. Il finit son dîner, tranquille. L'épouvanté sort, prudemment.

– Il est parti ?
– Qui donc ?
– Le diable.
– C'était un ange, un vrai, tout beau, mais ton regard l'a déguisé. Impatience, sottise crasse, avidité, désir fumeux, tu avais pour cela, mon fils, tous les vêtements qu'il fallait. Tu veux savoir ? Vide ta tête. Tu veux te trouver ? Oublie-toi. Demain matin tu changeras les trois tuiles brisées du toit.

Celui qui s'est trouvé ne se soucie pas d'être dépassé.

Nous sommes plus vieux que notre vie. (Edmond Jabès)

Imite le moins possible les hommes dans leur énigmatique maladie de faire des nœuds. (René Char)

96
Patience

– Chercheur de vérité, ce n'est pas un métier ! lui avait dit son père.

Il avait répondu :

– Je sais. Mais celui qui se meurt de soif peut-il avoir d'autre désir que de trouver une fontaine ? Je pars, mon père. Bénis-moi.

Et l'homme avait béni son fils.

– Qu'Allah prenne soin de ta vie. J'ai connu un cheikh autrefois. On disait de lui : « C'est un sage, il sait aimer d'amour égal les rossignols et les serpents. » Il s'appelle Hassan Harkani. Va, trouve-le, il t'aidera. Adieu, lumière de mon œil.

– Adieu, soleil de mon enfance, et merci de m'avoir nourri.

Passe un an d'errance, de vents, de pluies et de mauvaises routes. Un jour d'été lui apparaît, au bout d'un sentier montagnard, une maison de pierres sèches. Le cœur du garçon bat si fort qu'il n'entend plus les chants d'oiseaux. Il a trouvé cet homme rare. Là demeure Hassan Harkani. Pas un compagnon, en chemin, qui n'ait dit de lui : « C'est le cheikh le plus simple et le plus puissant qui se puisse voir sous le ciel. S'il t'enseigne, chance pour toi. » Le voyageur frappe à la porte. Ronchonnements à l'intérieur. Une femme vient sur le seuil, échevelée, bouffie, crasseuse. Elle bougonne :

– Quoi ? Qu'est-ce que c'est ?

Il s'incline.

– J'aimerais voir le très sage Hassan Harkani.

– Ce jean-foutre ? Ce charlatan ? Ce pitre puant ? braille l'autre à voix de trompette fêlée. Tu as vraiment du temps à perdre. Dis-moi, jeune homme, d'où viens-tu ? De loin ? De très loin ? Peu importe, tu t'es usé les pieds pour rien. Harkani est fou je te dis. Je le sais bien, c'est mon mari.

Il s'étonne, il se scandalise, il s'empourpre et hausse le ton.

– Femme, je ne peux pas te croire. Ce grand homme dont tu médis est la lumière de l'Orient !

– Un escroc, un sale hypocrite, un bon à rien mauvais en tout ! Tu veux le voir ? Grand mal te fasse. Il est là-haut, dans la forêt. Il fagote. Il va revenir.

Elle lui claque la porte au nez.

Il en reste les bras ballants et la mâchoire descendue. « Allah, aide-moi, pense-t-il. Je cauchemarde, je vois trouble. Comment un aussi grand savant peut-il vivre avec cette carne ? Comment un familier du ciel peut-il supporter sous son toit cette démone de bas-fond ? » Il s'éloigne de quelques pas, contemple alentour la campagne et soudain se frotte les yeux. Un lion vient par le sentier. Un homme est assis sur son dos, tranquille comme sur un âne. L'animal traîne un gros fagot attaché au bout de sa queue.

— Je m'appelle Hassan Harkani, dit le maître du roi des bêtes.

Il tend la main au voyageur. Il lui dit encore, rieur :

— Toi, mon fils, tu as vu ma femme. Au premier abord, elle surprend, j'avoue qu'elle est un peu spéciale, mais elle m'est précieuse, ô combien ! Que m'apprend-elle ? La patience, la seule force en ce bas monde capable de tout surmonter, tout renverser, tout consumer. Sans elle, je te le demande, comment aurais-je pu, pauvre homme que je suis, dompter le lion que voilà ? Je vois à ton front une étoile. Tu cherches la source de vie. Tu la trouveras, mon garçon, mais d'abord il te faut ceci, que mon épouse t'apprendra mieux que je ne saurais le faire : le sang-froid, l'endurance longue et la constance sans défaut. Entre donc, bienvenue chez nous.

Le savoir est le père, la saveur est la mère, et leur fils est la vérité.

Ce que tu as appelé « monde », il faut commencer par le créer. Ta raison, ton imagination, ta volonté, ton amour doivent devenir ce monde. La vie n'aura servi à rien à celui qui quitte le monde sans avoir réalisé son propre monde. (Upanishad)

Des erreurs, j'en ai fait. D'abord, je suis né. Première erreur ! (Woody Allen)

97
Akbar et l'amoureuse

AKBAR LE CONQUÉRANT était un homme pieux. Il avait chevauché jusqu'au fin fond des Indes, conquis d'innombrables cités, asservi des peuples sauvages et d'autres aux sandales brodées, aux robes de safran, aux musiques profondes. Courber la tête, lui ? Jamais, sauf tous les jours, fidèlement, devant Allah et son prophète.

Donc il advint que ce grand homme, un matin d'été sans combat, s'éloigna seul du campement, s'en alla jusqu'à un bosquet proche, parmi les chants des rossignols et les traits de soleil mouvants, et là, dans l'herbe, déposa son précieux tapis de prière. Il se prosterna, puis s'assit, croisa les doigts sous le nombril et, les yeux clos, il écouta l'infini silence de Dieu. Or, comme il méditait ainsi, un appel soudain le troubla. Il entrouvrit un œil, aperçut une fille qui courait çà et là parmi les buissons bas. Elle appela encore, inquiète, tournant et retournant la tête. Elle semblait prise corps et âme par le désir de retrouver quelqu'un qui manquait à sa vie. En vérité elle l'était tant qu'elle ne vit pas le méditant. Sa robe effleura son épaule, son pied bouscula son tapis. Elle disparut parmi les arbres. La paupière d'Akbar frémit. Son ciel du dedans se couvrit d'éclairs et de nuées d'orage. Il se raidit, il inspira, expira un souffle tremblant, tenta de retrouver son calme. Il ne put. Il se redressa, roula son tapis et partit.

Il entendit alors la fille. Elle s'en revenait, elle riait. À son bras était un jeune homme. Elle lui gazouillait son souci, sa joie de le revoir près d'elle. Le Conquérant lui vint devant.

– Holà, femelle, lui dit-il, sais-tu bien qu'aucun être au monde n'a jamais osé déranger Akbar dans son recueillement ? Tu l'as fait. Veux-tu donc mourir ?

Elle répondit, toute contrite, les mains unies sous le menton :

– Aie pitié de moi, Majesté. J'étais si inquiète, à vrai dire, et si absorbée à chercher ce beau vivant, mon bien-aimé (il tardait tant à me rejoindre !) que je ne pouvais voir que lui. Mais toi, ô prince des croyants, si intimement joint à Dieu dans ton oubli de ce bas monde, comment as-tu pu remarquer qu'une fille passait par là ?

Akbar grogna, puis s'inclina. Il se remit à sa prière. Jusqu'au soir il s'y oublia.

La terre qui reçoit la graine est triste. La graine qui va tant risquer est heureuse. (René Char)

C'est une grande force pour une phrase que le fait de sentir un homme derrière elle. (Emerson)

L'étreinte n'est-elle pas analogue à la communion ? Seul comprend le mystère du pain et du vin celui qui a bu sur des lèvres chaudes et aimées l'haleine de la vie. (Novalis)

98
L'anniversaire

Ces deux-là n'avaient pas toujours de quoi faire bouillir la soupe. Ils n'étaient riches que d'amour. Lui n'avait pour toute fortune qu'une antique montre en argent offerte autrefois par son père. Sa femme n'avait que sa grâce, courbes sveltes, cheveux de lune, rire clair, regard de feu doux. Les gens disaient : « Quels beaux époux ! » Qui plus est, tous deux étaient nés (le hasard est un dieu folâtre) la même année, à la même heure, le même matin de juillet. Premier été de leur mariage. Voilà que s'annonce le jour des anniversaires jumeaux.

Il veut lui faire un beau, un grand, un inoubliable cadeau. Elle a envie de lui offrir elle ne sait quoi, elle réfléchit, quelque chose dont il soit fier et qu'il n'ose pas espérer. Lui sait ce qu'il voudrait pour elle : le peigne incrusté de rubis qu'il a vu à la devanture du bijoutier de son quartier. Il lui plairait, il en est sûr. Seul problème, il est hors de prix. Comment faire ? Une idée lui vient. La belle montre de son père. Elle est ouvragée à l'ancienne. « Les collectionneurs, se dit-il, recherchent ces sortes d'objets. » Il y tient, bien sûr, mais qu'importe. Pour voir s'illuminer les yeux de son épouse bien-aimée, il n'est pas de regret qui tienne. Il vend sa montre au joaillier, désigne le peigne précieux.

– Faites-moi un paquet-cadeau.

Merci, bonsoir. Il est content.

Sa femme, ce même jour-là (elle revient d'un maigre marché) s'arrête devant la vitrine de la même bijouterie. Et que voit-elle ? Elle s'extasie. Une chaîne de montre en or d'une élégance de grand monde. Elle se dit, le cœur remué : « Voilà ce qu'il faut à mon homme. » Elle entre. Elle demande le prix. Beaucoup trop cher. Elle réfléchit. Elle sourit enfin.

– Je l'achète. Je viendrai la chercher sans faute à la fin de l'après-midi.

Elle court à quelques rues de là, chez le perruquier des princesses, dénoue ses lourds et longs cheveux. Le maître, en connaisseur, les palpe, les caresse. Il murmure :

– Quelle beauté !

— Ils sont à vendre, lui dit-elle.
Elle se fait tondre. Il paie bon prix.

Le lendemain, dîner de fête, gâteau, bougies, fleurs et cadeaux. Une chaîne, mais rien au bout, un peigne sans rien à coiffer, à retenir, à ordonner. Chacun avait donné pour l'autre ce qu'il avait de plus précieux. Ils s'étreignent. Ils s'émerveillent.
— C'est l'amour vrai, se disent-ils.
Ce fut un bel anniversaire. Ils ne l'oublièrent jamais.

N'écoutez pas vos craintes, vous risquez moins que vous ne croyez.

Choisis le loup pour frère, il connaît l'ordre des forêts et l'honneur de la vie. (Proverbe russe)

Il n'est pas de saison pour ensemencer les plaines de l'amour.

99
Le prince poulet

Déconcertant, voilà le mot. Le jeune fils de ce vieux roi était certes de belle mine, de bon cœur, d'esprit bien nourri, mais une étonnante obsession hantait sa cervelle princière. Il était convaincu qu'il n'était pas un homme mais devinez quoi ? Un poulet. Le roi, évidemment, prenait fort mal la chose. Voir son fils bien-aimé, à l'heure des repas, caqueter tout nu sous la table en picorant des grains de blé a de quoi couper l'appétit du plus optimiste des pères. Il appela à son chevet la fine fleur des médecins, des sorciers, des miraculeurs. On l'ausculta, le sermonna, le gava de potions magiques. Rien n'y fit. Poulet il était, poulet le jeune homme resta. Le roi tomba en dépression, le char de l'État s'embourba, la reine partit en vacances avec un émir moustachu, bref le pays jadis prospère s'anarchisait au grand galop quand un maigrichon sans diplôme s'annonça au palais royal.

– Je ne soigne pas, je guéris, dit-il aux gardes de service. Introduisez-moi, s'il vous plaît, auprès de Votre Majesté.

On lui répondit :

– Tu plaisantes ?

– Dites-lui ceci de ma part : pour sortir quelqu'un de la fange (il employa un autre mot) il est nécessaire, d'abord, de plonger dedans avec lui. Moi, j'ai connu sur mes chemins tous les bourbiers imaginables. Je ne crains pas de me salir.

On porta ces paroles au roi. Un échec de plus ou de moins, au point où le pauvre en était, ne lui faisait ni chaud ni froid. Il fit un geste fatigué, bâilla, reprit ses mots croisés et dit :

– Qu'il entre, on verra bien.

Premier déjeuner. Belle nappe, chandeliers d'or, convives nobles. On fait semblant de ne pas voir, sous la table, le prince nu qui caquette de-ci de-là et bat des ailes à tour de bras. Le vagabond se déshabille, le rejoint et pépie :

– Bonjour.

L'autre s'étonne.

– Qui es-tu ? Que fais-tu dans mon poulailler ?

– Hé, ne vois-tu pas ? Je poulaille. C'est normal, je suis un poulet.

– Toi aussi ? lui répond le prince. Goûte ces grains, ils sont fameux.

Ils folâtrent, ils jouent, ils picorent. Le lendemain nouveau repas, retrouvailles parmi les pieds sous les plis de la longue nappe. L'homme se glisse entre les chaises, sort de l'ombre, se dresse droit, étire ses membres chétifs. Le prince poulet s'éberlue.

– Mais qu'est-ce que tu fais ? Tu es fou !

– Eh bien quoi, l'ami, répond l'autre, ce n'est pas parce qu'on est volaille que l'on doit vivre à croupetons. Poulets, d'accord, mais poulets libres. C'est ma devise. Allons, viens donc !

Le prince, extasié :

– Alors là, tu m'épates. Mais c'est vrai, bon sang de bois mort, nous ne sommes pas des esclaves !

Le lendemain midi, sous la table :

– Bonjour !

L'homme se ratatine. Il frissonne.

– J'ai froid. Attends, j'ai une idée.

Il sort, enfile sa chemise, ses chaussettes, son pantalon. Le prince couine :

– Mais enfin ! Tu ne vas tout de même pas te déguiser en être humain !

– Et pourquoi pas ? Qu'est-ce qui m'empêche ? Y a-t-il une loi quelque part qui stipule que le costume est réservé à ces gens-là ? Nous avons le droit, nous, poulets, de nous vêtir comme il nous chante !

Vint le jour où ils s'attablèrent parmi les convives gênés. Le prince, circonspect, le nez dans son assiette, bafouilla en catimini :

– Mais enfin, Bon-Bec, mon ami, nous sommes poulets, tout de même ! Nous ne pouvons manger, boire, parler, roter comme le font ces déplumés, ce n'est vraiment pas convenable !

– Je vais te dire un grand secret, lui répondit son compagnon. On peut tout faire comme un homme et rester, de cœur et d'esprit, un incontestable poulet. Tout le monde, d'ailleurs, joue plus ou moins un rôle. Certains sont des loups ou des chiens. Après tout, mon fils, être humain, pour une volaille, c'est bien.

Ne vous affligez pas de ce que les hommes ne vous connaissent pas. Affligez-vous plutôt de ne pas connaître les hommes. (Confucius)

Oublie l'offense, retiens le don. (Proverbe italien)

Il est bon de franchir chaque jour une étape. Comme l'eau vive qui ne s'attarde nulle part, hier s'est enfui, l'histoire d'hier elle aussi est passée. Il convient aujourd'hui de conter une histoire nouvelle. (Rûmi)

100
L'arbre à vœux

Le pauvre homme était fatigué. Il marchait depuis trop longtemps, si longtemps qu'il ne savait plus d'où il était un jour parti. Où allait-il ? Au bout du monde, ou peut-être au prochain caillou. Pourquoi ce voyage incertain ? « À quoi bon poser des questions auxquelles il n'est pas de réponse », se dit-il une fois de plus, ce jour-là, vers la mi-journée.

C'était l'été. Petit vent chaud. Bien planté au milieu du ciel, le soleil cognait comme un sourd. Chemin devant, chemin derrière. Un bel arbre, parmi les rocs. Feuillage ample, frémissant. « Un peu de repos », se dit l'homme. Il se laissa tomber à l'ombre, sortit de son sac un croûton. Il détestait le pain rassis. Il soupira :

— Bon Dieu de bois, si au moins j'avais du plaisir, de quoi me remplir la bedaine et roter comme un pacha turc affalé dans un sofa bleu !

Il imagina, l'œil perdu, un festin d'ogre gastronome, entrée, rôti, vin vieux, fromage, gros dessert, café, digestif. Et voilà que sur l'herbe apparut devant lui, à l'ombre du feuillage, une table garnie de gigots, de flacons, de poêlées de cèpes farcis avec leur coulis d'olivettes, de nougats, de tiramisu, bref de tout ce dont peut rêver un ordinaire fils du peuple. Stupéfaction du voyageur. C'est normal, il ne savait pas qu'il était sous un arbre à vœux, sorte d'aliboufier styrax devenu extrêmement rare, mais qu'on peut parfois rencontrer pourvu qu'on ne le cherche pas. L'homme bénit le Ciel, déjeuna, fit la sieste, puis se dit : « Maintenant, pour être enfin heureux, me faudrait, là devant, une belle maison. » Il ferma les yeux, un, deux, trois, les ouvrit et resta béat. Où n'étaient que rocs et buissons s'élevait maintenant, en pierre incontestable, une demeure de seigneur, avec en plus un grand jardin orné de rosiers, de fontaines et de cerisiers rougissants. L'homme s'exclama, rit tout seul, lança son chapeau aux oiseaux. « Ne me manque plus qu'une femme », se dit-il, le cœur emballé. Aussitôt pensée, la voici. Elle lui fit « bonjour » de la main, rieuse, au seuil de la maison.

« Non, là, c'est trop, c'est impossible, se dit l'homme. Je n'y crois pas. C'est le diable qui me berlure. » Soupçon fatal, instant funeste où le doute crée le démon. Tout disparut, belle bâtisse, compagne, fontaines, jardin. Sur le chemin parut un être d'extrêmement mauvaise humeur. Il était haut comme deux ours. Il grondait comme un ciel d'orage. « Je suis perdu, pensa l'errant. Adieu tout, il va me tuer. » « Bonne idée », se dit le démon. Et, sans plus de formalités, il l'empoigna et le croqua.

La gratitude est non seulement la plus grande des vertus, mais c'est également la mère de toutes les autres. (Cicéron)

Si tu ne prends pas le risque de tomber, tu n'as aucune chance de t'envoler.

Beaucoup de gens ne sont jamais jeunes. Quelques personnes ne sont jamais vieilles. (George Bernard Shaw)

101
Le roi qui n'avait jamais tort

Ce roi-là était coléreux mais il s'estimait délicat, cruel mais il se croyait juste, peureux mais il s'imaginait aussi fier qu'un chêne à midi. Il ignorait qu'en vérité, tant par-derrière que devant, il était fou comme le vent. Tous les matins, dès son lever, il se retirait un moment avec son moine préféré, et les mains jointes il lui chantait à peu près le même refrain.

– Que l'on soit d'accord avec moi, voilà, monsieur mon confesseur, ce qui m'est le plus nécessaire. Cela me fait du bien, cela me dénuage, cela me remplit de beau temps. Voyez-vous, je hais les conflits. Les semeurs de dysharmonie me sont infiniment odieux. Ils méritent qu'on les démembre, qu'on les empale lentement, qu'on les fasse rôtir vivants sur des grils hérissés d'aiguilles. N'ai-je pas raison, dites-moi ?

– Sans aucun doute, Majesté.
– Voilà ce qu'il me plaît d'entendre.

Il avait donc, au fil du temps, dépeuplé son gouvernement. Tel ministre, pour un « oui mais » avait mijoté jusqu'à l'os dans une soupe de châtaignes, tel autre avait subi le pal pour une moue trop appuyée. Bref il advint qu'un jour de pluie il se retrouva face à face avec le dernier survivant, un jeune chef de cabinet malin comme un voleur d'oiseaux.

– *Miserere* ! gémit le roi. La fidélité, mon garçon, a cessé d'être, de nos jours, une vertu ministérielle. Que le diable emporte ces traîtres ! Heureusement, toi, tu es là. Tu m'aimes, toi.

– Oui, Majesté.

– C'est parfait, mon fils, continue. Et maintenant, il le faut bien, parlons de l'état du pays. Tu sais que nos coffres sont vides et que le peuple meurt de faim. J'ai trouvé, je crois, le moyen de nous redorer la finance. Si je me trompe, tu le dis, n'hésite pas, tu me connais.

– Vous tromper, vous ? C'est impensable ! Majesté, je suis tout ouïe.

– Il paraît que l'or pousse en terre.

– En effet, Sire, il doit rester quelques filons inexplorés.

L'autre ne parut pas l'entendre. Il s'exclama, illuminé :
— Réfléchis donc, mon bon ami. Pour que l'or pousse droit et dru, il faut d'abord qu'il soit semé !
Le jeune homme eut un peu de mal à capter la démonstration tonitruante de son maître, mais il répondit :
— Oui, bien sûr !
— Prends donc ce qui nous reste en caisse, trouve une friche bien cachée, laboure-la, et ensemence. Le printemps venu, on récolte et voilà, le tour est joué. Ne suis-je pas un génie ?
— Vous l'êtes, Majesté.

Le malin courut à la banque, emplit, ordre du roi, son sac, l'enfouit derrière les jambons au fond de son garde-manger, s'en alla sur la lande anonyme, laboura consciencieusement et sema du blé ordinaire. Quand ce fut fait :
— Emmène-moi, dit le monarque à son ministre, je veux voir mon champ de tout près, mais en secret, gare aux voleurs !
— Oui, à vos ordres, Majesté !
Ils chevauchèrent déguisés l'un en borgne, l'autre en bossu. Chemins déserts, petits sentiers, après une demi-journée, au fond d'une vallée touffue, les voici au bord d'un torrent.

– C'est encore loin ?
– Nous y sommes. Allons, courage, traversez !
Au milieu de l'eau rugissante le roi ne tomba pas tout seul, son jeune ministre l'aida d'un grand coup de trique assassine.
– Malheur ! Misère ! Je me noie !
– Oui Majesté, assurément, vous avez mille fois raison, vous vous noyez, c'est évident !
Le jeune homme s'en retourna. On dit qu'il coiffa la couronne. Fut-il sage ? Non, il fut roi, ni comme toi, ni comme moi.

Obéissez à vos porcs qui existent, je me soumets à mes dieux qui n'existent pas. (René Char)

L'eau est une flamme mouillée. (Novalis)

Ne te mets pas dans la lumière. Si tu te mets dans la lumière, le temps te prend, et tu deviens son esclave. Glisse-toi dans les ombres. Dans les ombres, le temps ne peut pas te prendre car tu es forcé de rester éveillé. Dans les ombres, la lumière, c'est toi.

102
La mangouste et le serpent

Il était une fois, au vieux pays des Indes, un fonctionnaire de renom. Sa charge était considérable. Il était le haut responsable, au palais du maharadjah, des scribes administratifs. Ses subordonnés le craignaient, il était sage mais sévère. En vérité il donnait tout de sa rigueur et sa constance à ses fonctions de grand monsieur. Chez lui il se laissait aller à des impatiences d'enfant, à de tristes humeurs pas santes. Ainsi sont souvent les grands hommes, forts au dehors, frêles dedans.

Trois amours éclairaient sa vie : son épouse, son jeune fils, et sa mangouste apprivoisée qui était toujours la première à l'accueillir, le soir venu, à la porte de son jardin. Or, un jour de grande chaleur, sa femme lui dit :

– Mon mari, je dois aujourd'hui m'absenter. Ma

vieille mère, tu le sais, souffre de mélancolie grave. Je dois aller lui rendre visite. Reste auprès de notre petit, je reviendrai dès que possible.

Il accepta de mauvais gré. Il avait un travail urgent qui ne souffrait aucun retard. D'ailleurs, comme il tournait en rond autour du berceau de l'enfant, quelqu'un au-dehors l'appela. Il reconnut son secrétaire.

– On a besoin de vos lumières.
– Je ne peux pas laisser mon fils !
– C'est l'affaire d'une heure ou deux.

La mangouste vint se frotter contre le mollet de son maître. Il se pencha, la caressa. Il lui dit :
– Garde la maison. Veille surtout sur le petit, tu sais combien il m'est précieux. Je serai bientôt de retour.

Il s'en alla en grande hâte. Aussitôt qu'il put, il revint.

Dès qu'il apparut sur le seuil, la mangouste trotta vers lui, comme elle le faisait d'ordinaire. Il s'arrêta, épouvanté. Son menu museau frémissant était tout maculé de sang.

– Mort de mon âme, qu'as-tu fait ? Mon fils, mon amour, oh misère ! Oh malheur, tu l'as dévoré !

Une rage apocalyptique le submergea de pied en cap. Il brandit son bâton ferré, l'abattit, brisa l'animal, l'acheva d'un coup de talon, courut au berceau, vit l'enfant, les yeux ouverts, qui gazouillait, vivant, rieur, tout frais, tout rose. Un cobra, sur le carrelage, gisait mort, la tête tranchée. L'homme comprit à la seconde. Le sang qui souillait sa mangouste était celui de ce serpent. En vérité, la bonne bête avait gardé son bien-aimé d'une morsure irrémédiable. Elle avait combattu pour lui. Elle lui avait sauvé la vie. Et qu'avait-il fait, lui, son maître ? Les vrais aveugles sont ceux-là que la colère et l'épouvante enferment dans leur nuit sans fond. Cet homme y perdit son amie, la tranquillité de son âme et sa joie d'avoir un enfant. Il avait suffi d'un instant.

L'homme est un animal enfermé à l'extérieur de sa cage. (Paul Valéry)

L'espoir est le pilier du monde. (Proverbe africain)

Au milieu de l'hiver, j'ai découvert en moi un invincible été. (Albert Camus)

103
Le savant et le capitaine

Il était une fois (ciel bleu, houle berceuse) un considérable savant embarqué sur un vieux bateau qui cabotait, de-ci de-là, entre des îles aux maisons blanches. C'était un monsieur de renom. Il enseignait discrètement, selon les sirènes mondaines, l'art du discours persuasif à l'élite communicante. C'est dire que le dialogisme, l'antiphrase, la métalepse, le chiasme et la paradoxie n'avaient pas de secret pour lui. Le patron du bord, homme rude aux indiscutables biceps, quand il apprit que sa barcasse trimballait un trésor vivant, s'en trouva si impressionné qu'il s'en alla ôter son chapeau devant la glorieuse personne. Le savant lui tendit son anneau à baiser et lui dit :

— Puissant travailleur, je suis heureux de l'occasion à vrai dire extrêmement rare qui nous est par hasard donnée de parler ensemble un instant. Car voyez-vous, communiquer c'est, de fait, encoder du sens, transmettre des signifiants, mettre en forme l'information afin de la rendre accessible. Mais cette opération est quelquefois ardue, surtout s'il s'agit de savoirs peu discursifs, ou pire encore, très peu conceptualisés. Nous sommes bien d'accord, n'est-ce pas ?

L'autre resta la bouche ouverte et l'œil plus vague que la mer.

– Oh, je vois, reprit le monsieur, un sarcasme au coin de la bouche. Sachez, mon éphémère ami, que notre vie a double face : d'une part communication, d'autre part travail des organes. Organique certes vous l'êtes de bas en haut, c'est évident. Mais communicant, pas du tout. Conclusion imparable et simple, vous n'êtes qu'à moitié vivant.

Il s'en revint à sa lecture et le bonhomme, déconfit, à ses ordinaires travaux.

Or voilà que le ciel se couvre, tonnerre, éclairs, le vent rugit, le rafiot grince de partout, gémit, craque, s'affale enfin, exténué, contre un récif. Sauve qui peut.

– Holà, monsieur, crie le patron de la barcasse, dites-moi, savez-vous nager ?

Le génial savant bat des ailes et perd pied sur le pont pentu.

— Nager ? Seigneur, bien sûr que non !
— Dans ce cas, mon très cher ami, je vous salue de haut en bas. Vous êtes plus qu'à moitié mort.

Chassez le surnaturel, il revient à pas de loup. (Serge Beucler)

J'aime la réalité, elle a un goût de pain. (Jean Anouilh)

Les anges volent parce qu'ils se prennent eux-mêmes à la légère. (Chesterton)

104
Le partage

Trois enfants jouent dans la ruelle. Un âne passe. Sur son dos bringuebale un tas de ballots. Il s'éloigne côté soleil au pas fatigué du vieil homme qui le tire par le licou. Derrière lui, dans la poussière, des noix tombent d'un sac troué. Les enfants se poussent du coude, se les désignent, les ramassent, rassemblent leur petit trésor dans l'ombre d'une porte bleue.

– À moi la grosse part, dit l'un. J'en ai raflé plus que vous deux.

– Hé, ho, pas si vite, voleur, c'est moi qui les ai vues, dit l'autre.

Et le troisième :

– C'est pas juste ! Qui vous a amenés ici ? C'est moi, poussez-vous, bas les pattes !

Nasreddin sort d'une boutique en face de leur coin secret. Il s'approche, la mine haute.

– Quel est le problème, garçons ?

Les trois parlent en même temps.

– J'ai compris. Partager ces noix si possible équitablement. C'est bien ce qui vous préoccupe ?

Les autres, vigoureusement, piaillent que oui, hochent la tête.

– Je peux distribuer ces biens selon la sainte loi de Dieu, ou simplement, si vous voulez, selon la basse loi des hommes. Réfléchissez, et choisissez.

– C'est tout réfléchi, Nasreddin. Il n'est de justice qu'en Dieu.

– Parfait. Excellente réponse. Asseyez-vous donc dos au mur et tendez devant vous les mains.

Maître Nasreddin s'accroupit, ferme les yeux, prie un instant, empoigne ce qu'il peut de noix, donne au hasard à l'un des trois, puis ramasse les derniers fruits, les pose dans une autre main. Il tâtonne encore à ses pieds, ne trouve plus rien.

– C'est fini.

Dix noix pour l'un, quatre pour l'autre et pour le troisième, du vent. Criailleries, protestations. Nasreddin s'étonne.

– Eh bien quoi ? N'ai-je pas fait exactement comme fait Dieu en toute chose ? Ne donne-t-il pas sans compter ? Calculer, Lui ? Vous plaisantez ! Sa générosité ne saurait s'abaisser aux pauvres mesures humaines. Aux uns tout ce qu'Il a, aux autres Sa main vide. Qu'est-ce qu'on dit, les enfants ? Merci.

Parfois je pense, parfois je suis. (Paul Valéry)

Si Dieu existe, il est dans les questions, les révoltes et les douleurs des cancres, plus que dans les réponses des sages.

Très loin à l'est, c'est l'ouest. (Proverbe chinois)

105
Habra et le lion

On raconte qu'au temps où les bêtes parlaient, un lion rencontra une enfant de village perdue dans le désert. Son nom était Habra. Elle allait au hasard, elle appelait sa mère. Il la vit si menue, si désolée, si misérable qu'il se prit de pitié pour elle. Il lui offrit son dos, elle se coucha sur lui. Il la porta dans sa crinière à la grotte où il vivait seul. Il la veilla, il la nourrit. Chaque soir, quand le froid venait, il lui disait :

– Ma fille Habra, ne t'inquiète pas, je suis là.

Elle lui répondait :

– Oui, mon père. S'il te plaît, ne t'éloigne pas.

Il lui apprit la vie des dunes, la patience, le flair du vent, la tranquillité, le courage. Il lui dit tout ce qu'il savait des bontés et dangers du monde. Passèrent les jours et les ans. Habra grandit. Elle se fit belle. Il la trouva triste un matin.

– Pourquoi, dit-il, ce regard vague ? Que regardes-tu loin de moi ?

– J'aimerais revoir mon village, mes frères, mes sœurs, mes voisins.

Père lion se tut longtemps. Il lui dit enfin :

– Je comprends.

Il l'accompagna chez les hommes. Avant l'ombre du premier mur :

– Va, ma fille, et que Dieu te garde.

Habra s'avança dans la rue.

On l'accueillit à bras ouverts, on cria merveille et miracle, on l'embrassa, on la fêta, on lui offrit un grand dîner puis on chanta autour du feu. Enfin on voulut qu'elle raconte son temps passé près du lion.

– Dis, Habra, comment était-il ?

– Infiniment bon, invincible.

– T'effrayait-il, parfois ?

– Jamais. Il était la loyauté même. Il veillait sur moi. Il m'aimait.

Et tandis qu'on s'extasiait, père lion, caché dans l'ombre derrière un vieux mur éboulé, écoutait sa fille parler. Les paroles de son Habra l'emplissaient d'une fierté si belle qu'il en avait les larmes aux yeux.

– N'avait-il donc aucun défaut ?

– Il en avait un, je l'avoue.

– Lequel, Habra ? Grave ? Dis-nous !

– Son haleine était très puante.

Père lion baissa le front, le cœur fendu, l'âme défaite. Il s'en retourna au désert. Il ne revint plus au village.

Sa fille s'inquiéta de lui. Où était-il ? Que faisait-il ? Un matin elle s'en fut chez lui. Elle le trouva devant sa grotte. Elle espérait le voir content. Il la regarda froidement.

– Ramasse une pierre, ma fille, et frappe mon front, lui dit-il.

– Quelle idée ! Te frapper, mon père ! Impossible, je ne peux pas !

– Je te l'ordonne. Obéis-moi.

Habra fit comme il le voulait. Le sang jaillit et ruissela.

– Maintenant soigne-moi, ma fille.

Elle lava la plaie, la pansa huit jours durant, tous les matins. Il dit enfin :

– Ma peau se ferme. Rien ne reste du mal subi. Mais plus cruels que les cailloux sont parfois les mots de l'aimée. Guéris maintenant la blessure qu'une nuit j'ai reçue de toi. Sauras-tu, ô ma fille Habra ?

Ne jamais oublier que récompense et punition sont des inventions humaines. Dans la nature, ces bizarreries-là n'existent pas. Nous sommes tous, au fond, des êtres sauvages. Devenir, enfin, un être entier : civiliser le sauvage, ensauvager le civilisé.

La pensée voyage à la vitesse du désir. (Malcolm de Chazal)

C'est facile, c'est tellement plus facile de mourir de ses contradictions que de les vivre. (Albert Camus)

106
Le silence des voleurs

– Je suis inquiet, dit Nasreddin à son voisin le cordonnier. Les gens sont de plus en plus tristes, craintifs, méfiants, enfermés.
– Normal, la ville n'est pas sûre, répond le docteur des souliers. Il y a toujours eu des voleurs, évidemment, mais tout de même, jamais autant que de nos jours.

Ils boivent le thé de midi à la terrasse ensoleillée. Le printemps parfume la brise. Même les ânes ont l'air content.

– Terrible, grogne Nasreddin.
– D'autant qu'ils agissent la nuit. On ne peut plus dormir tranquilles.
– Mais comment font-ils, ces démons, pour ne pas réveiller les gens ?
– Oh, c'est tout simple, cher ami. Ils enveloppent leurs godasses. Ils se font des pieds de chiffons, et voilà, silence parfait.

Hochements de tête accablés.

Minuit. Nasreddin est couché. Il ne dort pas. Il ne peut pas. Agrippé à sa couverture remontée jusque sous le nez, l'œil immobile dans le noir, il écoute, il guette, il attend. Deux voix passent dans la ruelle. Des rires s'éloignent. Plus rien. Effrayante absence de bruit. Il n'en peut plus. C'est anormal. Il secoue sa femme. Elle ronchonne :
– Quoi, qu'est-ce que c'est ?
Il murmure :
– Chut, des voleurs ! Ils sont partout dans la maison.
L'autre se dresse, tend l'oreille.
– Je n'entends rien.
– Hé, justement. C'est bien le signe qu'ils sont là. Quel terrible silence ils font !

J'aspire à entrer dans la cité de mon corps pour y voir le sultan qui l'habite. (Yunus Emré)

Recevoir sans fierté, perdre sans drame. (Proverbe russe)

Sois de ces êtres qui ne gaspillent pas leurs battements de cœur en inquiétudes subalternes.

107
Le présage

Lui, c'était Barnabé, elle, c'était Phrasine. Son vrai nom était Euphrasine mais on le trouvait un peu long. Barnabé ? Un fumeur de pipe. Guère bavard, lent, méthodique, chasseur précis, pêcheur patient, époux tranquille, rassurant, mais pour Phrasine, exaspérant. Car elle était tout son contraire. Midi, minuit, même en dormant, même en se brossant les molaires, elle parlait. Il fallait qu'elle parle. De quoi ? De tout, de leurs voisins, de ce qu'elle aurait fait, c'est sûr, à la place de sa cousine, des intuitions qui lui venaient, évidemment illuminantes, et en tout cas, chaque matin, des rêves (en détail) de sa nuit.

Or, ce jour-là, à son réveil, pas le moindre bout de babil. « Étrange », pense Barnabé. Il risque :
– Tu vas bien, Phrasine ?

– J'ai rêvé d'un mûrier tout noir.
– Oui, et alors ?
– Alors, c'est grave. Rêver d'un mûrier noir est signe de dispute. Rappelle-toi. L'année passée, j'ai rêvé d'une louve blanche, et je t'ai dit : il va neiger.
– Il neigeait depuis quatre jours.
– Mais ce jour-là il a neigé. Tu ne peux dire le contraire.
– D'accord, Phrasine, je me tais.
– Ne me fais pas ton œil malin, je sais très bien ce que tu penses.
– Je ne pense rien.
– Allons donc ! Tu vas encore me sortir que je crois à des faribolles, que tu es homme de bon sens et pourquoi pas ce fichu lièvre que j'ai oublié dans le four, l'autre matin, pauvre de moi ! J'avoue, je m'étais endormie.
– C'est que tu étais fatiguée.
– Et pourquoi j'étais fatiguée ? Tous les soirs tu rentres, tranquille, ta pipe, ton feu, ton fauteuil. Tu n'es pas une âme sensible. Je le constate, voilà tout. Tu ne te rends même pas compte du travail que j'abats ici. Pas le moindre instant de repos. Et tu oses me reprocher le seul dîner carbonisé en plus de vingt ans de mariage ? Vingt ans de jeunesse perdue à trimer pour toi, jour et nuit, quelques minutes de fatigue, et voilà, disqualifiée. C'est trop injuste, franchement !

– Mais je ne te reproche rien.
– Si, tu l'as dit. En toutes lettres. « C'est que tu étais fatiguée. » Tu ne vas pas mentir, en plus.
– Écoute, Phrasine, ma bonne.
– Je ne suis pas ta bonne !
– Bien. Je refuse de discuter.
– De toute façon, c'est fatal. Rêver d'un mûrier noir, tu penses ! La dispute vient, je la sens.
– Mais non, mais non, Phrasine, allons.
– Tu ne veux pas voir l'évidence. Les présages de cette sorte ne mentent jamais, Barnabé.
– Nous ne nous disputerons pas.
– Si !
– Non et non, bougre de carne !

Barnabé empoigne une chaise et la brise contre le mur. C'est un calme, mais tout de même. Phrasine s'arme d'un poêlon et d'une louche à manche long. Fracas, insultes, braillements. Les voisins accourent. Du calme ! Phrasine, Barnabé, allons, soyez raisonnables, que diable ! On les sépare, on sert à boire. Embrassez-vous. Ouf, c'est fini.
– Pourquoi donc, mes pauvres amis, vous être chamaillés ainsi ?
– C'est à cause d'un mûrier noir, soupire Barnabé, l'air sombre.

Il ne veut pas en dire plus. Il fait « bof » du bout de la bouche. À Phrasine la conclusion :
— Tu vois bien que j'avais raison.

La peur n'a qu'une peur, c'est que tu l'abandonnes.

Plus un homme a de pouvoir, plus il fait froid auprès de lui.

Va au savoir comme on part pour la guerre, bien réveillé, avec de la peur, du respect et une assurance absolue.

108
Le collier

Kardemon avait tout en trop. Triple menton, dix bagues aux doigts, une maison à trois étages sur la colline bien peignée au-dessus des toits du village. Trop de tout ? Non, pas tout à fait, car ce richard n'avait qu'un fils. Il l'aimait d'amour excessif.

C'était un enfant ordinaire. Il aimait bien se débrailler, courir en bande les ruelles, bâtir des huttes dans le bois, dire des sottises rieuses, discutailler, jouer au fort. Il n'était en rien différent des autres garçons de son âge, et cela déplaisait à M. Kardemon. Il voulait, lui, que son cher fils soit à tous égards remarquable. Qu'il soit impossible à confondre avec ces petits pègreleux qui occupaient trop de son temps était, en tout cas, important. Il était plus fortuné qu'eux. Il fallait que cela se voie. L'idée lui vint donc un matin d'orner son cou d'un collier d'or. Il le fit sceller sur sa nuque afin qu'il ne le perde pas et que surtout, sait-on jamais, on ne puisse le lui voler. Les mains croisées sur sa bedaine le père contempla son fils, le regard luisant de fierté.

– Il te va très bien, lui dit-il.
– Il me gêne, il est trop serré.
– Ceux qui n'ont rien sous le menton que leur col de chemise sale sont beaucoup plus gênés que toi. Pense à ceux-là, et sois content.

L'enfant grandit, le collier, non. Il se fit bientôt étouffant.
– Père, père, délivre-moi.

Sa voix n'était qu'un souffle rauque. Il allait sur ses dix-sept ans. M. Kardemon l'amena chez le forgeron du village.

– Que peux-tu faire, lui dit-il, pour élargir ce collier-là ? Il m'est infiniment précieux, je ne veux pas que tu l'abîmes.

Le forgeron l'examina. Il fit la moue. Il répondit :
– Je ne peux rien, sauf le briser.
– Le briser ? rugit Kardemon. Un objet de cette valeur ! Es-tu fou, bonhomme du diable ?

Il prit son garçon par la main et sortit en claquant la porte.

– Cet homme-là nous veut du mal parce qu'il est pauvre, et nous riches. La vérité, je la vois bien. Si tu respires mal, mon fils, c'est que l'air d'ici est impur. Ton collier d'or n'y est pour rien.
– S'il vous plaît, faites-le briser, il pourrit ma vie, il m'étrangle !
– Tu n'y penses pas, mon garçon. Nous partirons demain matin chez mon frère de la montagne. Sa maison est au bord des neiges. Le vent d'en haut te guérira de ce malheureux mal de gorge.

Au soir son fils se coucha tôt. Du moins c'est ce que crut son père. Au matin il ne le trouva ni dans sa chambre ni ailleurs. Il découvrit sur le perron le collier tordu et brisé d'une morsure de tenaille. Jusqu'à sa mort, à ce qu'on dit, il pleura sur lui jour et nuit.

Au-dessous des nuages, le tonnerre gronde. Mais au-dessus, vaste ciel bleu. (Proverbe persan)

Je réponds ordinairement à ceux qui me demandent raison de mes voyages que je sais bien ce que je fuis, mais non pas ce que je cherche. (Montaigne)

La lumière de l'après-midi éclaire les bambous, les fontaines babillent délicieusement, le soupir des pins murmure dans notre bouilloire. Rêvons de l'éphémère et laissons-nous errer dans la belle folie des choses. (Okakura Kakuzo)

109
Les dragons du duc Ye

Béatement, furieusement, en esthète féru d'art noble, duc Ye aimait les dragons. Ses vêtements ? De dos, de face, brodés de dragons bleus et verts. Son chapeau ? Orné de dragons. Les murs de sa maison ? Tapissés de dragons. Sur les piliers étaient gravés mille dragons entrelacés. Griffes dehors, gueules béantes, crachant le feu par les naseaux, partout, des tapis au plafond, volants ou rampants, des dragons. De leurs aventures cosmiques ou de leur destin pictural, qui savait plus que lui ? Personne. Il était le maître ès dragons incontesté du Haut-Pays.

Il était donc inévitable que le Dragon du Ciel apprenne l'existence de l'incomparable duc Ye. « Il convient, se dit-il alors, c'est la moindre des politesses, que j'aille rendre visite à cet homme qui rend un si constant hommage aux êtres dont je suis le roi. » Il descendit donc un matin sur le paisible paysage, à proximité du palais où vivait son très cher ami. Sa hauteur ? Trois étages, au moins. Sa magnificence ? Céleste. Sa queue traînait encore aux champs quand le bout de son museau rouge cogna à la porte d'entrée. Le duc Ye s'en vint sur le seuil, ouvrit grands les yeux et la bouche, s'empoigna la tête à deux mains comme s'il voulait se l'ôter et prit la fuite entre les pattes de son prodigieux visiteur en braillant :

– À l'aide ! Au secours ! Un dragon, un dragon chez moi ! Je l'ai vu ! C'est épouvantable ! À moi, mes soldats, mes canons !

Et tandis que ses hurlements se perdaient au loin dans la brume, le dragon du Ciel murmura, l'œil immensément étonné :

– Quoi, il n'aime pas les dragons ?

Il faut d'abord vaincre la peur. Alors peut venir l'attention, de l'attention la paix du cœur, de la paix du cœur l'amitié de tout ce qui vit sur la terre.

On devrait se laisser envahir par la joyeuse obligation de jouer, de donner du plaisir et d'en prendre, innocemment, gratuitement, sans penser un instant à un quelconque bénéfice.

Malheur aux gens qui n'ont jamais tort. Ils n'ont jamais raison. (Prince de Ligne)

110
Le moucheron et l'éléphant

ON RACONTE QU'UN MOUCHERON installa un jour sa demeure dans l'oreille d'un éléphant. Ce petit être-là (il s'appelait Zouzou) était parmi son peuple estimé comme un sage. Il avait longtemps étudié la philosophie moucheronne, affiné ses sens à l'abri des futilités de son temps, nourri patiemment son esprit, en bref quand il daignait parler on ouvrait grands les yeux, la bouche, on prenait des notes hâtives et on les apprenait par cœur. C'est assez dire quelle était l'éminence de son savoir.

Évidemment Zouzou le sage ne s'était pas établi là, dans l'oreille pachydermique, sans les rituels exigés par le respect de toute vie. L'éléphant était, certes, énorme, mais il était comme nous tous un enfant de la Terre-Mère, donc notre frère bien-aimé. C'était l'opinion de Zouzou. Voilà pourquoi il s'avança, dès qu'il eut posé son bagage, sur la cime d'un poil follet et, s'adressant à l'animal occupé à brouter un arbre :

– Mon cher éléphant, lui dit-il, merci à toi de m'accueillir dans ta superbe oreille droite. Je suis Zouzou le moucheron. On m'honore du nom de sage. Si ma présence te déplaît, je te prie de m'en informer.

Il se tut, se tint recueilli un long moment, les yeux fermés.

– Ton silence, dit-il enfin, me semble empreint de bienveillance.

Il s'inclina profondément et alla ouvrir ses volets. Il ignorait évidemment que son discours s'était perdu dans l'austère forêt poilue qui environnait sa demeure. Il va de soi que l'éléphant n'en avait rien perçu du tout. Il ne soupçonna même pas la présence du locataire qui avait chez lui son logis. Si bien que Zouzou vécut là dans la tranquillité des simples, assuré de la protection de son formidable grand frère autant que de l'amour de Dieu.

Après dix années sans souci, il dut quitter son ermitage. Obligations professionnelles. Une fameuse faculté de sagesse expérimentale, aux Amériques moucheronnes, l'invitait à parler de lui et de son parcours de haut vol. Il referma donc ses volets, fit ses bagages, et sur le seuil :

– Éléphant, dit-il, si je pars, c'est à regret, sache-le bien. Ton hospitalité fut en tout point parfaite, mais je dois m'exiler loin de toi, c'est ainsi. Depuis ma lointaine arrivée je sais qu'une amitié secrète s'est entre nous épanouie. M'oublieras-tu ? Je ne crois pas. Toi, tu resteras dans mon cœur. Adieu mon frère, mon ami.

Il attendit une réponse. Elle vint. Elle sonna haut et fort. Zouzou en fut ému aux larmes. L'éléphant barrit puissamment pour appeler une femelle à venir au bain avec lui. Zouzou venu, Zouzou parti, quoi de neuf chez lui ? Rien, la vie.

Si mon cœur est étroit, à quoi me sert que le monde soit si vaste ? (Proverbe arménien)

La tristesse n'est qu'un mur entre deux jardins. (Khalil Gibran)

Le seul exil insupportable est d'être loin de ses amours.

111
Deux poules

Il fait beau. L'air est parfumé des mille senteurs du marché. Djoha et son ami Salem sirotent le thé du matin à la terrasse du bistrot. Ils parlent gravement des lois que tout honnête musulman doit respecter, coûte que coûte.

– Aider son prochain, dit Djoha, voilà bien le commandement le plus sacré qui soit au monde. Comment pourrais-je vivre en paix si mon voisin manque de tout ?

– Et que fais-tu pour lui, mon frère ?

– Admettons que j'aie deux maisons. S'il se trouve sans feu ni lieu, je partage, ma foi l'exige.

Salem en reste bouche ouverte. Une lueur d'admiration brille sous ses sourcils touffus.

– Djoha, dit-il, tu ferais ça ? Tu donnerais une maison, de bon cœur, à un malheureux, sans rien demander en échange ?

Son compagnon bombe le torse.

— Évidemment. Je le ferais. J'ai deux champs, deux chevaux, deux ânes. Tu n'en as pas ? Prends, mon ami. Allah le veut, donc moi aussi.

— Alors là, vraiment, tu m'épates. Je bois le thé avec un saint ! Ainsi n'importe qui, un mendiant de passage, frappe à ta porte, il te salue. « La paix sur toi, mon bon Djoha, donne-moi une de tes poules. » Et toi tu lui réponds : « Sers-toi. »

— Ah non, Salem, pas une poule. Tu plaisantes ou quoi ? Tout de même, il ne faut pas exagérer.

L'autre, l'air un peu égaré :

— Quelque chose a dû m'échapper. Corrige-moi si je me trompe. Tu étais d'accord, à l'instant, pour offrir à ton voisin pauvre un âne, un champ, une maison, et tu refuserais de donner une poule, même maigre, à un miséreux ?

— Un peu de jugeote, Salem ! Tu sais bien que je n'ai qu'un âne, qu'un mauvais champ, qu'une maison, mais des poules, oui, j'en ai deux. Le problème est tout différent.

Les gens ne connaissent pas leur bonheur, mais celui des autres ne leur échappe jamais. (Pierre Daninos)

Crée comme Dieu, ordonne comme un roi, travaille comme un esclave. (Brancusi)

Les optimistes sont en général très naïfs. Les pessimistes aussi. (Sri Adwayananda)

112
Rien

Dans ce royaume invraisemblable on n'aimait pas les sans-logis. On arrête donc celui-là qui osait dormir sous le mur de la résidence royale. On l'interroge.

– Qui es-tu ? Un chômeur ? Un voleur de vieilles ?

L'homme répond :

– Un peu plus haut.

Les gardes s'étonnent. Ils ricanent :

– Comment cela, un peu plus haut ? Que veux-tu dire ? Parle clair. Serais-tu par hasard un noble en visite chez les pouilleux ?

L'homme s'obstine.

– Un peu plus haut.

Les gardes pensent : « C'est un fou. » Ils s'esclaffent :

– Quoi, un ministre ?

— Un peu plus haut.
— Je vois, je vois, dit un gros sergent à moustaches. Monsieur (vous autres, saluez !) est Sa Majesté en personne. N'est-il pas vrai ?
— Un peu plus haut, murmure l'autre, imperturbable.
Le capitaine :
— Assez joué. Au-dessus de Sa Majesté, il n'y a que Dieu. L'ignores-tu ?
— Je suis un peu plus haut que Dieu.
— Mais plus haut que Dieu, il n'y a rien !
L'homme répond :
— En vérité, c'est bien là ce que je suis. Rien.

Quiconque fait cent pas sans amour marche à ses propres funérailles. (Walt Withman)

Étrange mystère insoluble, ultime sens inconnu. La lumière ignore qu'elle brille, l'eau n'a jamais soif et tout au fond de l'esprit, notre être ignore l'Être. (Antonio Espina)

Le désir est la moitié de la vie. L'indifférence est la moitié de la mort. (Khalil Gibran)

113
Devenir meilleur

Rabbi Melech était une merveille d'homme. Enfantin mais grand érudit, saint guérisseur sans le savoir, il n'avait d'or que sa parole et son cœur jamais épuisé. Il s'en fut un jour en visite dans un de ces bourgs polonais gelés l'hiver, pluvieux l'été, où la vie ne va qu'à grand-peine par les ruelles embourbées. Il fut pour tous comme un soleil, ranimant les regards éteints, réchauffant les âmes sans rêves et redressant les dos courbés sous des fardeaux décourageants. Jusqu'au soir il fit de son mieux. Au crépuscule, sur la place, il dit au revoir à ces gens, puis il grimpa dans sa voiture.
– En route, cocher !
Il partit.

Or, comme il allait cahotant le long des maisons sans lumière, passant le nez dehors pour un dernier salut, que vit-il ? Les hommes, les femmes, les enfants même du village qui trottinaient derrière lui. Quand ils virent sa vieille tête toute pâlotte à la portière ils agitèrent haut les mains, firent tournoyer leurs écharpes. Rabbi Melech s'en étonna.

– Cocher, dit-il, où vont ces gens ? Les as-tu vus ? Ils nous poursuivent !

– En effet, lui répondit l'autre du haut de son siège venteux. Ils s'en vont avec vous, rabbi, ils ne veulent plus vous quitter !

– Allons, tu plaisantes, bonhomme !

– Pas du tout, rabbi, pas du tout ! Ils désirent, à ce qu'ils m'ont dit, entendre encore vos paroles, devenir meilleurs qu'ils ne sont !

– Devenir meilleur ? Belle idée. J'ai moi aussi cette espérance. Je vais donc trotter avec eux. Arrête, cocher, je descends !

Rabbi Melech mit pied à terre et se joignit aux villageois. La voiture s'en alla vide, elle devant et tous derrière, sur la plaine où tombait la nuit.

L'homme est capable de faire ce qu'il est incapable d'imaginer. (René Char)

Oserai-je exprimer ici la plus grande, la plus importante, la plus utile règle de toute éducation ? Ce n'est pas de gagner du temps, c'est d'en perdre. (Jean-Jacques Rousseau)

Existe-t-il une séparation entre le corps et l'esprit, et si oui, lequel est-il préférable d'avoir ? (Woody Allen)

114
Le pécheur

Cet homme-là ? Infréquentable. Scandaleux. Imaginatif mais seulement dans l'art nocif du libertinage anarchiste, de l'entourloupe au boniment, bref de l'absence de scrupules. Et comble de l'indignité, pas le moindre remords. Jamais. Pécheur, vicieux, inconséquent, haïssable et content de lui. Il vivait à Lublin, Pologne. Tout le monde le détestait. Les dévots les plus indulgents ne pouvaient même pas le plaindre, prier pour son âme perdue, considérer que sa conduite était le triste résultat d'une enfance apocalyptique car s'il ne faisait pas le bien, il ne s'en portait pas plus mal. Un seul, parmi les braves gens, l'aimait sans la moindre réserve, celui que l'on nommait le Saint. Le Saint de Lublin l'accueillait à bras ouverts dans sa maison, il le traitait en grand ami, il lui faisait conter ses frasques et tous deux riaient de bon cœur en sirotant leur thé au miel. Les disciples de ce bon maître n'y comprenaient strictement rien.

Ils décidèrent, un jour d'orage, de lui exprimer sans détours le désarroi où ils étaient.
— Enfin, rabbi, lui dirent-ils, passe encore que vous soyez miséricordieux, charitable avec ce pervers décadent. Nous connaissons votre bonté, elle est sainte, elle est infinie. Mais de là à baiser ses joues, à lui faire mille amitiés, à le recevoir comme un frère, n'en faites-vous pas un peu trop ?
— Certes non, répondit le Saint. Moi, cet homme-là, je l'admire. C'est un pécheur, soit. Et alors ? Pourquoi croyez-vous que le diable fait miroiter ses tentations, ses délices, ses illusions, ses faux bijoux au nez des êtres ? Non point pour les voir succomber, mais plutôt pour les entraîner de remords en pesanteur d'âme et de tristesse en dépression. L'angoisse qui naît du péché, voilà bien l'enfer véritable. Or notre homme reste joyeux malgré ses fautes, ses sottises. Il ne s'en fait pas des montagnes, et qui reste le bec dans l'eau ? Satan, l'empoisonneur de vie. Ce filou est une merveille. Dieu doit être content de lui !

Que l'âme, heureuse dans le présent, refuse de s'inquiéter de ce qui viendra ensuite. Le présent, songe à le bien disposer, d'un esprit serein. Tout le reste est emporté comme un fleuve. (Horace)

Demande à l'Autre la mère que tu n'as pas eue, et fais-la vivre. Demande à l'Autre le père que tu n'as pas eu, et fais-le vivre. Accouche de ton père et de ta mère.

Le meilleur des princes est celui qui est à la porte d'un derviche. Le pire derviche est celui qui est à la porte d'un prince. (Rûmi)

115
Les pantalons noirs

Reb Naftali le Sage aimait les esprits vifs. Il goûtait en gourmet les réparties plaisantes qui donnent des couleurs aux jours et font pétiller les regards. Il était parfois enfantin, quoique savant et peu bavard. Impatient ? Du tout. Irritable ? Peut-être, mais subtilement. Il détestait sans rien en dire les gens qui se mêlent de tout, posent des questions en rafales et n'ont de plus pressant souci que de convaincre l'univers qu'ils sont les intimes des dieux.

Ainsi, un de ces farfelus qui épuisait sa bienveillance à l'interroger sottement sur les méandres de sa vie lui demanda un jour pourquoi, qu'il fasse beau, qu'il gèle ou pleuve, il portait des pantalons noirs.
– Ah ça, je ne peux te le dire, lui répondit Reb Naftali. C'est un secret, mon cher ami, réservé aux initiés.

Le mot « secret », et qui plus est agrémenté de l'allusion aux élus du savoir parfait alluma des milliers d'étoiles dans le regard de l'indiscret. Évidemment il insista, supplia, promit de se taire. Le maître le laissa mijoter un moment dans son désir apoplectique, puis il laissa tomber, faussement hésitant :
— C'est un savoir, je te l'ai dit, réservé aux très purs adeptes, propres dedans comme dehors. Il ne saurait être donné qu'après un jeûne de six jours.
— Six jours, d'accord, bafouilla l'autre. Je suis prêt. J'accepte. Je fais. Après, c'est sûr, vous me direz ?
— Je te dirai. Va, mon ami.

Septième jour. L'homme revient. Amaigri, l'œil cerné de bistre, mais toujours aussi excité. Reb Naftali l'accueille au seuil de sa maison, l'amène dans sa bibliothèque, ferme la porte, les fenêtres, tire les rideaux et s'assied dans son fauteuil auprès du feu. Il désigne une chaise basse à l'hurluberlu fasciné.
— Voici donc le moment, dit-il, de t'apprendre pourquoi je porte ces très simples pantalons noirs. La raison en est la suivante : d'abord ils sont très bon marché. Ensuite tout le monde sait que le noir n'est pas salissant, au contraire du blanc, plus seyant, je l'admets, mais où se voit la moindre tâche.

Reb Naftali se tait, sourit.
— Et alors ? C'est tout ? lui dit l'autre. C'est pour entendre ça que j'ai jeûné six jours ? Vous m'aviez promis un secret !
— C'en est un, et de premier ordre. Garde-toi bien de le trahir. Car si l'on apprenait le prix (entre nous soit dit dérisoire) de ces excellents vêtements, tout le monde voudrait les mêmes et mon culottier, c'est certain, en demanderait deux fois plus. Je le connais, c'est un filou !

Il faut être l'homme de la pluie et l'enfant du beau temps. (René Char)

Si tu humilies un homme, tue-le tout de suite, sinon c'est lui qui te tuera. (Proverbe arabe)

En tout homme sont deux êtres : l'un éveillé dans les ténèbres, l'autre assoupi dans la lumière. (Khalil Gibran)

116
Jean Bouche d'Or

Jean était un enfant timide. Il regardait jouer les autres, assis dans un coin de la cour. Était-il bon élève, au moins ? Non, même pas. Il était lent. Il avait du mal à comprendre, il se perdait dans les questions. Ses réponses un peu bégayantes faisaient rire ses compagnons et désolaient ses professeurs. De fait, il avait un secret. Un vrai secret. Pour rien au monde, il n'aurait osé l'avouer. Il était amoureux de la Vierge Marie. Tous les jours, à peine levé, il allait en rasant les murs à la chapelle de l'école, il s'approchait, le cœur battant, de la statue au voile bleu, aux mains pour lui seul accueillantes, au sourire infiniment simple. Il s'agenouillait devant elle et restait là, tremblant d'émoi, délicieusement remué. Elle était à ses yeux l'image idéalement désirable de l'insurpassable beauté.

Or un matin qu'il était là, à contempler béatement sa figure à peine penchée, il crut voir dans l'ombre bouger les lèvres roses de Marie. Il se frotta les yeux, à nouveau regarda et resta stupéfait. Le visage de la statue n'était plus peint, il était vrai. Dans son regard brillait tout doux une tendresse malicieuse. Elle murmura :

– Jean, ne crains pas. Approche-toi. Baise ma bouche.

Il s'entendit répondre :

– Oh non, ma sainte dame, je ne peux pas oser cela.

Sa voix tremblait, son cœur tonnait. Il se sentit pris de vertige.

– Pourquoi donc ? murmura Marie. Ose, Jean, ose, mon ami. Si ta bouche vient à la mienne, tu sauras ce qu'on sait au Ciel.

Il se dressa, il s'approcha, ferma les yeux, baisa les lèvres. Il sentit leurs souffles mêlés. Il gémit d'aise, d'amour nu, de bonheur brumeux, indicible. Il se détourna et s'en alla, titubant comme un homme ivre. Dehors, le soleil l'éblouit. Des compagnons vinrent à lui. Il avait autour de la bouche un cercle d'or. Il leur parla. Chacun l'écouta les mains jointes, tant ce qu'il leur dit était beau.

Saint Jean Bouche d'Or fut, plus tard, évêque de Constantinople. On ne lui connut que ce nom, lui qui était allé chercher le souffle de vie à sa source, sur les lèvres de son aimée.

Perdu d'avance est l'homme qui ne suit pas ses rêves.

En apparence, la vie n'a aucun sens. Et pourtant, il est impossible qu'il n'y en ait pas un ! (Albert Einstein)

Fume ta pipe et tais-toi. Tout n'est que vent, brume et fumée. (Proverbe irlandais)

117
Djinna Nabara et le prince paralytique

Il était une fois un paisible sultan, riche à n'en plus pouvoir, simple comme un ciel pur, heureux comme un vieux coq aux siestes délicieuses. Il se croyait sage, mais non. Il ne savait pas que le sort est un aveugle inconséquent qui n'épargne pas plus les princes que les chiens et les laboureurs. Son fils aîné tomba malade. Une étrange paralysie le tint couché, un beau matin, sans plus de force dans ses membres qu'une défroque abandonnée. Médecins, devins, astrologues, maîtres mystiques, guérisseurs ne purent rien pour sa santé. Le pauvre enfant resta affalé sur sa couette à contempler son ciel de lit. Son père en perdit le sommeil, l'appétit et le goût de l'or. Il en était à s'imposer des flagellations rituelles quand un jour d'été, vers midi, une vieille en haillons, maigrichonne, édentée vint au grand portail du palais. Les gardes croisèrent leurs piques devant sa figure fripée.

– Je veux voir le sultan, dit-elle. C'est urgent.
– Retourne à tes rats, vieille bique, répondirent les préposés.
– Très bien, dit la vieille.

Elle hurla. Elle hurla comme cent sirènes, à faire s'envoler comme des feuilles mortes les sentinelles à reculons, à faire frémir les remparts, à faire exploser les fenêtres. Le sultan, le poil hérissé, passa sa tête épouvantée entre les rideaux des fenêtres. Il cria dans la cour :

– C'est quoi ?
– Sultan il faut que je te parle, lui dit sobrement la furie. C'est au sujet de ton garçon.
– Monte donc. Non, attends, j'arrive.

Rencontre au bas de l'escalier.

– Parlons peu, parlons bien, lui dit l'étrange aïeule. Un seul être ici-bas peut guérir ton enfant, c'est Djinna Nabara, le plus savant des djinns du pays invisible. Une fois par semaine il vient boire à l'étang du val des Rochers Noirs. Profites-en, capture-le. Use de ruse, sois aimable, sinon je n'ose pas te dire ce qu'il fera de tes troupiers. Je le connais bien, c'est mon fils.

Elle s'en alla en ronchonnant contre les débris de vitrage dégringolés sur le pavé.

Conseil de guerre. Comment faire pour capturer aimablement le puissant Djinna Nabara ? Plan soufflé par un serviteur au ministre de la Défense :
— On assèche l'étang du val des Rochers Noirs. On remplace l'eau par du vin. Le djinn boit. Bien sûr, il s'enivre. Il s'endort. Le tour est joué. Quand il se réveille on l'invite à venir déjeuner chez vous.

Magnifique idée. Adoptée. Le jour venu, tout est en place : la police dans les buissons, le sultan priant sous un arbre, le vin clapotant dans l'étang. On attend Djinna Nabara. Il arrive. Terrible, certes, mais finalement assez beau. Il plonge, il boit, il se pourlèche. Il reboit, ses yeux brillent, il rit. Troisième lampée, il déborde, il rote, il titube, il s'abat parmi les cailloux de la rive. Quand il s'éveille, le sultan est assis là, près de sa tête. Mots choisis, sourire crispé. Il l'invite dans son palais. Le djinn part d'un éclat de rire. C'est d'accord. Les voilà partis. En chemin ils croisent trois hommes, un devin et deux chercheurs d'or, assis dans l'ombre d'un vieux mur. Deuxième éclat de rire de Djinna Nabara. Surprise du sultan, mais pas de commentaire. Les voici au seuil de la chambre où gît l'enfant paralysé.

Ils entrent. L'air est plutôt triste. Pourtant, pour la troisième fois, le djinn s'esclaffe bruyamment.

— Sultan, dit-il, dans pas longtemps ton fils dansera, je l'affirme pour peu que toi-même, ta femme et ton vizir ici présent fassiez ce qu'il faut pour cela.

Chœur parfait des trois désignés :

— Quoi que ce soit, nous le ferons.

— Il faut, reprit le djinn hilare, que chacun dise sans mentir le désir intime, secret, inavouable qui l'habite. À cette seule condition le jeune prince guérira.

— Parle, vizir, dit le sultan.

L'autre, gêné, baisse la tête et tousse trois fois dans son poing. Il dit enfin :

— Sultan mon maître, je te dois tout, je sais cela. Je suis un conseiller fidèle. Je suis prêt à donner ma vie sur un seul ordre de ton œil. Mais j'avoue, je préférerais être à ta place qu'à la mienne. Voilà, j'ai dit la vérité.

Le djinn lui tape dans la main. Il s'écrie :

— Bien parlé, vizir !

— À moi, maintenant, dit l'épouse. Mon mari, tu es le meilleur et le plus généreux des hommes. Je bénis le Ciel tous les jours de pouvoir vivre auprès de toi. Mais tu as soixante-dix ans, et moi à peine plus de trente. Parfois (oh, quelle honte j'ai !) je rêve d'un palefrenier qui me prendrait comme une bête sur la paille de l'écurie. Voilà, c'est tout, j'avoue, pardon.

– Voilà ce que j'appelle une femme sincère, s'exclama Djinna Nabara. À toi, sultan.
– Oh, moi, j'ai tout. Mais au fond secret de mon cœur, quand il me faut donner, je souffre. J'ai peur de manquer, c'est idiot.
– Tous les rois sont ainsi, dit Djinna Nabara. Vous avez été courageux. Voici la recette miracle : sous le lit de votre garçon se cache une poulette noire. Qu'on en fasse un bouillon et que l'enfant le boive. Il sera aussitôt sur pied.

Guérison du cher fils, festin, fête royale. Comme il raccompagnait le djinn sur le perron :
– Mon cher ami, dit le sultan, une question me reste au travers de l'esprit. En entrant dans la chambre, pourquoi donc as-tu ri ?
– J'ai vu le poulet noir sous le lit du garçon, et j'ai pensé : cet homme a, des années durant, remué la terre et le ciel pour guérir son fils bien-aimé alors que le médicament était à portée de la main. J'ai trouvé cela drôle.
– Tu as aussi ri de bon cœur quand nous avons croisé ces hommes, sur le chemin de mon palais.
– Oui, oui, c'est vrai. Ce faux devin expliquait aux deux chercheurs d'or qu'une fortune de pépites les attendait dans le désert. Or un trésor était caché à deux mètres sous ses sandales.

– Mais ce qui m'a le plus surpris fut ton premier éclat de rire quand tu t'es réveillé, tout imbibé de vin.

– J'ai ri de moi, sultan, oh oui ! Moi le savant, moi le grand djinn, j'ignorais que quelques goulées de ce breuvage délicieux pouvaient m'endormir pour trois heures. L'aurais-je su, assurément, j'aurais feinté le traquenard. Franchement, quel idiot je suis !

Il rit encore, il s'envola, se fit lumière et se fit ciel. Le fils vint à côté du père et lui dit adieu de la main.

Tous les dragons de notre vie ne sont peut-être que des princesses qui attendent de nous voir beaux et courageux. Toutes ces choses terrifiantes sont peut-être des êtres délaissés qui attendent que nous les secourions. (Rainer Maria Rilke)

Quand rien ne chante pour toi, chante-toi toi-même. (Guillevic)

La ruse de celui qui n'a pas de ruse, c'est la patience.

118
Le fermier entre chien et coq

Un paysan, un jour, s'en vint chez Salomon. Il fut reçu en audience. Se soucier des pauvres gens et savoir se pencher sur eux, c'est à cela qu'on mesurait la grandeur d'un roi, autrefois.

– Fils de la terre, lui dit-il, parle sans peur. Que me veux-tu ?

L'homme répondit :

– Majesté, toi qui es l'intime de Dieu, toi qui connais tous ses secrets, toi qui entends tous les langages, apprends-moi s'il te plaît celui des animaux. J'en ai quelques-uns à la ferme. Pouvoir converser avec eux me serait un bonheur de roi.

Salomon fit la moue et remua la tête.

– Ce n'est pas une bonne idée. Il est des savoirs bienvenus, il en est d'autres maléfiques. Celui-là te ferait du mal.

L'autre insista. Il supplia.

– Un bon mouvement, ô prophète ! J'aime bien mon coq et mon chien. Je t'en prie, je veux les comprendre, eux seuls, pour les autres, tant pis, de toute façon ils sont bêtes.

– Bon, d'accord, grogna Salomon. Mais après, ne viens pas te plaindre.

Il l'instruisit. Le paysan s'en alla en dansant sur la route.

Le lendemain matin, sur son banc, dans la cour. Il jette un croûton à son chien. Le coq accourt et le lui vole.

– Hé, ho, dit l'autre, quel culot ! Je n'ai rien mangé depuis hier, tu viens de te goinfrer de blé, et tu me piques mon pain dur sous le museau ? C'est incroyable !

– Tu te plains ? lui répond le coq. Tu ne devrais pas, mon coquin. Sais-tu ce qui t'attend demain ? Une orgie d'os et de tripaille. La mule de notre patron mourra cette nuit. C'est écrit.

L'homme a tout entendu. Il grogne :

– Sacrénom !

Pas de temps à perdre. Au marché ! Il vend sa mule, s'en revient avec trois sous d'or dans sa poche. Il est content. Le lendemain, petit déjeuner sur le banc. À dix pas, le coq et le chien, qui houspille son compagnon.

– Et alors, la mule, elle est où ? Tu m'as roulé, vieille canaille !

– Qu'est-ce que je t'ai dit ? Qu'elle mourrait. Je n'ai pas menti, elle est morte. Mais crois-moi, tu n'as rien perdu. Demain, c'est le cheval qui crève. Qu'en penses-tu, mon gros goulu ?

Le paysan bondit debout.

– Yayay, mon cheval, catastrophe ! Holà, Bijou, tout doux, viens là. Je t'amène faire une course chez mon voisin le maquignon.

Troisième jour. Nouveau débat. Le chien se plaint. Le coq réplique.

– C'est pas de chance, voilà tout. Mais cette fois, pas de problème, c'est l'esclave qui va mourir. Il y aura donc, c'est obligé, une cérémonie funèbre, et des galettes, et de l'agneau. Que dirais-tu d'un bon gigot ?

« Mon esclave ! pense le maître. C'est malheureux, mais tout de même, quelle chance magique j'ai ! Il a beau dire, Salomon, comprendre le parler des bêtes, voilà qui vous change la vie. L'esclave ? Allez, zou, au bazar ! »

Quatrième matin. Ciel parfait. Soleil à l'est, en pleine forme. Thé sur le banc, brûlant, sucré. « La vie est belle », se dit l'homme. Le chien est là, le coq aussi. « Que marmonnent-ils, ces filous ? Quoi ? Non, malheur, c'est pas possible, j'ai mal entendu, c'est pas vrai ! Moi, mort, demain ? Vous plaisantez. Je vais bien, je ne suis pas prêt. Enfin quoi, dites quelque chose ! » Le coq retourne à son fumier, le chien s'en va chercher fortune au train d'une chienne égarée. Le patron court chez Salomon.

À genoux, en larmes, il bégaie ce qu'il vient à l'instant d'apprendre.
– Ô prophète, toi qui peux tout, parle à Dieu, demande-lui grâce !
Salomon lui répond :
– Trop tard. L'esclave, le cheval, la mule était ce qu'Il te demandait pour cent ans de vie sans histoire, et tu n'as pas voulu payer. Le savoir est parfois pervers, il a ses pièges, il a ses gouffres. Je t'avais prévenu. Adieu.

Ce fut un bel enterrement, et le repas de funérailles fut d'une parfaite tenue. Le chien se contenta des restes mais ils furent assez abondants pour qu'il soit tout à fait content.

Ne te pose pas la question de l'existence de Dieu. Contente-toi de savourer Ses miracles, furtivement, comme un enfant voleur de ciel.

Laisse la porte ouverte, ça donne de la vie.

La raison est plus désireuse de pouvoir que de vie.

119
L'essentiel

Il était jeune, il était roi. Il avait à cœur de bien faire mais s'estimait trop ignorant pour une charge aussi pesante. « C'est bon signe, pensaient les sages. La prudence et l'humilité sont, pour un roi, des vertus rares. » Il peupla donc ses déjeuners, ses jardins, ses salles d'étude de grands savants et d'érudits. Il apprit ainsi auprès d'eux que partout, dans le vaste monde, des gens, depuis la nuit des temps, pensaient, réfléchissaient, exploraient des mystères, cherchaient et découvraient des secrets de la vie. Il en fut si ému qu'il proclama ceci :

– Qu'une armée pacifique à travers mers et terres aille recueillir ces savoirs. Je veux que vienne ici tout ce que l'homme sait.

Des émissaires par milliers s'en allèrent donc chevauchant vers tous les horizons du monde. Près de quinze années s'écoulèrent. Enfin revinrent des grands fleuves, des monts, des steppes, des déserts d'interminables caravanes chargées de livres, de rouleaux, de parchemins, d'objets sacrés, d'encyclopédies, d'œuvres peintes. On dut bâtir une cité de musées et de bibliothèques pour accueillir tous ces trésors. Le roi parcourut à cheval ses longues rues, ses places rondes décorées d'antiques statues. Il en fut aussi fier qu'exténué d'avance. Jamais il ne pourrait tout lire, tout apprendre, tout méditer. Il demanda donc aux lettrés de rédiger pour chaque science un seul ouvrage explicatif. Après dix années de labeur, ils remirent au roi la clé d'une salle monumentale aux quatre murs de haut en bas couverts de dossiers manuscrits. Il en fit le tour, lentement. Sa barbe se faisait neigeuse. Quoique fringant, il se savait sur le versant gris de la vie. Il dit à son Conseil des sages :

– Trop lourd, trop de mots, trop de pages. Mille ans ne me suffiraient pas pour tout lire et tout méditer. Allez à l'essentiel. Je me contenterai d'un article par science.

Il fallut huit ans aux lettrés pour mener à bien leur ouvrage. Quand ce fut fait, un matin bleu, le roi les reçut dans sa chambre. Il se mourait d'un vieux chagrin enraciné dans un amour que l'on avait cru oublié. Ils déposèrent à son chevet un livre épais de six cents pages.

— Je n'ai plus le temps, leur dit-il. Résumez d'une seule phrase ce qu'il importe de savoir.

Les conseillers se consultèrent. Le plus ancien sortit du rang, se pencha sur le lit royal. Il murmura :

— Roi sans pareil, en un mot comme en cent et mille quoi qu'il arrive, bien ou mal, dans ce monde inhospitalier où nous sommes tous de passage tout vient, tout passe et passera.

Le roi sourit, et trépassa.

Ceux qui croient être nés sous une mauvaise étoile ne savent peut-être pas lire le ciel.

Arrivé à la fin de ce que tu dois savoir, tu es au seuil de ce que tu devras ressentir. (Khalil Gibran)

La question n'est pas d'élever sa conscience mais d'accroître sa présence.

120
L'homme-léopard

Tout le monde a besoin de chance, même les chasseurs les plus vifs. Koné était agile et brave, mais le gibier, apparemment, évitait de le rencontrer. Il rentrait trop souvent bredouille. Les autres se moquaient de lui. Les filles aussi. Il avait honte. Il s'enfermait, le soir, chez lui, et restait assis en silence à regarder ses pieds poudreux. Sa vieille mère lui disait :

– C'est la faute aux mauvais génies, l'un d'eux a dû te prendre en grippe. Va voir le sorcier, il est fort. Son œil perçoit l'envers des choses. Il pourra sûrement t'aider.

Un matin, en rasant les murs (il redoutait, s'il était vu, que l'on rie encore de lui), il s'en fut jusqu'à sa cabane. Elle puait la vieille fumée. Il dit au sorcier sa misère.

– Un démon éloigne les bêtes hors de portée de ma sagaie. Je n'ai plus le respect des hommes. Les filles me tournent le dos.

Le sorcier tira sur sa pipe, embruma l'ombre autour de lui.

– Je peux faire de toi un chasseur redoutable, mais tu risques gros, lui dit-il.

– Parle, je n'ai pas peur, lui répondit Koné.

– Tu devrais craindre ta folie. Ton pire ennemi c'est toi-même.

Koné rit, haussa les épaules.

– Me crois-tu assez fou, bonhomme, pour tourner contre moi mon arc ?

– Très bien, soupira le sorcier. Tu l'auras voulu, mon garçon.

Il lui fit boire un bol de tisane à pouvoirs. Elle était amère et brûlante. Tandis qu'il l'avalait en grimaçant du nez :

– Tu chasseras seul désormais. Ne te préoccupe de rien. Quand tu sentiras le moment, tu partiras courir les bêtes. Aucune ne t'échappera. Tu as tout bu ? Adieu, bon vent.

La nuit venue sur le village, comme les grillons grésillaient, Koné eut envie de sortir. Il n'avait pas sommeil. Il se sentait alerte. Le cœur lui bondissait dedans. Le seuil franchi, il s'arrêta, il flaira les senteurs de l'air, tourna la tête à droite, à gauche, bâilla puissamment, s'aperçut qu'il trottinait à quatre pattes. Il n'était plus Koné, il était léopard. Il n'en fut même pas surpris. Il se sentit une vigueur qu'il n'imaginait pas possible. Il ramena cette nuit-là quatre gazelles ensanglantées. Il les laissa devant sa case. Il se coucha et s'endormit. Quand il se réveilla vers le milieu du jour, il était à nouveau un homme. Sur la place ses compagnons l'accueillirent, admiratifs, à grandes tapes dans le dos. On l'interrogea. Il se tut. Le lendemain, même musique, et chaque nuit, même razzia. Après dix jours, sa renommée s'étendit à douze villages. Après cent jours, pour les familles qui avaient fille à marier, il fut un fiancé recherché. Il envoya un émissaire à la plus belle du pays. On le reçut aimablement.

Vint le jour où Koné le Fier fut invité chez sa promise. Il se vêtit de beaux habits, s'en alla fringant, le pas léger, rêvant aux hanches désirables que bientôt il caresserait. Il parvint en vue du grand fleuve. Il aperçut des filles, au loin, qui se baignaient et riaient fort. Parmi elles était sa merveille. Il trotta de rocs en buissons. Les baigneuses, quand elles le virent, sortirent de l'eau en hurlant et s'enfuirent, les bras au ciel. « Qu'ont-elles vu ? » se dit Koné. Sa fiancée courait sur la rive. Il rugit et la poursuivit.

Il eut tôt fait de la rejoindre. Il leva sa patte griffue. Alors, « Misère, se dit-il, qu'est-ce que je fais ? Qu'est-ce qui m'arrive ? Je ne suis pas un léopard ! » Il l'était pourtant. Il gémit. Sa fiancée n'était pas pour lui une femme, mais une proie. Il ne voulait pas une épouse, il voulait un corps désirable à déchirer, à dévorer. Il pensa : « Je n'ai pas le droit ! Pitié, je ne veux pas cela ! » Il fit un effort prodigieux pour retenir ses crocs, ses griffes. Une écrasante lassitude envahit soudain son esprit. Il tomba et perdit le sens.

Quand il revint au monde il regarda ses mains. Il était à nouveau Koné. Il eut du mal à se lever. Plus une fille à l'horizon. Il s'en revint chez le sorcier. Il le trouva assis à l'ombre devant sa porte. Il déjeunait.

– Délivre-moi du léopard, il me fait trop mal, lui dit-il.

– Inutile, tu l'as vaincu. C'est un fait d'armes magnifique, mais personne n'en saura rien.

– Je ne veux plus être chasseur.

– Tu seras berger désormais, et ton épouse t'aimera, car tu as choisi d'être un homme. Pense parfois au léopard. Ne le hais pas. Il t'a aidé à devenir ce que tu es. Il est heureux de ta victoire.

Koné retourna au village. Il vécut paisible et content. Ce fut ainsi, pas autrement.

Ne soyez pas une mouche, laissez-vous prendre avec du vinaigre. Le vinaigre, c'est le vin des forts. Une louange est une injure à l'orgueil. (Paul Valéry)

Qui peut pénétrer l'intimité des êtres ? La distance est moins longue du regard à l'étoile que de l'œil du dehors à la vie du dedans.

Lui : « Je ne sais pas t'aimer. Ce que j'appelle aimer n'est que la peur de te perdre. »
Elle : « La peur de me perdre est ce qui ne parvient pas à t'empêcher de m'aimer. »

121
L'oracle

Fin de journée, un soir d'automne. Le soleil, au fond du couchant, se glisse sous sa couette rouge. Shonglang, le vieux maître luthier, les lunettes au milieu du nez, caresse devant la chandelle la courbe d'un prochain violon pour en éprouver le poli, puis distraitement se détourne et regarde son apprenti qui s'occupe à inscrire, au crayon affûté, des phrases sur un cahier neuf posé au bord de l'établi.

– Que fais-tu, mon garçon ? demande le vieil homme.

– Un livre composé de vos sages paroles, lui répond l'apprenti. Je ne veux pas laisser se perdre ces fruits nés de votre pensée.

Shonglang soupire.

– Dieu du Ciel, je dois donc surveiller ma bouche, me soucier de ne rien dire que des paroles bien senties, et si possible nourrissantes.

Il réfléchit un grand moment, dresse l'index.
– Note ceci. « À la femme qui cherche ici un remède à ses désespoirs et ouvre ce livre au hasard comme l'on consulte un oracle, mon salut et mon affection ! Tu es belle. Tu es aimée. Ta vie sera semée de bonheurs imprévus. Et que ces mots sur cette page qu'aucun signe ne désignait viennent à cet instant sous tes yeux est la preuve sûre et certaine que Dieu te garde et te bénit. »

Sois toujours celui qui entretient un signal, une preuve qu'au monde le froid ne règne pas seul.

Au-delà de ce que l'on croit réel et de ce que l'on suppose imaginaire est la porte la plus désirable du monde. Elle s'ouvre sur le jardin de la vie, que les affamés de preuves ne connaîtront jamais.

Nul besoin de temples, nul besoin de philosophies compliquées. Notre cerveau et notre cœur sont nos temples. (Dalaï-Lama)

122
La haine

On raconte qu'un jour d'été, dans l'antique empire de Chine, un juge qui faisait la sieste, un livre ouvert sur le visage, fut soudain réveillé par un souffle glacial. Il frissonna, il se dressa. Dans la pénombre de la chambre, un homme se tenait debout, environné de brume pâle. Il le reconnut aussitôt. C'était ce brigand de préfet qu'il avait condamné à mort, lors de la dernière session du tribunal qu'il présidait, et qui avait été pendu, le matin même, en sa présence, sur la place des Trois-Vertus. Cette apparition impromptue ne pouvait être, assurément, que le fantôme de cet homme. Le juge se pelotonna sous son drap, dans un coin du lit.

– Que venez-vous faire chez moi ? lui demanda-t-il, la voix blême. Estimez-vous avoir subi quelque regrettable injustice ?

– Pas du tout, lui répondit l'autre. J'ai détourné à mon profit des biens confiés à ma garde, j'ai perçu indûment d'énormes pots-de-vin. J'ai eu, rien de plus, rien de moins, ce que méritait ma conduite.
– Eh bien, que me voulez-vous donc ?
– J'éprouve pour vous une haine dont je ne peux pas me laver.
– Pourquoi devrais-je la subir ? Je n'étais pas seul à siéger, l'assemblée comptait quatre juges.
L'apparition lui répondit :
– C'est exact. Mais souvenez-vous. Quand les témoins m'ont accablé, je vous ai regardé, monsieur. Vous aviez l'air très satisfait. Et quand vous avez prononcé le verdict qui me condamnait, le mépris vous tordait la bouche. Vos confrères m'ont mis à mort parce que la loi l'exigeait. Mais vous, je vous ai vu content de la peine qui m'attendait. Je vivais des moments pénibles, douloureux, et vous en aviez du plaisir. Comment donc ne pas vous haïr ?
Le juge dans son coin gémit. Il demanda, la tête basse :
– Allez-vous vous venger de moi ?
– Inutile monsieur, répondit le fantôme. Vous ferez seul votre malheur.
Il dit ces mots, et disparut.

De fait, il n'avait pas menti. Le magistrat, de ce jour-là, sombra en mélancolie grave. Il n'en mourut pas cependant. Après dix années à traîner une tristesse indélébile, il se fit moine, paraît-il.

Ne te retourne pas. Sache seulement que partout où tu vas une flamme suit ton âme.

Quand les mystères sont très malins, ils se cachent dans la lumière. (Jean Giono)

Le plus pauvre des pauvres est celui qui rencontre la beauté et ne la regarde pas. (Proverbe Yoruba)

123
La fourmi

L'ÉCRIVAIN DE CONTES TRAVAILLE. Fenêtre ouverte, chants d'oiseaux, rumeur tranquille du jardin. Sur le feuillet sa plume grince. Bruit vif, acide, délicieux. Une fourmi vient sur la page, court çà et là parmi les mots, les ratures, les gribouillis. Elle se dit : « Quel pays bizarre, et quel miraculeux objet qui sans cesse invente ces signes, ces cortèges d'insectes noirs dans cet immense désert blanc ! » Une autre accourt sur le bureau. Sa sœur l'appelle. Elle lui dit :

– Vois. Je ne sais quoi crée ces bestioles, ces êtres à peu près comme nous. Comment cela peut-il se faire ?

L'autre répond :

– Oui, je connais. Mon père et mon grand-père ont exploré ce lieu. Ils ont découvert que l'objet qui fabrique ces foules noires n'est pas vraiment leur créateur. Tu veux savoir ? Viens par ici.

– Où m'amènes-tu ?
– N'aie pas peur.

Elles grimpent le long du stylo, découvrent des doigts, une main.
– C'est cette chose qui commande, dit la savante. Flaire-la. Elle n'est pas de même nature que l'objet qui trace les signes sur ce drôle d'espace blanc. Elle est chaude, elle palpite, elle vit.
– Donc ces choses que l'objet trace ne sont pas le fait du hasard. Tout cela doit avoir un sens. Un être, à coup sûr, est à l'œuvre. Oh, ma sœur, dis-moi, est-ce Dieu ?
– En l'état de mes connaissances, impossible de l'affirmer. Écoute donc, c'est un secret. Ce qui tient l'outil gribouilleur n'est, à mon avis, qu'un relais.

Elle conte alors à sa compagne qu'elle a grimpé le long du bras, que son voyage l'a conduite à une autre main inutile (quoiqu'elle puisse bouger aussi), qu'elle compte pousser plus avant et qu'elle ne désespère pas, car tout est sûrement lié, d'apprendre qui, en vérité, crée ces traces sur le papier. Alors et alors seulement, dit-elle à sa sœur ébahie, elle pourra prétendre connaître le sens du message divin.

Elle conclut :

– Mais ce sera long.

Elle cherche pourtant, elle espère. Elle émeut l'homme qui écrit. Il se dit qu'à vouloir percer le mystère de nos destins, nous sommes comme ces fourmis qui croient sentir la main de Dieu traçant sur un désert de neige la révélation de Sa vie, alors que sur la feuille blanche ce n'est qu'un conte qui s'écrit.

Qui commet une erreur et pour se défendre avance mille excuses commet mille et une erreurs. (Avicenne)

Qu'est-ce donc que la vie ? Une force qui va. Et moi, je l'accompagne !

J'y suis parvenu ainsi, en escaladant lentement, en m'accrochant aux brindilles qui poussent entre le bonheur et moi. (Emily Dickinson)

Sources

J'ai puisé certains de ces contes dans ma mémoire. D'autres m'ont été donnés par des amis d'heureuse rencontre, conteurs ou non. Il est aujourd'hui coutumier de remercier tous ceux qui, de près ou de loin, ont contribué à la rédaction d'un ouvrage. Je ne peux les nommer tous, ils seraient trop nombreux. De toute façon, j'en oublierais, et je m'en voudrais. Je me contente donc de rendre grâce à la vie qui les a mis sur ma route. Pour les livres que j'ai consultés, voici :

Aceval Nora, CONTES ET TRADITIONS D'ALGÉRIE, Flies France

Afanassiev Aleksandr, NOUVEAUX CONTES POPULAIRES RUSSES, Maisonneuve et Larose

André Paul, CONTES DES SAGES DU DÉSERT, Seuil

Amadou Hampâté Bâ, IL N'Y A PAS DE PETITE QUERELLE : NOUVEAUX CONTES DE LA SAVANE, Pocket

Bladé Jean-François, CONTES POPULAIRES DE LA GASCOGNE, Aubéron

Buber Martin, LES RÉCITS HASSIDIQUES, Seuil

Carnoy Émile-Henry et Nicolaïdès Jean, TRADITIONS POPULAIRES D'ASIE MINEURE, Maisonneuve et Larose

Carvajal Diomena, CONTES ET LÉGENDES DU PAYS LOINTAIN LE MERVEILLEUX CHILIEN, Arcoiris

Chmelova Elena, CONTES DE CEYLAN, Gründ

Erguner Kutsi, LE LIVRE DES DERVICHES BEKTASHI, Le Bois d'Orion

Faucher Marie, CONTES DES FEMMES QUI VEILLENT, Seuil

Fishmann Patrick, CONTES ET LÉGENDES DE LA MUSIQUE, DU CHANT ET DE LA DANSE, Bernard Royer

Jago-Antoine Véronique et Tshitungu Kongolo Antoine, DITS DE LA NUIT : ANTHOLOGIE DE CONTES ET LÉGENDES DE L'AFRIQUE CENTRALE, Labor

Jodorowsky Alexandro, LA SAGESSE DES CONTES, Albin Michel

Khing Hoc Dy, CONTES ET LÉGENDES DU PAYS KHMER, Sudestasie

Kuenemann-Pelletier Claudette, MOUANA YA NIOKA LE FILS DU SERPENT, CONTES DU CONGO, S.L. : L'Auteur

Leguil Alphonse, CONTES BERBÈRES DE L'ATLAS DE MARRAKECH, L'Harmattan

Leone Nathalie, CONTES DES SAGES CHRÉTIENS, Seuil

Mardrus Joseph-Charles (traduction), LES MILLE ET UNE NUITS

Maunoury Jean-Louis, SUBLIMES PAROLES ET IDIOTIES DE NASR EDDIN HODJA, Phébus

Ortoli J.-B. Frédéric, LES CONTES POPULAIRES DE L'ÎLE DE CORSE, Découvrance

Petitot Émile, TRADITIONS INDIENNES DU CANADA NORD-OUEST, Maisonneuve et Larose

Quentric-Séguy Martine, AU BORD DU GANGE : CONTES DES SAGES DE L'INDE, Seuil

Raponda-Walker André, CONTES GABONAIS, Présence africaine

Rasmussen Knud, CONTES INUIT DU GROENLAND, Hachette Littératures

Reis Vladimir, CONTES DES CINQ CONTINENTS, Gründ

Renaud-Vernet Odette, RÉCITS DES PEUPLES SAUVAGES, Corti

Rûmi Djalal al-Din, LE MESNEVI : 150 CONTES SOUFIS, Albin Michel

Shah Idries, CONTES DERVICHES, Courrier du Livre

Shah Idries, SAGESSE DES IDIOTS, Courrier du Livre

Soupault Ré et Philippe, HISTOIRES MERVEILLEUSES DES CINQ CONTINENTS, Seghers

Straparola G. F., LES NUITS FACÉTIEUSES, Corti

Tichi Jaroslav, LA STEPPE ENCHANTÉE : CONTES DES PAYS D'ORIENT, Gründ

Bibliographie de l'auteur

LE GRAND PARTIR, Seuil, 1978, et Points

L'ARBRE À SOLEILS – LÉGENDES DU MONDE ENTIER, Seuil, 1979, et Points

LE TROUVEUR DE FEU, Seuil, 1980, et Points

BÉLIBASTE, Seuil, 1982, et Points

L'INQUISITEUR, Seuil, 1984, et Points

LE FILS DE L'OGRE, Seuil, 1986, et Points

L'ARBRE AUX TRÉSORS – LÉGENDES DU MONDE ENTIER, Seuil 1987, et Points

L'HOMME À LA VIE INEXPLICABLE, Seuil, 1989, et Points

LA CHANSON DE LA CROISADE ALBIGEOISE, traduction, Le Livre de poche, 1989

L'EXPÉDITION, Seuil, 1991, et Points

L'ARBRE D'AMOUR ET DE SAGESSE – CONTES DU MONDE ENTIER, Seuil, 1992, et Points

LA BIBLE DU HIBOU – LÉGENDES, PEURS BLEUES, FABLES ET FANTAISIES DU TEMPS OÙ LES HIVERS ÉTAIENT RUDES, Seuil, 1994, et Points

LES SEPT PLUMES DE L'AIGLE, Seuil, 1995, et Points

LE LIVRE DES AMOURS – CONTES DE L'ENVIE ET DU DÉSIR DE LUI, Seuil, 1996, et Points

PAROLES DE CHAMANS, Albin Michel, 1997

PARAMOUR, Seuil, 1998, et Points

LE RIRE DE L'ANGE, Seuil, 2000, et Points

L'AMOUR FOUDRE– CONTES DE LA FOLIE D'AIMER, Seuil, 2003, et Points

CONTES DES SAGES SOUFIS, Seuil, 2004

LE VOYAGE D'ANNA, Seuil, 2005, et Points

L'ALMANACH, Éditions du Panama, 2006

LE SECRET DE L'AIGLE, en collaboration avec L. Ansa, Albin Michel, 2008

LE RIRE DE LA GRENOUILLE, Carnets nord, 2008

L'HOMME QUI VOULAIT VOIR MAHONA, Albin Michel, 2008, et Points

Table des matières

Au lecteur   9

1. Comment Vieux-Père et Vieille-Mère cachèrent le secret de la vie   15
2. Le jeune homme qui voulait être scribe   19
3. La mère, le fils   24
4. Il faut demander à mon père   27
5. Lumière   30
6. Comment le diable vint au monde   33
7. Rire pour vivre   35
8. Un soir, dans l'atelier   37
9. Un monde au-delà de nos vies   39
10. Le piège   41
11. Le cavalier   44

12. L'arbre	47
13. Le fardeau	50
14. Le choix	52
15. Zouzia	56
16. Le fils reconnaissant	58
17. La peur ou la vie	61
18. La Mauvaise et le fagotier	63
19. La sainte sans nom	66
20. La foi	69
21. Va-t'en	71
22. L'homme qui voulait voir la mort	75
23. L'homme au manteau vide	81
24. Corbeau	86
25. Le prince porcher	89
26. Le songe vrai	98
27. L'Invisible	102
28. La mouche	107
29. Calamité, bénédiction	110
30. Confiance en Dieu	113
31. Le paradis	117

32. La lampe dans la baleine	122
33. Bouche cousue, poison mortel	126
34. Un désir suffisant	129
35. L'attention	132
36. L'homme qui n'avait pas la lèpre	135
37. La maison en flammes	140
38. Le fruit	143
39. Le cœur de jade	146
40. Baubo	152
41. Noir et blanc	157
42. Le pèlerin	160
43. Le tailleur de pierre	163
44. Controverse	169
45. Trois poils de loup	171
46. La corde de larmes	177
47. Vivant-de-Jade	183
48. Comment ?	187
49. Un jour, chez Ryoben	191
50. La bête Norka	194
51. La rose bleue	202

52.	Les trois casseurs de cailloux	205
53.	Anacuna	208
54.	L'oiseau de Junayid	212
55.	Le lièvre et la renarde	214
56.	Salut!	220
57.	Un conseil	223
58.	Le vizir envieux	227
59.	Le chanteur	233
60.	Les deux célibataires	235
61.	Som	239
62.	Masque d'écorce	245
63.	Le rêve du bossu-pongo	251
64.	Marko	255
65.	Les béquilles	258
66.	La cisaille	262
67.	Le démon possédé	267
68.	La fin du monde	269
69.	Le dernier mot	272
70.	Les deux amis	277
71.	Le monstre	279

72.	La tente et le chameau	**282**
73.	Le péché	**285**
74.	Le rayon de soleil	**288**
75.	La prison	**293**
76.	La longue cuiller	**295**
77.	La femme stérile	**299**
78.	La fille et le monstre	**303**
79.	Le prince amoureux	**307**
80.	Les deux vies du sultan Mahmoud	**310**
81.	Jean sans Peur	**316**
82.	La jarre fendue	**322**
83.	Les trois frères	**324**
84.	La couleur de la neige	**329**
85.	Le condamné impatient	**331**
86.	L'amour des roses	**335**
87.	L'homme sans souci	**338**
88.	La cité des fous	**343**
89.	Le rossignol	**346**
90.	Salomon et l'oiseau-mouche	**350**
91.	Les deux souris	**354**

92. La bonne question	**357**
93. La canne de Salem	**361**
94. Le maître d'école	**365**
95. L'ange	**369**
96. Patience	**372**
97. Akbar et l'amoureuse	**376**
98. L'anniversaire	**379**
99. Le prince poulet	**382**
100. L'arbre à vœux	**386**
101. Le roi qui n'avait jamais tort	**389**
102. La mangouste et le serpent	**393**
103. Le savant et le capitaine	**396**
104. Le partage	**399**
105. Habra et le lion	**402**
106. Le silence des voleurs	**406**
107. Le présage	**408**
108. Le collier	**412**
109. Les dragons du duc Ye	**416**
110. Le moucheron et l'éléphant	**419**
111. Deux poules	**422**

112. Rien	**425**
113. Devenir meilleur	**427**
114. Le pécheur	**430**
115. Les pantalons noirs	**433**
116. Jean Bouche d'Or	**436**
117. Djinna Nabara et le prince paralytique	**439**
118. Le fermier entre chien et coq	**445**
119. L'essentiel	**450**
120. L'homme-léopard	**453**
121. L'oracle	**458**
122. La haine	**460**
123. La fourmi	**463**
Sources	467
Bibliographie de l'auteur	471